Martin Kaufhold
Die Kreuzzüge

Martin Kaufhold

Die Kreuzzüge

marix**verlag**

Für meine Töchter
Maria und Kristina

Copyright © by Marix Verlag GmbH, Wiesbaden 2007
Covergestaltung: Thomas Jarzina, Köln
Bildnachweis: akg-images GmbH, Berlin
Lektorat: Dr. Lars Hoffmann, Mainz
Satz und Bearbeitung: C&H Typo-Grafik, Miesbach
Gesamtherstellung: GGP Media GmbH, Pößneck
Printed in Germany

ISBN: 978-3-86539-924-3

www.marixwissen.de
www.marixverlag.de

Inhalt

VORWORT

Die Kreuzzüge sind ein besonderes Thema. Sie waren eine Erscheinung des Mittelalters, aber das Thema der Glaubenskriege war mit dem Ausgang des Mittelalters nicht überwunden. Vielmehr sorgten die Konfessionskämpfe im Gefolge der Reformation in der frühen Neuzeit für ein blutiges Weiterleben dieser Tradition. Die aktuelle Frage nach dem Verhältnis des in christlicher Tradition stehenden Westens zur islamischen Welt verleiht dem Thema zudem eine mitunter beunruhigende Brisanz. In dieser Darstellung geht es um die Kreuzzüge als eine mittelalterliche Erscheinung. Tatsächlich waren die Kreuzzüge, wenn man sie nicht einfach als Glaubenskriege versteht, sehr mittelalterliche Unternehmungen. Ohne das mittelalterliche Weltbild wären sie kaum denkbar, und von daher bietet die Geschichte der Kreuzzüge auch weniger Anhaltspunkte für eine Überheblichkeit des christlichen Europa gegenüber der Kultur des Islam und anderen Religionen, als man zunächst vermuten würde. Die Glaubenslehrer und die Gläubigen waren überzeugt von der überlegenen Wahrheit der christlichen Lehre – so wie die Moslems von der Überlegenheit des Islam und ihrer Kultur –, aber in der praktischen Ausführung beschränkte sich Europa zunächst auf die Heiligen Stätten und Jerusalem. Denn dort erwartete man die Wiederkehr Christi.

In dieser Darstellung geht es darum, die Geschichte der Kreuzzüge im Zusammenhang mit der Geschichte Europas während des hohen und späten Mittelalters zu erzählen und zu erklären. Die Wandlungen der Kreuzzugsgeschichte waren eng mit den Wandlungen der europäischen Verhältnisse dieser Jahrhunderte verbunden. Die militärische Geschichte der Kreuzzüge kommt eher am Rande vor. Dafür wird die politische, religiöse und soziale Geschichte der Kreuzzugszeit stärker hervortreten. Dies entspricht den Fachkenntnissen des Verfassers, der hoffen möchte, dass die Leser seine Erfahrung beim Schreiben dieses Bandes im Laufe der Lektüre teilen können: Die Kreuzzüge sind noch immer ein spannendes und lehrreiches Thema für die historische Arbeit.

Martin Kaufhold

EINLEITUNG

Die Kreuzzüge sind kein einfaches Thema. Einem modernen Betrachter erscheinen sie überaus widersprüchlich: Kriege im Namen Christi – dem der Frieden ein so bedeutendes Anliegen war –, und Eroberungszüge im Zeichen des Kreuzes –, das sich als Machtsymbol so gar nicht zu eignen scheint. Die Realität der Kreuzzüge vereinte Männer, denen es tatsächlich um ein religiöses Ideal ging – das sie mit dem Einsatz ihres Lebens unter großen Mühen verfolgten –, mit verkommenen Gestalten, wie sie jeder Krieg anzieht. Wer die Kreuzzüge für ein Unternehmen hält, das in etwas problematischer Weise hohe Ideale verfolgte und große Taten hervorbrachte, der wird für diese Sicht ebenso eindrucksvolle Beispiele finden wie derjenige, der in ihnen die Geschichte religiös motivierter Gewalt sieht, und der dazu auf die Morde an den Juden im Rheinland und die Tötung der Bewohner des eroberten Jerusalems im ersten Kreuzzug verweist. Es gibt keine eindeutige Geschichte.

Doch ist gerade das eine Herausforderung. Historiker sollten mit ihren Werturteilen zurückhaltend sein. Sie sollten das Geschehen vielmehr so rekonstruieren und darstellen, dass ihre Texte für Menschen mit unterschiedlichen Standpunkten lesbar sind. Dazu müssen sie ihren Gegenstand klar benennen. Sie müssen, wissenschaftlich gesprochen, ihre Begriffe definieren. Die zentrale Frage am Anfang dieser Untersuchung lautet: Was war eigentlich ein Kreuzzug? Immerhin gab es im Laufe der Kreuzzugsgeschichte Kreuzzüge nach Jerusalem, aber auch Kreuzzüge an der Ostseeküste und in Spanien. Es gab Kreuzzüge gegen Moslems, gegen Häretiker (z. B. die Katharer im Süden Frankreichs), aber auch gegen Christen. Es ist klar, dass die Kreuzzugsgeschichte im späten 11. Jahrhundert begann, aber es ist durchaus umstritten, wann sie endete. Die alte Definition eines Kreuzzugs verstand darunter einen Kriegszug, der auf Initiative des Papstes zur Errichtung einer christlichen Herrschaft über das Grab Christi nach Jerusalem aufbrach, dessen Teilnehmer sich durch einen Eid banden, wofür sie einen Sündenablass und verschiedene weltliche Privilegien erhielten (H. E. Mayer). In jüngerer Zeit ist an dieser

Festlegung vielfältige Kritik geübt worden. Insbesondere der nicht unumstrittene englische Kreuzzugshistoriker Jonathan Riley-Smith und seine Schüler haben die Ausrichtung auf Jerusalem als notwendiges Kriterium in Frage gestellt und darauf bestanden, dass auch die zahlreichen anderen Kriegszüge, die im Namen des Kreuzes unternommen wurden, als Kreuzzüge gelten müssten. Sie haben der zeitlichen Einschränkung widersprochen, die ein Abklingen der Kreuzzugsgeschichte im 13. Jahrhundert angenommen hatte – weil es seit dieser Zeit keine Kreuzzüge ins Heilige Land mehr gab. Vielmehr gehörten auch die Kriege im Namen des Kreuzes im späteren Mittelalter (14. und 15. Jahrhundert) zur Kreuzzugsgeschichte, die dadurch eine erhebliche Ausweitung erfuhr. Die Debatte ist keinesfalls abgeschlossen, und dies liegt nicht an dem mangelnden Einigungswillen der Historiker, sondern es ist in der Sache selbst begründet. Denn es war im Mittelalter gar nicht klar, was eigentlich ein Kreuzzug war. Der Begriff kommt im Zusammenhang mit den großen Kreuzzügen nach Jerusalem nicht vor. Er wurde erst später (im 13./14. Jahrhundert) geprägt – zu einer Zeit, als die Kriegszüge nach Jerusalem vorbei waren. Es handelt sich letztlich um einen Forschungsbegriff, und die Auseinandersetzung darum, wie er genau zu verstehen ist, ist solchen Begriffen zur Bezeichnung widersprüchlicher Phänomene in gewisser Weise eigen. In Hinblick auf die Vorstellung der Zeitgenossen des ersten Kreuzzugs spricht man in der Regel von einer »bewaffneten Pilgerfahrt«, um das Unternehmen zu bezeichnen. Es gab ja für diesen Zug noch keine eindeutigen Vorbilder. In jüngeren Arbeiten (E.-D. Hehl) werden die Kreuzzüge weniger als ein militärisches Ereignis an den Grenzen des christlichen Europa, sondern vielmehr als ein authentischer Ausdruck des inneren Zustandes dieses christlichen Europa verstanden – weil die Motivation für das Unternehmen nur aus der besonderen religiösen Aufbruchsstimmung zu verstehen sei, die das Abendland im 11. Jahrhundert erfasst habe.

So ist die Kreuzzugsgeschichte immer weniger eine Geschichte militärischer Züge und wird zu einer Geschichte kultureller Entwicklungen – und kultureller Konfrontationen. Dies entspricht einer allgemeinen Interessenverschiebung historischer Forschung in Hinblick auf die militärische Geschichte.

Allerdings sollten wir das Phänomen noch etwas präzisieren, um zu erklären, warum dieser kleine Band die Kreuzzüge in der Auswahl präsentiert, die in den nächsten Kapiteln folgt.

Diese Darstellung konzentriert sich zunächst auf die Kreuzzüge in das Heilige Land, also auf die Kreuzzüge mit dem Ziel Jerusalem. Die weitere Entwicklung kommt durchaus in den Blick, sie wird aber in einem konzentrierten Ausblick zusammengefasst. Damit sollen nicht etwa die Erträge der neueren historischen Forschung beiseite geschoben werden. Es geht vielmehr um eine Konzentration auf ein Thema, das in dem hier vorgegeben Rahmen sinnvoll behandelt werden kann. Es ist keine Frage, dass die Kreuzzugsbewegung mit den Zügen in das Heilige Land nicht vollständig erfasst ist. Aber die Züge nach Jerusalem haben einen eigenen Platz in der Geschichte Europas. Sie beginnen im späten 11. Jahrhundert und sie gehen im 13. Jahrhundert allmählich zu Ende. Diese begrenzte Geschichte lehrt uns viel über das christliche Europa in einer dynamischen Phase des Aufbruchs. Dieser Aufbruch führte schließlich dazu, dass die Akteure ihre Grenzen erkannten. Die militärische Expansion über die Grenzen Europas hinaus war erst wieder eine Entwicklung der frühen Neuzeit. Die Kreuzzüge lehren die Kraft und die Problematik einer religiösen Begeisterung, die sich sehr weltliche Ziele steckte. Religiöse Begeisterung kommt in allen Epochen vor, und der religiöse Enthusiasmus des Mittelalters hat sich noch in vielen anderen Formen als in der militärischen der Kreuzzüge gezeigt. Die Kreuzzüge, deren Vorstellung noch immer die historische Imagination in widersprüchlichster Form belebt, erreichten ihre Höhepunkte innerhalb eines Jahrhunderts. Keine hundert Jahre lagen zwischen der Eroberung Jerusalems durch die Kreuzfahrer im Juli 1099 und dem Verlust der Stadt im Oktober 1187, zwischen dem Aufbruch zum ersten Kreuzzug und dem wohl berühmtesten Kreuzzug, an dem sich Kaiser Friedrich Barbarossa, König Philipp von Frankreich und der englische König Richard Löwenherz beteiligten. Diese Phase hat unser Bild von den Kreuzzügen in besonderer Weise geprägt. Es war die große Zeit der Ritter, der treibenden, eindrucksvollen Gestalten dieser Geschichte. Es ist eine begrenzte Geschichte, denn die Schlagkraft dieser

Ritter wich im späteren Mittelalter allmählich moderneren Techniken des Kampfes. Dieser Bedeutungsverlust spiegelt sich in der Geschichte der Kreuzzüge.

Der Rahmen der hier vorgestellten Skizze der Kreuzzugsgeschichte wird durch die historische Kräfteentwicklung gesetzt, und sie beginnt mit der dynamischen Aufbruchsituation des 11. Jahrhunderts. Doch bevor wir uns dem westlichen Europa um die Mitte des 11. Jahrhunderts zuwenden, ist noch eine Klarstellung erforderlich. Mit guten Gründen könnte man den Anspruch formulieren, dass eine Geschichte der Kreuzzüge auch die historische Entwicklung im Byzantinischen Reich und im Nahen Osten berücksichtigen sollte. Immerhin zogen die Kreuzritter durch diese Reiche, und sie errichteten in deren Gebieten ihre Herrschaften. Dennoch nimmt dieser kleine Band in erster Linie die Perspektive des westlichen Europa ein. Das bedeutet nicht etwa die Perspektive der Kreuzfahrer. Aber ihre Handlungen stehen im Vordergrund. Eine Beschränkung ist nötig, und in diesem Falle sollte man sich auf einen Stoff konzentrieren, von dem man im Laufe der eigenen Arbeit eine Vorstellung gewonnen hat. Die Kreuzzüge werden hier vor allem als ein west- und mitteleuropäisches Phänomen behandelt.

Wir werden im Verlauf dieses Bandes darauf zu sprechen kommen, dass die Kreuzzüge zwar durch den Papst ausgerufen wurden (und diese Initiative des Papstes ist zu einem wichtigen Bestandteil der meisten Kreuzzugsdefinitionen geworden), dass der Papst aber eine andere Reaktion auf seinen Aufruf zum ersten Kreuzzug erfuhr, als er erwartet hatte. Die Reaktion der Zuhörer seines ersten Aufrufs und auch der Zuhörer seiner späteren Predigten fiel erheblich heftiger aus, als Urban II. dies erwartet hatte. Dies ist der historisch eigentlich interessante Vorgang, und er wird durch die Betonung der päpstlichen Rolle beim Zustandekommen des Kreuzzugs etwas überdeckt. Die Reaktion war Ausdruck einer dynamischen Spannung, die viele Menschen in Europa im späten 11. Jahrhundert erfasst hatte. Es war eine Spannung, die zentrale Lebensbereiche ergriffen hatte, und die zeigte, dass sich die lateinische Christenheit in einer Aufbruchsphase befand.

Die soziale Dynamik des 11. Jahrhunderts

Der große französische Mediävist Marc Bloch, dessen Buch »Die Feudalgesellschaft« von 1939 ein Klassiker der Sozialgeschichtschreibung des Mittelalters ist, hat für die Zeit um 1050 von einem »take-off« in Europa gesprochen. Es begänne eine Zeit, die er die »zweite Feudalzeit« nannte, charakterisiert durch den »Landesausbau an den Grenzen der westlichen Welt, auf den iberischen Hochflächen und in der großen Tiefebene jenseits der Elbe. Selbst im Innern der alten Landschaften sind die Wälder und Einöden vom Pflug angefressen worden, auf den ausgerodeten Lichtungen griffen dicht bei Bäumen und Gebüsch ganz neue Dörfer nach dem jungfräulichen Boden; andernorts ging rings um die seit ewigen Zeiten bewohnten Landschaften die Vergrößerung des Ackerbodens unter dem unaufhaltsamen Druck der Rodenden vor sich.« Was Marc Bloch beschrieb und dann analysierte, ist ein deutlicher Hinweis auf eine zunehmende Bevölkerung. Mehr Menschen brauchten mehr Platz, ihre Siedlungen wurden größer, sie nahmen zu und rückten enger zusammen. Alte Straßen wurden wieder ausgebaut. Das ist es, was wir im Rückblick, gestützt durch die Erkenntnisse der Archäologen und Sprachwissenschaftler, erkennen können. Dies war eine Zeit ohne Grundbücher, ohne Geburts- und ohne Taufregister. Bevölkerungszahlen und das Wachstum der Bevölkerung können nur aus solchen äußeren Anzeichen wie dem Landesausbau erschlossen werden. Landesausbau bedeutet in Mitteleuropa Rodung von Wald. Der Wald war das beherrschende Element. Wohin man sah, sah man Bäume, und wenn man nicht aufpasste und die Felder rechtzeitig von jungen Schösslingen befreite, holte sich der Wald die gerodeten Flächen zurück. Die Ausweitung der Rodung lässt sich durch Siedlungsüberreste und durch Siedlungsnamen ermessen. Siedlungen und Dörfer, die damals entstanden, haben Namen, die ähnlich gebildet wurden, und die etwa auf -rode, -hagen, oder -hausen endeten. Die Rekonstruktion ist nicht einfach. Zahlen zu nennen ist besonders schwer. Man geht davon aus, dass um die Mitte des 11. Jahrhunderts in Europa ca. 46. Mio Menschen lebten. Bis zum 13. Jahrhundert, also etwa in der Zeit, als die Kreuzzüge nach Jerusalem zu Ende gingen, wurden es ungefähr 60 Millionen. Hier geht es nicht um einzelne Millionen, sondern um Tendenzen. Mehr ist nicht möglich. Die Landwirtschaft war die vorherrschende Wirtschaftsform, und sie blieb es. Das ganze Mittelalter war eine agrarische Zeit. Aber der Handel nahm zu, und er wandelte seinen Charakter allmählich. Nach dem Untergang des Römischen Reiches war der Handel im frühen Mittelalter überwiegend ein Handel mit Luxusgütern gewesen, die an Höfen von wenigen Fernkaufleuten umgesetzt wurden. Europa war ein primitiver Wirtschaftsraum, der kaum Waren exportierte. Das änderte sich.

Seit dem Ende des 11. Jahrhunderts exportierte man Tücher aus Flandern bis nach Nowgorod in Russland. Es war ein allmählicher Wandel. Die Geldwirtschaft spielte nur eine geringe Rolle. Die einzige reale Währung, über die man verfügte, war der Pfennig, eine stark regional geprägte Münze. Karl der Große hatte den Pfennig im Rahmen einer Münzreform normiert. Bei dieser Reform hatte man ein Pfund Silber in 240 Pfennige oder Denare unterteilt. Allerdings wurden die Münzen in einer Vielzahl von Münzstätten geprägt und es gab keine zentrale Kontrolle des Silbergehaltes. Die meisten Münzen hatten nur eine regionale Verbreitung. So entwickelte sich die Inflation mit unterschiedlicher Geschwindigkeit, wenn die Münzer je nach dem Bedarf ihrer Herren den Silbergehalt der Pfennige weiter reduzierten.

Es gab im hohen Mittelalter nur ein unterentwickeltes Münzsystem, und wir müssen uns die Anfänge eines weiter gespannten Handels noch sehr einfach vorstellen. Mit der Veränderung der gehandelten Waren von Luxusgütern zu Gebrauchsgütern wie Tuchen, aber auch Fellen, Waffen, Wachs, Alkohol und später Getreide wurde die Frage des Transportes zu einem dringlicheren Thema. Auch im Mittelalter war der Transport auf dem Wasserweg sehr viel günstiger – und häufig auch sicherer als der Transport über Land. Der Handel ging über Flüsse und Meere. Auch die Kreuzritter reisten später bevorzugt mit Schiffen in das Heilige Land. Das Mittelmeer war seit der Antike ein klassischer Wirtschaftsraum, der sich seit dem 11. Jahrhundert deutlich belebte.

Der Handel vermochte allmählich manche Lücken zu füllen. So wuchs im nördlichen Europa kaum Wein. In einer christlichen Kultur, die es seit dem Ende des ersten Jahrtausends auch im Norden gab, war der Wein unverzichtbar, nicht nur in der Liturgie. Allmählich konnte man ihn importieren. Die Handelsnetze erstreckten sich von Island bis in das Mittelmeer. Noch wurden keine größeren Warenmengen gehandelt, aber um die Mitte des 11. Jahrhunderts bestanden weit gespannte Kontakte, die sich verstärken ließen. Zwei ganz unterschiedliche Ereignisse, die zunächst kaum etwas miteinander zu tun hatten, geben einen Hinweis auf die Verflechtung und das Potenzial des größeren Bildes, das Europa in der Mitte des 11. Jahrhunderts bot. Um das Jahr 1050 verließ der Isländer Isleif seine Insel, um auf dem Kontinent zum Bischof geweiht zu werden. Er reiste zum Westkaiser und soll auch nach Rom gelangt sein, bevor er schließlich nach Island zurückkehrte, um dort als erster Bischof Islands sein Amt anzutreten. Isleif kam aus dem hohen Norden nach Rom, um dort dem Papst seine Aufwartung zu machen. Nur wenige Jahre später, im Jahr 1059, verlieh der Papst dem Normannen Robert Guiskard die Rechte eines Herzogs von Apulien, Kalabrien und Sizilien – wobei Robert Sizilien noch erobern musste. Island und Sizilien bezeichneten in etwa die Grenzen Europas im Norden und im Süden, und ein Zusammenhang ist zunächst nicht erkennbar. Tatsächlich aber waren sowohl die Bischofsweihe Isleifs, als auch die Belehnung des Normannen Robert durch den Papst die Fortführung einer Entwicklung, die gemeinsame Ursprünge hatte, und die nun ein Stadium erreicht hatte, in dem die Menschen nach neuen Herausforderungen Ausschau hielten.

Robert und Isleif waren beide Normannen. Die Männer aus dem Norden, die auch als Wikinger bezeichnet werden, hatten im 9. und 10. Jahrhundert England und das Frankenreich mit ihren Zügen in Unruhe versetzt, und sie hatten in dieser Zeit auch Island besiedelt (ca. 870–930). Zu der Zeit, in der die Normannen auf Island heimisch wurden, waren auf dem Kontinent erste Wikingerverbände heimisch geworden (um 911). Die Gegend, in der sie siedelten, war ihnen vom fränkischen König verliehen worden. Daraus wurde die spätere Normandie. Die Normannen hatten sich bei ihrer Ansiedlung taufen lassen, und im Laufe des 10. Jahrhunderts nahmen sie den neuen

Glauben an. Die immer noch kampfbegabten, aber inzwischen christianisierten Normannen aus der Normandie suchten nun neue Ziele für ihre Fahrten und segelten zu christlichen Pilgerzielen im Mittelmeer, nach Rom und vereinzelt auch in das Heilige Land. Auf der Fahrt landeten sie in Sizilien, wo es für fähige Kämpfer lohnende Herausforderungen gab.

Im Süden Italiens stießen Kulturen und Herrschaftsbereiche zusammen. Das alte Byzantinische Reich war noch präsent, es gab viele sarazenische Ansiedlungen, und das erstarkende Papsttum hatte ein eigenes Interesse an einem friedlichen Nachbarn im Süden. Die normannischen Pilger berichteten zu Hause von ihren Erfahrungen und weitere Landsleute kamen nach Apulien und Kalabrien. Aus den vormaligen Söldnern wurde eine Herrscherschicht, und aus den Nachfahren der Heiden, die das Frankenreich der Karolinger überfallen hatten, wurden christliche Herzöge, die im Namen des Papstes im Süden Italiens eine eigene Herrschaft errichteten. Die Isländer hatten das Christentum etwas später, aber dann durch einen gemeinsamen Beschluss auf ihrer jährlichen Versammlung angenommen. Das war im Jahr 1000 gewesen. Und 50 Jahre später suchten auch sie den Anschluss an das christliche Europa, indem sie ihren Bischof mit den nötigen Weihen versehen ließen. Es waren unterschiedliche Vorgänge, und es waren Vorgänge verschiedener Größenordnung, aber es waren Aufbrüche, die auf gemeinsame Wurzeln und Erfahrungen zurückzuführen waren. Auf die Rolle, die die Christianisierung in dieser Entwicklung einnahm, kommen wir im nächsten Kapitel zu sprechen. Noch geht es um Eroberungen. Der folgenschwere normannische Aufbruch zur Gewinnung neuer Horizonte stand noch bevor. Im Jahr 1066 brach der normannische Herzog Wilhelm auf, um den Thron des angelsächsischen England zu erringen. Er machte geltend, dass der letzte angelsächsische König, Edward der Bekenner, der zeitlebens kinderlos geblieben war, ihm die englische Krone vermacht habe. Es gab Konkurrenten in England und in Norwegen, aber Wilhelm ging aus den Kämpfen um die englische Krone schließlich als Sieger hervor. Und in diesen Kämpfen treten uns erstmals die Akteure vor Augen, die das Bild der Kreuzzüge so entscheidend prägen sollten. Die Rede ist von den Rittern.

DIE ANFÄNGE DES RITTERTUMS

Mit der Eroberung Englands treten sie tatsächlich in unser Blickfeld. Das ist ganz bildlich gemeint. Denn eine der Hauptquellen für die normannische Eroberung Englands im Jahr 1066 ist der so genannte *Teppich von Bayeux*. Ein imposanter Wandteppich von fast 80 Metern Länge, der die Vorgeschichte der Eroberung und die Invasion bis zum Sieg bei Hastings in Form einer sorgfältigen und detailfreudigen gestickten Bildgeschichte zeigt. Er entstand etwa 20 Jahre nach dem Sieg der Normannen, und er stellt die Geschichte aus der Perspektive des Siegers dar, der sich um die Legitimation seiner Eroberung bemüht. Bemerkenswert ist die präzise Wiedergabe der technischen Ausrüstung. Die Bewaffnung und Ausstattung des normannischen Heeres ist sehr gut zu erkennen. Anders als die angelsächsischen Krieger, die zu Fuß kämpften, ritten die Normannen auf ihren Pferden in die Schlacht. Geschützt durch ein Kettenhemd, bewaffnet mit Lanze und Schwert, waren sie den Fußkämpfern überlegen, und die Schlussdarstellungen des *Teppichs von Bayeux* geben ein anschauliches Bild von den blutigen Realitäten dieser Schlachten.

Doch es ging um mehr als um technische Überlegenheit und um den Sieg. Erst durch eine besondere Ethik wurden die berittenen Kämpfer zu Rittern (*milites*), und erst durch die Verbindung von Kampfkraft und einem besonderen Verhaltenscodex wurde das Ideal des Ritters zu jener langlebigen, mitunter heroischen, mitunter fragwürdigen und komischen, Erscheinung in unserer Geschichte.

Berittene Krieger hatte es seit dem 9. und 10. Jahrhundert gegeben. Sie hatten in den Heeren Karls des Großen und in den Heeren der Ottonen gekämpft. In dieser Zeit war die materielle Grundlage für die ritterliche Kampfform zur vorherrschenden Form der sozialen Ordnung geworden. Ein Kriegspferd war ein wertvolles Gut. Ein Pferd für den Kampf und ein weiteres Pferd für die Ausrüstung, dazu die Rüstung und die Waffen – dafür benötigte ein Mann erhebliche Mittel. Geld spielte in dieser Ökonomie keine besondere Rolle. Reichtum drückte sich in Landbesitz aus. Der war sehr unterschiedlich verteilt, und es gab viele Menschen, deren Land keinen ausreichenden Ertrag abwarf. Das Rittertum war keine Erscheinung der bäuerlichen Schichten, die die große Mehrheit der Bevölkerung ausmachten.

Aber auch in der Schicht, die über einen gewissen Besitz verfügte, gab es mitunter mehr Kinder als Land. So konnte man von dem eigenen Boden nicht standesgemäß leben, und ein junger Mann konnte davon kein Kriegspferd unterhalten. Doch er konnte sich einem höhergestellten und wohlhabenderen Herrn als Mann zur Verfügung stellen. Das heißt, er wurde sein *Vasall*. Er war seinem Herrn künftig zu Rat und Hilfe verpflichtet und musste ihn durch seine Kampfkraft unterstützen. Dafür erhielt er ein Stück Land, das er durch Bauern bewirtschaften ließ, das so genannte *Lehen*. Der Vasall war seinem Herrn gegenüber zur Treue verpflichtet. Das sollten wir jedoch nicht modern interpretieren. Es bedeutete im Wesentlichen, dass der Vasall seinem Herrn nicht schaden durfte. Allerdings waren auch selbstlose Loyalitätsbeweise möglich. Diese Lehnstreue, die in jedem Fall ein besonderes Band zwischen dem Lehnsherrn und seinen Vasallen schuf, hat erheblich zum Rittermythos beigetragen.

Tatsächlich waren die Ritter Reiterkrieger, die in vielen Fällen für ihre nähere Umgebung ebenso gefährlich waren, wie für ihre potentiellen Gegner. Die Worte des Papstes beim Aufruf zum ersten Kreuzzug sprechen eine deutliche Sprache in Hinblick auf die Gewaltbereitschaft dieses Standes. Die Kirche hatte seit dem späten 10. Jahrhundert versucht, die Gewalt, die von diesen bewaffneten jungen Männern ausging, durch so genannte *Gottesfrieden* einzuschränken. Dies waren lokale und regionale Zusammenschlüsse, in die die möglichen Gewalttäter eingebunden wurden, und in denen sie sich durch eine Selbstverpflichtung zum Gewaltverzicht an bestimmten Tagen und an bestimmten Orten bekannten. Durch Kirchenstrafen (Exkommunikation) sollte die Verbindlichkeit dieser Absprachen erhöht werden. Dennoch blieb die Gewalt lange Zeit ein Problem.

Diese Versuche der Gewalteindämmung zeigen ein Verhältnis der Kirche um die Befriedung des professionellen Kriegerstandes, das lange Zeit durch Fremdheit und gegenseitige

Ablehnung gekennzeichnet war. Diese Männer vergossen Blut und davor schreckten die Männer der Kirche zurück. Die große Leistung in der Ausbildung des Ritterstandes bestand darin, diese jungen (und teilweise älteren) zur Gewalt neigenden Krieger in eine Lebensordnung hineinzuholen, die ihnen den Freiraum gab, den sie sich ohnehin genommen hätten, die ihnen aber gleichzeitig ein Leitbild vermittelte, das eine befriedende Wirkung hatte. So erhielten diese Krieger einen Platz im sozialen Gefüge des hohen Mittelalters. Das ist auch daran zu erkennen, dass in Ordnungsentwürfen, die die Theoretiker jener Epoche für das menschliche Zusammenleben formulierten, die Krieger (*bellatores*) eine eigene Gruppe neben den Betenden (*oratores*) und den (körperlich) Arbeitenden (*laboratores*) darstellten. Bischof Adalbero von Laon (977–1033) sah es folgendermaßen: *Dreigeteilt ist das Haus Gottes: die einen beten, die anderen kämpfen, die dritten arbeiten. Es gibt nur diese drei Gruppen, und eine weitere Teilung gibt es nicht.*

So hatten die Krieger neben den Betenden einen vornehmen Platz. Richard Southern hat darauf hingewiesen, dass auch die Betenden sich als Kämpfer gegen das Böse verstanden, als Männer, die harte spirituelle Kämpfe ausfochten. Der Preis für diese Integration der Krieger war freilich, dass das Christentum sich mit einigen ihrer kriegerischen Lebensformen stärker einließ, als es das Evangelium auf den ersten Blick nahe gelegt hätte. Die Spannung von Ideal und zum Teil brutaler Realität, die das ganze Kreuzzugsgeschehen durchzieht, beruht in hohem Maße auf dieser zivilisatorischen Leistung der hochmittelalterlichen Kirche. Sie schuf einen Platz für Männer, die mit dem Schwert umzugehen wussten. Dadurch wurde der Gebrauch der Schwerter in vieler Hinsicht kontrollierter, aber es blieben tödliche Waffen, die auch weiterhin zum Kampf genutzt wurden. Und nicht jeder, der mit ihnen umzugehen wusste, ließ sich dauerhaft auf das christliche Ideal verpflichten. Doch war dieses Ideal für die Ausbildung des Rittertums eine entscheidende Größe.

Das 11. Jahrhundert kann daher als die Anfangszeit des Rittertums angesehen werden, weil in dieser Phase die reitenden Krieger das neue Ethos als Leitbild annahmen. Der *Teppich von Bayeux* lässt das erkennen. Er zeigt etwa eine Gruppe von Kriegern, die mit eingelegten Lanzen in den Kampf reiten. Über dieser Gruppe steht in dem einfachen und klaren Latein, das alle Bilder dieser Darstellung begleitet: *mutig und umsichtig in den Kampf (viriliter et prudenter ad prelium)*. Es ging um mehr als um den geübten Gebrauch von Schwert und Lanze. Der Anspruch an einen umsichtigen, urteilsfähigen Krieger, der seine Kampfkraft in den Dienst einer gerechten Sache stellte, schlug sich schon bald in eigenen Ritualen nieder. Schon auf dem *Teppich von Bayeux* ist eine Vorform jenes späteren feierlichen Ritus des Ritterschlags zu sehen, dessen Inszenierung vor dem dritten Kreuzzug auf dem großen Hoftag Friedrich Barbarossas zu Pfingsten 1184 einen Höhepunkt erreichte. Auf dem *Teppich von Bayeux* ist der Vorgang noch sehr viel bescheidener dargestellt. Hier wird der Überbringer der Thronfolgenachricht an Herzog Wilhelm von diesem nach gemeinsam bestandenen Kämpfen mit den Waffen eines Ritters eingekleidet. Hundert Jahre später war daraus ein feierlicher *rite de passage* geworden, der aufwendig begangen wurde. Die Ritter profitierten von der Dynamik der so genannten zweiten Feudalzeit, sie verbesserten ihre Kampftechnik und formulierten die Ansprüche an die Ritterschaft auf hohem Niveau. All dies vollzog sich zwischen dem ersten und dem dritten Kreuzzug. Aber es beantwortet eine drängende Frage nicht: Wie kam es dazu, dass der höchste Vertreter des Christentums, dessen Kern eine Friedensbotschaft ist, zu einem Krieg im Zeichen des Kreuzes aufrufen konnte?

CHRISTENTUM UND KRIEG

Vor über 70 Jahren hat Carl Erdmann, dessen Familiegeschichte von den Kriegen des 20. Jahrhunderts zutiefst geprägt war, in einer wegweisenden Studie die *Entstehung des Kreuzzugsgedankens* dargelegt. Eine entscheidende Wendung gegenüber der Ablehnung jeglicher Gewalt trat in jener Phase ein, als das spätantike Christentum zu einer offiziellen Religion des römischen Reiches wurde. Augustinus (354–430), der als Bischof von Hippo in Nordafrika auch die Funktion einer Ordnungsgewalt wahrnahm, formulierte in der Auseinandersetzung mit Gegnern des katholischen Glaubens eine Grundlage für die christliche Möglichkeit einer legitimen Kriegsführung. Für Augustinus blieb der Krieg ein letztes Mittel der Verteidigung, ein Krieg zur Verbreitung des Glaubens erschien ihm nicht gerechtfertigt. Für einen *gerechten Krieg* (*bellum iustum*) mussten vier Voraussetzungen erfüllt sein: 1. Der Krieg musste durch eine legitime Autorität erklärt werden (er war nicht der individuellen Entscheidung überlassen), 2. Es musste ein legitimer Kriegsgrund vorliegen (Verteidigung von Glauben, Leben oder Eigentum), 3. Eine andere Lösungsmöglichkeit war ausgeschlossen, 4. Der Krieg wurde mit angemessenen Mitteln geführt.

Für das mittelalterliche Christentum hatte sich auf der iberischen Halbinsel ein frühes Feld für mögliche Kriege im Namen des Glaubens ergeben. Seit die iberische Halbinsel im frühen 8. Jahrhundert zum großen Teil von arabischen Kriegern erobert und unterworfen worden war, war es in Spanien wiederholt zu Kämpfen mit Andersgläubigen gekommen, und es hatte auch Ansätze einer begleitenden Doktrin gegeben. Die Auswirkungen dieser Lehre auf die Idee des Kreuzzugs sind jedoch nicht ganz klar. Erkennbar ist allerdings, dass die neue Ausrichtung des Christentums auf die Gewinnung der diesseitigen Welt auch die Notwendigkeit einer *militia Christi* verstärkt hatte, einer Kraft, die der Kirche im Bedarfsfall beistehen konnte. Das Bündnis, das das Papsttum mit den Normannen in Hinblick auf Sizilien im Jahr 1059 eingegangen war, ließ ja eine solche Notwendigkeit erkennen.

Doch wird man die Ausbildung einer militärischen *Kreuzzugsidee* im christlichen Europa nicht in erster Linie als einen abstrakten Vorgang verstehen können. Es ging wohl ebenso sehr um Erfahrungen wie um Ideen. Und in Hinblick auf das mittelalterliche Christentum um 1100 ist eine Feststellung unabweisbar. Das Christentum hatte sich in Europa vor allem auf militärischem Wege durchgesetzt. Es war, knapp formuliert, die Religion der Sieger. Das hatte bereits der spätere Kaiser Konstantin erfahren, dem vor der entscheidenden Schlacht mit seinem Rivalen Maxentius an der Milvischen Brücke im Jahre 312 das Kreuz als Zeichen des Sieges erschienen sein soll, und in ähnlicher Weise soll sich der Frankenkönig Chlodwig (466–

511) vor 500 zum katholischen Christentum bekehrt haben. Chlodwig soll in einer wichtigen Schlacht mit den Alemannen durch die Anrufung des christlichen Gottes die Wende zugunsten der Franken herbeigeführt haben. Die Entscheidung für das Christentum war eine Entscheidung für den Gott, der zum Sieg gegen die Feinde half. Das angelsächsische England wurde auf diese Weise christianisiert, ebenso die heidnischen Nachbarn der Franken. Allein im Norden Europas kam es zu einer Übernahme des christlichen Glaubens ohne direkte Eroberung. Politische Hegemonie war indes auch bei der Bekehrung Dänemarks, Norwegens und Schwedens im Spiel. Es war eine Selbstverständlichkeit, dass Christen mit ihrem Gott gegen ihre Feinde kämpften. Selbstverständlich stellten Klöster und Bistümer große militärische Aufgebote im Heer Karls des Großen. Und die Prälaten kämpften selber mit. Dies war bei allen aufrichtigen Bemühungen um Frieden eine Welt, in der Gewalt eine Selbstverständlichkeit war. Sie war reguliert, aber sie bedurfte keiner besonderen Begründung. Es ist wichtig, dies in Hinblick auf das mittelalterliche Christentum im Kopf zu behalten. Es war eine »robuste« Religion.

Bei aller Dynamik, auf die wir bislang verwiesen haben, müssen wir uns doch klar machen, dass dies eine einfache Welt war. Das westliche Europa befand sich im Aufbruch, aber es war noch immer vom Hunger bedroht. Wir müssen uns klar machen, dass auf einen Sack ausgesäten Weizen in Burgund in dieser Epoche nur ein Ertrag von etwa drei Säcken kam, wenn das Wetter schlecht war, waren es weniger. Und Burgund war eine vergleichsweise fruchtbare Region. Davon musste ein Sack als Saatgetreide für die nächste Aussaat aufgehoben werden. Unter ungünstigeren Bodenverhältnissen waren die Erträge noch kleiner. In der Regel arbeitete man mit einer Zwei-Felder-Wirtschaft: das Feld wurde geteilt, die eine Hälfte wurde bestellt, die andere Hälfte ließ man brach liegen, damit sich der Boden erholte. Dünger gab es kaum. Die neuere Forschung zum bäuerlichen Leben geht davon aus, dass die Dörfer und Siedlungen häufiger abgebrochen und an anderer Stelle neu errichtet wurden, wenn der Boden ausgelaugt war. Die bäuerlichen Dörfer bestanden aus Holzhütten, Stein verwendete man allenfalls für Kirchen. In den Städten war es ähnlich – wo es schon Städte gab. Man hat in Hinblick auf die

Motive der Kreuzfahrer auch auf die dürftigen Lebensverhält-
nisse in der Heimat der Kreuzfahrer verwiesen. Diese Verhältnisse besserten sich, aber wenn das Ziel verheißungsvoll genug erschien, mochte es manchen, der sich ein besseres Leben
erhoffte, auf den Weg bringen. Für das Verständnis des überraschenden Erfolges, den der Aufruf zum ersten Kreuzzug hatte,
ist der Eindruck einer vielgestaltigen Unruhe von Bedeutung,
die ganz verschiedene Regionen Europas erfasst hatte. Diese
Aufbruchsbewegung wurde von einer leidenschaftlichen Auseinandersetzung um die richtige Ordnung der christlichen
Welt begleitet, die ebenfalls um die Mitte des 11. Jahrhunderts
erkennbar wurde, und die ihren Höhepunkt zum Zeitpunkt
des ersten Kreuzzugs kaum überschritten hatte.

Der religiöse Aufbruch des 11. Jahrhunderts

Die soziale Dynamik, die die Kreuzzüge beförderte, hatte
nicht nur wirtschaftliche und politische Ursachen, sondern
sie wurde in hohem Maße durch religiöse Ideale belebt. Die
konkurrierenden Definitionen der Kreuzzüge, die wir ein-
gangs vorgestellt haben, stimmten in Hinblick auf einen Aspekt überein: Die zentrale Bedeutung des Papstes als Initiator
der Kreuzzüge. Das erscheint im Rückblick nicht sehr überraschend. Die zentrale Bedeutung des Papsttums für die mittelalterliche Kirche erscheint evident. Wem anders, als dem
Papst, sollte es zukommen, die Christen zu einem bewaffneten Hilfszug zu den Heiligen Stätten aufzurufen? Allerdings
ist das die moderne Perspektive, die sich aus der Führungsrolle des Papsttums in der hoch- und spätmittelalterlichen Kirche
ergibt. Die Kirche des frühen Mittelalters zeigt ein ganz anderes Bild. Und es ist eben diese Veränderung in der Kirchen-
struktur, die in der Mitte des 11. Jahrhunderts einsetzte, und
aus der das Papsttum schließlich als Kopf der lateinischen
Christenheit hervorging, die das frühe Mittelalter beendet
und die Phase des hohen Mittelalters einleitete, die wir mit
den Kreuzzügen verbinden.

Der Papst, der zum ersten Kreuzzug aufrief, war kein mächtiger Mann. Er bekleidete allerdings ein Amt, dessen Inhaber seit der Mitte des 11. Jahrhunderts begonnen hatten, die Führungsrolle in der westlichen Christenheit zu beanspruchen. Dass sie damit erfolgreich waren, verdankten die Päpste einer religiösen Reformbewegung, die die Kirche und die frühmittelalterliche Welt tief greifend verwandelte. Ihre Anfänge lagen etwa 50 Jahre zurück und hatten sich etwa in der Zeit bemerkbar gemacht, in der auch der wirtschaftliche Aufbruch erkennbar wurde.

Im Jahr 1046 war König Heinrich III. nach Rom gezogen, um sich zum Kaiser krönen zu lassen. Dies war der traditionelle Weg und er begründete einen gewissen Zusammenhang zwischen Rom und den Königen des Reichs nördlich der Alpen. Der König reiste nicht allein. In seinem Gefolge befanden sich bei einer solchen Gelegenheit bedeutende Reichsfürsten. Die vornehmsten unter ihnen waren die Bischöfe des Reiches, die bei solchen Gelegenheiten nach Rom kamen. Ansonsten war ihre Bindung an den Bischof von Rom eher locker. Der Bischof von Rom hatte ein ehrenvolles Amt, weil sein Inhaber der Nachfolger des Apostels Petrus war. Aber dies war ein eher abstrakter Vorsprung, der durch die eigentümliche Amtsführung, mit der viele diese Nachfolger aus dem Adel des römischen Umlands ihre Aufgabe versahen, nicht sehr gestützt wurde. Das Amt des Bischofs von Rom hatte bis in die Mitte des elften Jahrhunderts vor allem eine lokale oder regionale Bedeutung. Das änderte sich nach 1046 zunehmend. Denn Heinrich III. traf in Rom auf eine unklare Situation. Zwei konkurrierende Päpste beanspruchten den apostolischen Stuhl, und der Status eines dritten vormaligen Papstes, der sein Amt niedergelegt hatte, war nicht ganz klar. Für seine Kaiserkrönung wünschte Heinrich indes klare Verhältnisse. Dazu kam, dass er ein Mann von strenger persönlicher Frömmigkeit war, dem die Klärung dieses Konflikts ein tatsächliches Anliegen war. Heinrich III. setzte alle drei römischen Päpste ab, und er berief einen eigenen Kandidaten aus Deutschland, den Bischof von Bamberg, zum neuen Papst. Als Clemens II. krönte er Heinrich zum Kaiser. Auf Clemens folgten weitere deutsche Päpste, und sie kamen nicht allein nach Rom. Sie lebten nicht lange – Rom war damals kein einfaches Umfeld für einen deutschen Bischof –, aber in diesen Jahren kamen jene Männer an die Kurie, die mit ihrem Reformwillen die Kirche veränderten. Der Auftritt des Papsttums änderte sich schon bald. Könige und Klerus bekamen den neuen Geist energisch zu spüren.

*Weil wir – angestachelt durch apostolische Autorität und die wahrhaften Sätze der heiligen Väter – wegen der Verpflichtung unseres Amtes fest entschlossen sind, die simonistische Häresie zu beseitigen und die Keuschheit der Kleriker vorzuschreiben, haben wir beschlossen, Dir, dem in einem weiten Gebiet Klerus und Volk anvertraut sind, folgende Gehorsamspflicht aufzuerlegen ...*Dies war der Auftakt eines Schreibens von Papst Gregor VII. an den Erzbischof von Mainz im März 1074 (Briefe Gregors VII. Nr. 123). Dies waren neue Töne. Der Erzbischof von Mainz war der vornehmste Prälat des Reiches. Aufgrund seiner langen Tradition hatte sein Erzbistum eine enorme Erstreckung. Ein solcher Mann war es nicht gewöhnt, Befehle aus Rom zu empfangen. Es war durchaus bezeichnend, dass Heinrich III. 1046 und in den folgenden Jahren deutsche Bischöfe zu Päpsten ernannte. Für einen Erzbischof wäre das Amt nicht attraktiv genug gewesen. Der Erzbischof von Hamburg-Bremen, dem der Apostolische Stuhl angetragen worden war, soll ihn abgelehnt haben. Adalbert von Hamburg-Bremen war ein hoher Adliger, der einen aufwendigen Hof unterhielt. Solche Männer nahmen keine Weisungen entgegen. Bislang hatten sie das auch nicht tun müssen, aber mit der Reform änderte sich das Verhältnis. Es ist nicht verwunderlich, dass die deutschen Bischöfe sich diesem Anspruch widersetzten und sich 1076 einer Initiative ihres Königs Heinrichs IV. anschlossen, der aus Verärgerung über den Papst dessen Legitimation grundsätzlich infrage stellte. Dieser Konflikt ist als Investiturstreit in die Geschichte eingegangen. Er ist im Zusammenhang mit den Kreuzzügen in mehrfacher Hinsicht relevant. Denn er führte dazu, dass Papst und Kaiser sich wiederholt gegenseitig ihr Amt streitig machten, was wiederum dazu führte, dass Urban II., als er in Clermont zum Kreuzzug aufrief, in Rom einen Gegenpapst hatte.

Das Zerwürfnis mit dem König und späteren Kaiser Heinrich IV. hatte zudem zur Folge, dass Heinrich nicht als Führer des Kreuzzugs infrage kam, obwohl der Schutz der Christenheit die ureigenste Aufgabe des Kaisers war (es gab noch weitere Gründe). Weiterhin lässt die Auseinandersetzung die Vehemenz der Reformer erkennen. Es war dieser Anspruch, den göttlichen Willen auszuführen, der in dem zitierten Brief des Papstes bereits erkennbar war, der der Reform einen solchen Nachdruck verlieh. Diese unbedingte Überzeugung, das richtige zu tun, verlieh der Reform nicht nur ihre Durchschlagskraft, es verlieh ihr auch einen aggressiven Zug im Umgang mit den Gegnern. Es war ein aggressiver Zug, der nicht nur die Prälaten unter den Reformern erfasste, sondern der von vielen glaubenden Zeitgenossen geteilt wurde. Auch daraus speiste sich der Enthusiasmus, der den ersten Kreuzzug trug. Es war ein Enthusiasmus des Kampfes und er hatte eine Vorgeschichte in den Konflikten der Reform. Worum ging es?

In den Worten der Zeitgenossen ging es um die *Freiheit der Kirche*. Eine Freiheit von allen Verstrickungen des weltlichen Lebens mit seinen vielen Kompromissen. Die Freiheit der Kirche sollte dem Geist Gottes jenen Raum geben, den er für sein Wirken benötigte. Und die Reformer verstanden sich als seine Vorkämpfer. Sie fühlten sich der weltlichen Machtsphäre überlegen. Das Selbstverständnis der kirchlichen Reformer trennte sie in deutlichem Maße von den Laien, die sie mitunter energisch unterstützten. In den Augen der Reformer besaß die geistliche Lebensweise eine höhere Würde. Geistliche besudelten ihre Hände nicht mit dem Blut, das an den Schwertern der adligen Krieger klebte, und sie waren frei von den Verstrickungen der Sexualität, die die Männer des Laienstandes fesselten. Hier nahmen zwei wichtige Bewegungen ihren Ausgangspunkt, eine innerkirchliche und eine, die das Verhältnis der Kirche zu den Vertretern der weltlichen Macht betraf.

Die innerkirchliche Bewegung, die nun mit rücksichtsloser Entschiedenheit auf zahlreichen Reformsynoden in Europa vorangetrieben wurde, zielte auf die Abschaffung der Priesterehe.

Der Zölibat, um den es ging, war durchaus ein geistliches Leitbild, aber in den Reihen des normalen Klerus interpretierte man diese Vorschriften nicht allzu eng. Zudem gab es sehr ernsthafte Verteidiger der Priesterehe mit gewichtigen Argumenten. Nun aber sahen sich die verheirateten oder zumindest in eheähnlicher Gemeinschaft lebenden Priester zunehmend öffentlich angeprangert. Das Leitbild des zölibatären Klerus wurde zu einer zentralen Forderung der Kirchenreform. Es war ein Leitbild, das nicht allzu komplex und einfach zu vermitteln war. Es richtete sich indes gegen eine Lebensweise, von der sich die Betroffenen keineswegs so einfach trennen mochten. Darüber kam es zu heftigen Konflikten, und es waren die Instrumente dieses Kampfes, die überhaupt den Rahmen des Aufrufes zum ersten Kreuzzug schufen.

Die zeitgenössischen Quellen lassen erkennen, dass um die Anliegen der Reform auf vielen Ebenen erbittert gerungen wurde. Dazu mussten die Reformer in die Offensive, denn sie wollten die bestehenden Verhältnisse verändern, und die Beharrungskräfte waren enorm. Der klassische Weg war die Verbreitung der päpstlichen Anliegen durch Briefe an die einzelnen Bischöfe, die diese Schreiben dann ihren Priestern bekannt machten. Wenn allerdings die Bischöfe selber den päpstlichen Führungsanspruch in der vorgetragenen Form nicht akzeptierten, dann war diese Kommunikationsstruktur nicht arbeitsfähig. Eine Abhilfe schufen Synoden der Erzbistümer oder Bistümer, auf denen ein Legat des Papstes den Vorsitz führte. Dieses Instrument erlaubte es der Kurie, ihre Anliegen mit entsprechendem Nachdruck vorzutragen und vor Ort die anwesenden Kleriker auf eine Einhaltung der Vorschriften zu verpflichten. Angesichts der einfachen Kommunikationsstrukturen war das Mittelalter eine Zeit, in der Herrschaft persönlich ausgeübt werden musste, wenn sie effektiv sein sollte.

Die widerstrebenden Geistlichen mussten persönlich auf die Einhaltung des Zölibats verpflichtet werden. So schrieb Papst Gregor VII. am 29. März 1075 an den Erzbischof von Köln: *Um aber das, was wir Deiner Liebe auferlegen, umfassender und wirksamer zu verfolgen, raten wir Dir, mit Deinen bischöflichen Mitbrüdern ein Konzil herbeizuführen. Auf diesem solltest Du einen möglichst großen Kreis von Klerikern versammeln und ihm die kanonischen Gesetze und die Autorität des päpstlichen Stuhles sowohl wie Deine und die aller deiner Mitbrüder offen verkünden und ausführlich darlegen, wie groß die Tugend der Keuschheit, wie sehr sie für alle geistlichen Grade notwendig ...ist; danach solltest Du ihnen unumstößlich kundtun, dass ihnen fürderhin nicht erlaubt ist, was sie zu ihrem eigenen Verderben bisher in Anspruch nahmen ...*(Brief Gregors VII. Nr. 51).

Nicht immer konnte der Papst selber einem Konzil oder eine Synode vorsitzen (die mittelalterlichen Quellen unterscheiden diese Begriffe nicht), und nicht immer konnte er einen Legaten entsenden. Die Entfernungen waren gewaltig und die Zahl der Aktiven begrenzt. Die Reise von Rom nach Köln dauerte mehrere Wochen. Diese Bedingungen zu kennen, ist von erheblicher Bedeutung, um das Geschehen in Clermont zu verstehen, auf das wir weiter unten eingehen werden. Denn der Papst war nach Clermont gekommen, um dort für den Fortgang der Kirchenreform zu wirken. Dies war der Anlass der Zusammenkunft, und es war der Anlass der päpstlichen Reise nach Frankreich. Die erste Initiative für einen Kreuzzug wurde in direktem Zusammenhang mit den Reformbemühungen unternommen. Und noch etwas ist wichtig.

Angesichts der so schwachen Reformstrukturen und angesichts der Beharrungskräfte, die eine jahrhunderte lange Tradition, die auch für den Klerus selbstverständlich war, ihren Bemühungen entgegensetzte, konnte die Reform der Kirche nur gelingen, wenn sie von einer ausreichend großen und engagierten Zahl von Laien unterstützt wurde. Tatsächlich hat die historische Forschung zu der Erkenntnis geführt, dass die Sorge um das Seelenheil und der Wunsch, ein gottgefälliges Leben zu führen, in den unterschiedlichen Schichten der Christenheit dieser Zeit eine starke Kraft war. Die Reformer konnten auf diese Unterstützung setzen. Die religiöse Unruhe drückte sich in verschiedenen Formen aus, es ist angesichts der regionalen Beschaffenheit der meisten Lebensstrukturen nicht verwunderlich, wenn die Menschen auf die bohrende Frage nach dem richtigen Leben unterschiedliche Antworten gaben. Eine besonders aktive Rolle spielte der Adel.

In einer Lebenswelt, in der das städtische Leben noch keine prägende Rolle spielte, waren neben den Bischöfen – die in Städten residierten – vor allem Klöster Träger christlicher Kultur. Viele dieser Klöster waren von Adelsfamilien gestiftet worden, die auf diese Weise das Totengedenken ihrer Dynastie sicherstellen wollten. Doch es gab auch enge persönliche

Bande, da die jüngeren Söhne solcher adligen Familien häufig in diese Klöster eintraten. So waren diese Familien eng mit ihren Klöstern verbunden, und sie machten sich die Reform des klösterlichen Lebens zu einer eigenen Aufgabe. Gleichzeitig war dies die Schicht, aus der die Kreuzzugsheere rekrutiert wurden. Die enge Verbundenheit dieser Milieus lässt sich etwa bei Bernhard von Clairvaux erkennen, der aus einer solchen ritterlichen Familie stammte und 14 Jahre nach der Eroberung Jerusalems in den neu gegründeten Zisterzienserorden eintrat.

Die Zisterzienser waren damals ein junger, asketischer Orden, der die adlige Jugend faszinierte. Es war ein strenges, sehr entbehrungsreiches und häufig kurzes Leben, zu dem diese adlige Jugend sich entschloss. Der Zisterzienserorden gehört zu den eindrucksvollsten Neuerungen, die aus der Reformbewegung des 11. Jahrhunderts hervorgegangen waren. Die Brüder der jungen Männer, die in diese Klöster eintraten, mochten einem Aufruf zum Kreuzzug folgen. Bernhard wurde selber zum entschiedensten Prediger und Propagandisten des zweiten Kreuzzugs. Otto von Freising, dem wir das vielleicht eindrucksvollste Lob der zisterziensischen Lebensweise verdanken, nahm selber an diesem zweiten Kreuzzug teil. Otto von Freising und Bernhard von Clairvaux waren Männer des Wortes. Sie vermochten Inhalte und Begriffe differenziert zu verstehen und wiederzugeben. Aber wir können davon ausgehen, dass die Reformideale, die diese Männer bewegten, auch eine schlichtere Ausdrucksform kannten. Reformen benötigen klare Losungen, und nicht jeder, der diese Losungen mit Inbrunst vorträgt, versteht ihren Gehalt. Damit kommen wir zu der aggressiven Seite der Reform, die sich als Antwort auf den Kreuzzugsaufruf Urbans II. 1095 so vehement äußerte.

DIE AGGRESSIVEN ZÜGE DER REFORM

Die Reform hatte große Gegner nicht gescheut. Die Reformer hatten frühzeitig begonnen, deutliche Trennlinien zu ziehen. Daraus war bereits 1054 das so genannte morgenländische Schisma hervorgegangen, ein formaler Akt der gegenseitigen Exkommunikation von Papst und dem griechischen Patriarchen in Konstantinopel. Die unterschiedlichen Sprachen hatten schon deutlich früher zu einer Entfremdung geführt, die durch divergente theologische Lehren und politische Strukturen verstärkt wurde. Doch konnten diese, zum großen Teil rein persönlichen Auseinandersetzungen immer wieder beigelegt werden. Schon bald, nachdem die Reformer in Rom die Initiative übernommen hatten, änderte sich das. Es kam zu Konfrontationen und gegenseitigen Exkommunikationen, aber erst der vierte Kreuzzug, von dem unten noch die Rede sein wird, entfremdete beide Lager auf Dauer. Zunächst wirkte die gemeinsame Tradition weiter. Der Aufruf zum ersten Kreuzzug lässt dies erkennen. Schließlich ging er auf eine Hilfsanfrage aus Byzanz zurück. Aber das Schisma markiert doch eine erste Grenzziehung. Und aus solchen Grenzziehungen, die die Reformer nun vorantrieben, ergaben sich allmählich neue Gegnerschaften. Gegnerschaften, die darauf zurückzuführen waren, dass die nun deutlicher voneinander getrennten Größen begannen, um ihr Verhältnis zueinander zu ringen.

Der Konflikt Gregors VII. mit Heinrich IV., der schließlich in Canossa im Januar 1077 einen berühmten Höhepunkt erfuhr, ist dafür ein berühmtes Beispiel. Auch er spitzte sich allmählich zu, aber er ließ in der Zuspitzung die Konsequenzen des Reformprogramms erkennen, das sich mit versöhnlichen Tönen gegenüber jenen schwertat, die vom rechten Weg abwichen. Gregor VII. ging immerhin soweit, dem Königtum Heinrichs IV. durch seine Exkommunikation die Legitimität zu entziehen und damit einer Opposition in Deutschland Auftrieb zu geben, die schließlich einen eigenen König wählte. Das war durchaus ein unerhörter Vorgang, denn Heinrichs Vater hatte in Rom noch mehrere Päpste ab- und eingesetzt.

Schließlich ging der Angriff Gregors VII. und der Reformer auf Heinrich IV. deutlich über die Person des unbeliebten Königs hinaus. Er zielte auf das Selbstverständnis dieses Königtums, das die eigene Aufgabe auch als ein sakrales Amt verstand. Der König war der Kopf seines christlichen Königreiches, verantwortlich für Laien und Kleriker gleichermaßen. Diese vornehme Aufgabe war ihm von Gott übertragen worden. Für die Reformer war der König nur noch ein Laie, Angehöriger eines Standes, dessen Würde der Würde der Priester nicht gleichkam. Fünfzig Jahre zuvor, bei der Krönung Konrads II. im Jahre 1024, hatte der Erzbischof von Mainz den König daran erinnert: *ein Stellvertreter Christi bist Du.* Diese vornehme Stellung, die für die Könige des frühen Mittelalters selbstverständlich gewesen war, wurde nun mit Entschiedenheit in Frage gestellt.

Der Vorstoß des neuen Papsttums an die Spitze der kirchlichen Hierarchie, bzw. der Ausbau dieser Hierarchie unter päpstlicher Führung, richtete sich indes nicht nur gegen die Könige, die bislang die wichtigen Prälaten in ihren Reichen selber ausgesucht hatten. Die Hierarchisierung der Kirche stellte insbesondere den Status der Bischöfe Europas in Frage. Sie hatten sich bislang als direkte Nachfolger der Apostel verstanden, die ihr Amt nicht päpstlicher Verleihung sondern einem göttlichen Auftrag verdankten (auch wenn sie vom König eingesetzt wurden). Der Nachdruck, mit dem der Bischof in Rom nun seine übergeordnete Stellung betonte und Gehorsam einforderte, beunruhigte viele Amtsträger. Manche akzeptierten die neue Führung, viele aber nahmen daran Anstoß. So ist es etwa zu erklären, dass viele Bischöfe des Reiches Heinrich IV. in seinem Kampf mit dem Papsttum zunächst unterstützten. Tatsächlich war die Kirche des frühen Mittelalters regional organisiert. Es gab vereinzelte zentralisierende Elemente, aber sie waren angesichts der Kommunikationsbedingungen schwach entwickelt. Bischöfe residierten in Städten und in der Regel waren sie die Herren der Stadt mit einem weiten Wirkungskreis. Innerhalb ihres Bistums hatten sie die Entscheidungsgewalt über den Klerus und das geistliche Leben.

Es lässt sich in Hinblick auf diese regionale Struktur der frühmittelalterlichen Kirche sagen, dass eine Bewegung von dezidiert christlichem Charakter, die gewissermaßen quer zu den Bistumsgrenzen die Menschen erfasste, und die sich nicht mehr auf die Zuständigkeit eines Bischofs beschränkte, die Autorität der römischen Kirchenleitung stärken konnte. Zumindest stärkte eine solche Bewegung die Zuständigkeit des Papstes, der bis dahin vor allem mit den Belangen seiner eigenen römischen Diözese zu tun hatte. Insofern waren die Kreuzzüge ein weiteres Moment einer Veränderung der mittelalterlichen Kirche, die ihre regionalen Horizonte zu einem gemeinsamen Horizont der lateinischen Christenheit erweiterte. Die Führung dieser Kirche wurde zunehmend vom Papsttum beansprucht, und sie wurde den Päpsten von den Zeitgenossen auch zunehmend zugestanden. Das hatte damit zu tun, dass der Bedarf nach einer solchen zentralen Führung wuchs. Bewegungen, wie die Kreuzzüge, die den größeren regionalen Rahmen überschritten, trugen dazu bei.

Es ist wohl kein Zufall, dass das 12. Jahrhundert nicht nur eine besondere Zeit in der Kreuzzugsgeschichte war, sondern auch als die Zeit gelten kann, in der das Papsttum die Führung der Kirche nicht nur beanspruchte, sondern diesen Anspruch auch mit überzeugenden Persönlichkeiten ausfüllen konnte. Diese Entwicklungen hängen nicht voneinander ab, sondern sie gehen vielmehr auf eine Horizonterweiterung zurück, die sich in vielen Formen äußerte.

Die Verbindung zwischen der Erweiterung des Horizonts und einer aggressiven Haltung religiöser Polarisierung ist an einem spanischen Beispiel im späten 11. Jahrhundert eindringlich zu studieren. Die iberische Halbinsel hatte lange unter moslemischer Herrschaft gestanden. Seit dem frühen 8. Jahrhundert hatte eine Oberschicht moslemischer Kämpfer große Teile des Landes kontrolliert, nur im Norden bestanden in den unzugänglichen Regionen christliche Enklaven fort. Im Laufe des elften Jahrhunderts verlor die zentrale moslemische Regierung des Kalifats in Cordoba allmählich den Zugriff auf das Land, und die Herrschaft zerfiel in einzelne Teilreiche. Neben diese moslemischen Teilreiche traten in zunehmendem Maße christliche Herrschaftsbildungen im Norden, die den moslemischen Großen durchaus ebenbürtig waren. Jedoch spielte sich diese Konkurrenz weitgehend im Rahmen der iberischen Halbinsel ab. Die religiösen Differenzen spielten in diesem komplizierten und bewegten Geflecht keine herausgehobene Rolle. Eine Figur wie der berühmte Cid, jener Abenteurer, der zwischen den Reichen und Herrschern, und wohl auch zwischen den verschiedenen Religionen eine Laufbahn als Kämpfer mit wechselnden Loyalitäten absolvierte, war nur in dieser Phase des 11. Jahrhunderts denkbar. Noch hatten sich die Konkurrenten nicht zu festen Lagern gefügt. Um 1080 änderte sich dies allmählich – sowohl die moslemischen als auch die christlichen Teilherrschaften richteten sich allmählich an einer übergeordneten Führung aus. Die Koordinaten auf der iberischen Halbinsel verschoben sich.

Um das Jahr 1080 übernahmen die Christen auf der iberischen Halbinsel die römische Form der Liturgie. Bis dahin hatten sie den Gottesdienst nach dem so genannten mozarabischen Ritus gefeiert, der zahlreiche Elemente der arabischen Kultur in den Gottesdienst aufgenommen hatte. Im Jahr 1089 traf der Bischof von Vic (Katalonien) in Rom ein, um dort die Privilegien der Kirche von Tarragona bestätigen zu lassen. In diesem Vorgang lässt sich der Wandel deutlich erkennen. Die Reise des Bischofs von Vic zeigt eine neue Ausrichtung. Es war eine Ausrichtung mit Folgen. Denn Tarragona befand sich noch in moslemischer Hand. Und der Papst rief nun die christlichen Herren der Kirchenprovinz Tarragona und der Nachbarprovinzen dazu auf, alle Kräfte auf die Rückgewinnung der Stadt auszurichten, *damit man dort einen Bischofssitz haben könne*. Tarragona könne dann ein christliches Zeugnis gegen die Sarazenen ablegen.

Der päpstliche Aufruf zur Rückgewinnung Tarragonas ist auch deshalb von besonderer Bedeutung, weil der Papst hier bereits jenen Ablass (*remissio peccatorum*) in Aussicht stellt, der dann beim Aufruf zum ersten Kreuzzug sechs Jahre später erneut gepredigt wurde. Der Papst forderte zur Buße auf, wobei klar war, dass dies eine kämpferische Bußleistung sein würde. In diesem Zusammenhang wurde Jerusalem als Pilgerziel genannt, indem der Papst all jene, die nach Jerusalem oder zu anderen Orten pilgerten, aufforderte, nach Tarragona zu ziehen. Damit waren wesentliche Elemente des Kreuzzugsaufrufs

1095 bereits einige Jahre zuvor in Hinblick auf die christliche Rückgewinnung Tarragonas aus der Hand der Sarazenen formuliert worden. Die Vereinheitlichung des christlichen Horizontes ging auf diese Weise einher mit einer zunehmenden Konfrontation mit jenen, die die römische Kurie als Gegner ausgemacht hatte.

Aus der Konfrontation von Gregor VII. und Heinrich IV. folgte ein Bruch zwischen dem Kaiser und dem Papst, der zu dem Zeitpunkt, an dem Urban II. zum bewaffneten Zug in das Heilige Land aufrief, noch nicht überwunden war. Es ist unter Historikern umstritten, wie sehr der Konflikt zwischen dem 1105 von seinem Sohn abgesetzten Heinrich IV. und den Päpsten dazu geführt hat, dass der Kaiser den Kreuzzug nicht anführte. Die »Regierungspraxis« dieser Epoche bestand in der Tat in persönlichen Akten eines anwesenden Königs, eine »Verwaltung« gab es noch nicht. Es sprach also einiges dafür, dass der König in seinem Reich anwesend war – insbesondere dann, wenn seine Herrschaft so umstritten war, wie die Heinrichs IV. Eine Doktrin, die es dem König versagt hätte, sein Reich längere Zeit zu verlassen, gab es jedoch nicht. Und die langen Aufenthalte ottonischer Herrscher in Italien nach 962 (Kaiserkrönung Ottos I.) hatten praktisch auch dazu geführt, dass die Herrscher den Regierungsgeschäften nördlich der Alpen in der Zeit ihrer Abwesenheit fern standen. Dadurch war das Reich nicht in Anarchie verfallen.

In den Jahren des Aufrufs zum ersten Kreuzzug gab es neben Papst Urban II. (seit 1088) einen weiteren Papst, den Heinrich IV. eingesetzt hatte. In den zwei Jahren vor dem Aufruf zum Kreuzzug war zunächst Heinrichs Sohn, dann auch seine Ehefrau, von ihm abgefallen, und sie hatten sich Urban II. angeschlossen. Der Widerstand in seiner Familie und unter den Fürsten kostete Heinrich schließlich seinen Thron, und die Jahre des ersten Kreuzzugs waren für ihn Jahre scharfer Auseinandersetzung mit diesen Gegnern. Daher kam der Kaiser als Kopf eines solchen Zuges kaum in Betracht. Tatsächlich lag die Leitung des Unternehmens bei Männern aus dem höheren Adel. In der Mobilisierung dieser Männer hatte das Reformpapsttum bereits einige Erfahrung. Es waren weniger die Könige als vielmehr bedeutende Adlige gewesen, die die Reform der

Kirche unterstützt hatten, und es war durchaus schlüssig, die Organisation des ersten Kreuzzugs entsprechend auszurichten. Dabei waren solche Männer natürlich nicht immer einfach im Umgang.

Du hast klug, wie es sich ziemt, gehandelt, als Du uns und den Römern den Erfolg des Kriegszuges und den Preis des errungenen Sieges mitteiltest, damit das, was Du nach dem Wunsch der Freunde ruhmvoll gewonnen hattest, Dir durch ihre Glückwünsche zu etwas noch Ruhmvollerem und Glücklicherem gemacht werde. Indessen musst Du Dir denjenigen tief ins Gedächtnis prägen, durch dessen Gunst und Hilfe ohne Zweifel Deine Angelegenheiten gedeihen (Brief Gregors VII. Nr. 119). So begann ein Schreiben Gregors VII. an den Normannenherzog Robert Guiskard um das Jahr 1081. Robert sollte im Namen Gottes und auf Geheiß des Papstes die Feinde der Kirche erfolgreich bekämpfen. Dem Normannenherzog Wilhelm, der 1066 England eroberte, hatte der Papst eine Fahne des Hl. Petrus übersandt, die die Normannen auf ihrem Zug mit sich führten. Es war allerdings nicht immer einfach, diese Krieger zu kontrollieren. Die Normannen verfügten neben ihrer Waffenstärke über ein erhebliches Maß an Eigensinn, und so kam es durchaus vor, dass der Papst, wenngleich ohne Erfolg, auch gegen seine Vasallen im Süden bewaffnete Unterstützung mobilisieren musste. Allerdings war solcher Eigensinn bewaffneter und selbstbewusster Krieger keine Seltenheit in dieser Epoche. Er begleitet die Kreuzzugsgeschichte. Die Heere dieser Zeit waren aus ritterlichen Aufgeboten zusammengestellt, deren Kämpfer Individualität und Stolz mit einem robusten Eigeninteresse verbanden. Dieses Eigeninteresse entsprach nicht immer den Erwartungen jener, für die sie kämpften. Die Auftritte dieser Krieger waren in mancher Hinsicht den Auftritten der Helden Homers näher als den Angehörigen einer streng geführten Armee der Neuzeit. Und auch die Ziele dieser Kämpfer waren andere.

Es ist selbstverständlich, dass Krieg ein brutales Geschäft ist. Die historische Forschung hat sich seit einiger Zeit intensiver mit den verschiedenen Formen der Konfliktregelung in der mittelalterlichen Gesellschaft befasst. Sie hat dabei wichtige Mechanismen aufgedeckt, mit denen die Zeitgenossen bei aller gewalttätigen Rhetorik ihre Differenzen unblutig ausräumen konnten. Doch sollten wir die Bedeutung dieses friedlichen Konfliktaustrags nicht überbetonen. Das wäre eine zu moderne Sicht. Im elften Jahrhundert waren Schwerter nicht nur Zeichen der Herrschaft, sondern sie waren vor allem Waffen im Kampf. Wie sie eingesetzt wurden, und welche Folgen ihr Einsatz hatte, davon gibt uns die zeitgenössische Literatur oder die Darstellung auf dem *Teppich von Bayeux* ein ausreichendes Bild. Solche Kämpfe lassen sich nur begrenzt verklären, und ihr grundsätzlicher Charakter ist sich auch dann ähnlich, wenn sie ganz unterschiedlichen Zielen dienten. Dennoch ist es für das Verständnis der Kreuzzüge von erheblicher Bedeutung zu verstehen, warum sich am Ende des elften Jahrhunderts so viele Menschen auf einen bewaffneten Zug in das Heilige Land begaben. Dies war zuvor nicht der Fall gewesen, und die Bewegung hielt in dieser Form auch nur für eine gewisse Zeit an.

DER KREUZZUGSABLASS

Die unterschiedlichen Definitionen eines Kreuzzugs, die zu Beginn dieses Bandes vorgestellt worden sind, stimmen in der Bedeutung eines Motivs überein: der Bedeutung des Sündennachlasses für die Kreuzfahrer. Dabei ist der Charakter und der Umfang des so genannten Ablasses, der jedem Teilnehmer an einem Kreuzzug in Aussicht gestellt wurde, unter Historikern umstritten. Handelte es sich um eine umfassende Tilgung der Sündenschuld (*remissio peccatorum*) für alle Teilnehmer, oder wurden nur denjenigen Teilnehmern, die tatsächlich reinen Herzens waren, die Bußleistungen erlassen, die sie in ihrem irdischen Leben noch für bereits gebeichtete Sünden abzuleisten hatten? Die Frage der korrekten Bewertung eines Kreuzzugsablasses ist ein komplexes theologisches Problem – auch wenn die Busstheologie im späten elften Jahrhundert noch in ihren Anfängen steckte. Ernst-Dieter Hehl hat nach gründlichem Studium der einschlägigen Texte betont, dass der Ablass, den Urban II. den Kreuzfahrern in Aussicht stellte, nur denjenigen zugesichert wurde, die allein um ihres Glaubens willen (*sola devotione*) nach Jerusalem aufbrachen. Der Kreuzzug sei eine

Bußübung für diejenigen gewesen, die zur Buße bereit gewesen seien. Nur ihnen sei zugesagt worden, dass der Zug nach Jerusalem sie von der Verpflichtung zu anderen Bußübungen befreie. Die Lossprechung von ihren Sünden sei nicht die Folge der kriegerischen Taten, sondern der aufrichtigen Reue, die der Kreuzfahrer vor dem Aufbruch gezeigt habe.

So schlüssig sich eine solche Erklärung darlegen lässt, so läuft sie doch Gefahr, das Kreuzzugsgeschehen in nicht unerheblicher Weise zu verklären. Wir haben oben die Verbindungen des theologischen Milieus, das die Reformdynamik trug, mit dem Milieu der Ritter betont, die die Kriegszüge durchführten. Dennoch ist es in diesem Fall auch nötig, darauf hinzuweisen, dass die Kreuzzüge ein eminent praktisches Unternehmen waren. Das nächste Kapitel wird den Aufruf Urbans II. zum ersten Kreuzzug behandeln. Darin ist weniger von edlen Taten und mehr von roher Gewalt die Rede, die sich auf andere Ziele richten müsse. Jedem bedeutenden Begriff der theologischen Hochsprache, der die zeitgenössische Diskussion bestimmte, entsprach im praktischen Milieu ein sehr viel unbestimmteres Verständnis, das einer robusten Exegese unterzogen wurde. Das Christentum des Mittelalters war eine robuste Religion. Und doch gibt die Diskussion über den Sündennachlass den entscheidenden Hinweis. Die Frage der Buße konnte nur in einem Umfeld Gewicht bekommen und Menschen mobilisieren, das sich über sein Seelenheil ernsthafte Sorgen machte. Diese Sorge um das Seelenheil war eine bedeutende Triebkraft der Kirchenreform des elften Jahrhunderts, wobei man die Antworten nicht nur in geistlichen Lebenssphären finden konnte. Der Kreuzzug bot die Möglichkeit, Kampf und religiöse Haltung miteinander zu verbinden. Die Erwartung, dass beim Sieg in diesem Kampf dem Sieger auch die Beute zufiele, war dabei selbstverständlich und stellte die Motive des Kämpfenden auch nicht infrage.

Die Verbindung eines Sündennachlasses mit dem Kampf im Namen der Kirche und des Glaubens kam in diesen Jahren auch an anderen Orten vor. So kämpften die Christen auf der iberischen Halbinsel seit einigen Jahren erfolgreich gegen die moslemischen Herren. Im Jahre 1085 war es gelungen, Toledo zu übernehmen, einige Jahre später rief Urban II. – wie bereits erwähnt – die katholischen Kämpfer auf, Tarragona zurück zu erobern. Auch für diesen Kampf wurde ein Sündenablass in Aussicht gestellt. So lässt sich die Aufbruchstimmung des ersten Kreuzzugs aus der wirtschaftlichen, sozialen und religiösen Bewegung verstehen, die das Abendland in der zweiten Hälfte des elften Jahrhunderts ergriffen hatte. Die religiöse Unruhe hatte mit einer besonderen Ausrichtung auf Jerusalem dem künftigen Ziel des Kreuzzugs in den Augen der Zeitgenossen bereits eine besondere Aura verliehen. Dabei hatte sich ein besonderes frommes Interesse an Jerusalem als Pilgerziel gezeigt. Im Jahr 1064 war ein großer Pilgerzug aus dem Reich aufgebrochen, und über Ungarn, Byzanz und Syrien in das Heilige Land gezogen: *Erzbischof Siegfried von Mainz, die Bischöfe Gunther von Bamberg, Otto von Regensburg, Wilhelm von Utrecht und viele andere, Säulen und Häupter Galliens, brachen im Herbst nach Jerusalem auf* (Lampert von Hersfeld, Annalen zum Jahr1064). Die Pilger hatten staunenswerte Abenteuer erlebt, waren überfallen worden und hatten sich nach anfänglichen Bedenken (*Die meisten Christen hielten es nicht für vereinbar mit ihrem Glauben, sich mit der Faust zu wehren und ihr Leben, das sie zu Beginn der Pilgerfahrt Gott geweiht hatten, mit irdischen Waffen zu schützen*, Lampert von Hersfeld, Annalen zum Jahr 1065) handfest und schließlich erfolgreich zur Wehr gesetzt.

Das gesteigerte Interesse für das tatsächliche Jerusalem mochte sich in den Ohren mancher Zeitgenossen mit der besonderen Rolle verbinden, die mancher Exeget jener Tage dem himmlischen Jerusalem in seinen Schriften und Worten einräumte. Die Frage, ob Jerusalem von Anfang an als Ziel des Kreuzzugs vorgesehen war, ist verschiedentlich diskutiert worden. Für das Verständnis der zeitgenössischen Stimmung ist es wichtiger, dass Jerusalem alsbald zum Ziel erklärt wurde. Darin können wir einen weiteren Hinweis auf den besonderen Anteil der religiösen Dynamik dieser Jahrzehnte am Aufbruch zum ersten Kreuzzug erkennen.

Der Aufruf Urbans II.
zum ersten Kreuzzug

Der dramatische Auftakt des Kreuzzugsgeschehens ereignete sich im November 1095 in Clermont in der Auvergne. Dorthin hatte Papst Urban II. die Geistlichen Frankreichs gerufen, um mit ihnen über den Zustand der Kirche zu beraten und nötige Reformen voranzutreiben. Das berühmte Konzil von Clermont war zunächst ein Reformkonzil, eine Kirchenversammlung im Geiste und in der Tradition der Reformbewegung. Diese hatte ihre Ziele noch nicht erreicht, tatsächlich dauerten die Kämpfe, die aus den Reformforderungen hervorgegangen waren, noch an. Noch immer unterstützte Heinrich IV. einen eigenen Kandidaten als Papst: Clemens III., der den Salier 1084 in Rom zum Kaiser gekrönt hatte und der sich in seinem Amt durchaus behaupten konnte. Urban II. war der Nachfolger Gregors VII. (nach einem einjährigen Pontifikat Viktors III., der Gregor VII. 1086 ins Amt gefolgt war), und er führte Gregors Reformpolitik fort. Seit 1093 gewann er Clemens III. gegenüber an Boden, aber unbestrittener Kopf der Christenheit war er nicht. Er lag nicht nur mit Heinrich IV. (1054–1105), sondern auch mit dem französischen König Philipp I. (1060–1108) im Streit. Der Anlass dafür war nicht untypisch für die neue Rigidität der Reformer, denn Urban missbilligte die Ehe des französischen Königs, der mit seiner Frau in zu engem Grade verwandt sei. Konflikte dieser Art wurden seit der Mitte des 11. Jahrhunderts häufiger. Allerdings hatte der französische König dem päpstlichen Zorn einigen Anlass gegeben, und auf dem Konzil von Clermont wurde Philipp erneut exkommuniziert. Neben diesen großen Anliegen verhandelte man auch in Clermont über die zahlreichen Fragen kirchlicher Disziplin, die die Tagesordnungen der Reformversammlungen dieser Epoche bestimmten. Erst nachdem diese Fragen verhandelt und geregelt worden waren, kam es zu jener Ansprache, durch die das Konzil von Clermont in die Geschichte eingegangen ist. Das Konzil hatte in einer Kirche in Clermont getagt (es ist nicht ganz sicher, ob dies die Kathedrale war), aber für seine

Rede ging der Papst ins Freie. Die Kirche bot nicht genügend Raum für die zahlreichen Zuhörer, die einem besonderen Aufruf gefolgt waren.

Angesichts der Bedeutung des päpstlichen Aufrufes ist es wichtig, darauf hinzuweisen, dass der Originalwortlaut der päpstlichen Ansprache nicht erhalten ist. Wir besitzen die Aufzeichnungen von Zuhörern, bzw. von Geschichtsschreibern, die mit Zuhörern über das Gehörte gesprochen haben, nachdem Jerusalem bereits erobert war. Insofern ist es kaum möglich, einzelne Worte zu sehr zu gewichten. Dazu kommen die praktischen Schwierigkeiten, die ein solcher Vorgang mit sich brachte. Es war immerhin ein Tag gegen Ende November im bergigen Zentralmassiv. Das Wetter wird das Zuhören nicht erleichtert haben. Dazu kommt ein Weiteres. Die Chronisten überliefern uns die Texte in lateinischer Sprache. Auf diese Weise konnte der Papst vielleicht zu seinen Mitbrüdern auf dem Konzil sprechen, in einer öffentlichen Rede, die einen mobilisierenden Charakter haben sollte, war die lateinische Sprache nicht sinnvoll. Urban II. musste indes nicht lateinisch sprechen, denn er stammte aus einer adligen Familie in der Champagne, und so sprach er eine Sprache, die die meisten Zuhörer verstanden haben werden.

Diese Brechungen führen zunächst zu einer berechtigten Skepsis gegenüber dem Text. Wir sollten jedoch nicht zu skeptisch sein. Tatsächlich befanden sich die Chronisten, die Urbans Worte aufzeichneten, in etwa der Lage, in der sich die meisten späteren Kreuzfahrer befanden. Sie hörten den Aufruf von Menschen, die sich dem Zug anschließen wollten oder von Predigern, die die Botschaft des Papstes weitergaben. Nur wenige werden Urban in Clermont oder bei seinen späteren Predigten auf der weiteren Reise gehört haben. Und die Prediger, die für den bewaffneten Zug in das Heilige Land warben, benutzten ihre eigenen Worte. Worauf es zu achten gilt, ist die Kernbotschaft und der Grundton. Hier zeigt sich ein klares Bild.

Tatsächlich ist die Überlieferung von Urbans Ansprache für hochmittelalterliche Verhältnisse ausgesprochen gut. Zwar soll Bernhard von Clairvaux, der Prediger des zweiten Kreuzzugs, im fortgeschrittenen Stadium seines Lebens, als er bereits im Geruch der Heiligkeit stand, beständig von einem Mitbruder begleitet worden sein, der die wertvollen Äußerungen des Abtes getreulich aufschrieb, doch sind diese Protokolle nicht erhalten. Sie waren ohnedies eine Ausnahme. Auch im zwölften Jahrhundert haben wir von wichtigen programmatischen Ansprachen des Kaisers auf großen Hoftagen nur spätere Niederschriften eines einzigen Autors, der bei der Rede Jahre zuvor zugegen war. Redetexte gibt es nicht. Da bietet die Überlieferung der päpstlichen Rede durch vier Autoren die ungewöhnliche Möglichkeit zu einem kritischen Vergleich. Und die Konkordanz fällt einigermaßen eindeutig aus. So unterschiedlich der Wortlaut im Detail sein mag, und so sehr die Bilder der Grausamkeiten voneinander abweichen, so übereinstimmend ist der Grundtenor. Hier folgen die Grundzüge im Bericht des Mönchs Robert, der nach seinen eigenen Angaben persönlich in Clermont anwesend war.

Der Papst hätte seine Zuhörer als von Gott geliebtes und auserwähltes Volk angesprochen. Er bringe ihnen eine schlimme Nachricht, die ihn aus Jerusalem und aus Konstantinopel erreicht hätte. Sie sei häufig zu hören. Die Länder dieser Christen (d.h. der Ostkirche) seien von einem fremden Volk überfallen worden (Robert spricht von einem Volk aus dem Königreich der Perser, andere Berichterstatter sprechen zutreffend von türkischen Stämmen). Die Invasoren töteten die Christen oder entführten sie in die Fremde, sie zerstörten oder schändeten die Kirchen, vergewaltigten Frauen und hätten ihr Vergnügen an grausamen Quälereien. Das Königreich der Griechen (d.h. das Byzantinische Reich) habe Ländereien verloren, die so groß seien, dass man sie in zwei Monaten nicht durchqueren könne.

Urban rief seinen Zuhörern die Taten ihrer Vorfahren in der Zeit Karls des Großen in Erinnerung (*die die Königreiche der Heiden zerstörten und die die Kontrolle der Heiligen Kirche bis in diese Länder ausdehnten*). Die Krieger aus dieser Tradition sollten nun zur Rettung des heiligen Grabes und der Heiligen Stätten aufbrechen. Niemand solle sich durch seinen Besitz oder seine Familie von dem Unternehmen abhalten lassen, vielmehr sollten sich alle diejenigen, die sich zurzeit untereinander bekämpften, auf den Weg in das Heilige Land machen. Jerusalem sei der Nabel der Welt, es sei nun von den Feinden Gottes besetzt und warte auf die Hilfe der Franken. *Unternehmt also diese Reise zur Vergebung Eurer Sünden mit der Zusicherung der unvergänglichen Ehre des himmlischen Königreichs* (Damit verwendete der Berichterstatter immerhin denselben Begriff, den der Papst in dem bereits zitierten Zusammenhang der Rückgewinnung von Tarragona in einem sehr ähnlichen Kontext benutzt hatte). Nachdem Urban geendet hatte, seien die Zuhörer in den Ruf *Gott will es* (*Deus lo vult*) ausgebrochen.

Der Bericht gibt einen Aufruf zu einem gerechten Krieg im Namen des Glaubens gegen die Feinde Gottes wieder. Daran gibt es keinen Zweifel. Aus der Darstellung des Papstes ließ sich erkennen, dass die Christen des Ostens in großer Gefahr seien. Die Morde, Gewalttaten und die Schändungen der Heiligen Stätten, mit der die päpstliche Rede einsetzt, stellten die Grundlage für einen Notfall dar, in dem ein Christ die Waffen ergreifen durfte. Soweit die Rhetorik – die uns im übrigen aus der Geschichte der Aufrufe zum bewaffneten Kampf nicht unvertraut ist. Der Aufruf des Papstes steht in einer langen Tradition. Die verschiedenen Versionen der Rede geben ein Thema in unterschiedlicher Länge wieder, das Urban ansprach, und das die Verbindung zu unserem Einleitungskapitel schlägt: die Gewalt der christlichen Krieger untereinander, denen mit dem Zug zu den Heiligen Stätten ein sinnvolles Ziel geboten wurde. Der Erzbischof von Dol, dessen Bericht zu den Quellen für Urbans Rede gehört, ist in dieser Hinsicht etwas deutlicher als der Mönch Robert, wenn er den Papst sagen ließ: *Wir sagen dies, Ihr Gläubigen, Ihr mögt Eure mörderischen Hände von der Zerstörung Eurer Brüder zurückziehen und im Namen Eurer Verwandten im Glauben Euch den Heiden entgegenstellen... Ihr Gläubigen sollet bei dem Gedanken zurückschrecken, die Hand gegen Christen zu erheben; es ist weniger verwerflich, das Schwert gegen einen Sarazenen zu schwingen.*

Diese Passagen sind wichtig zur Ergänzung des Bildes vom gerechten Krieg zur Verteidigung der Heiligen Stätten. Der Erzbischof von Dol berichtete weniger aus der späteren Perspektive des Heiligen Landes, er nahm am Kreuzzug nicht teil. Er berichtete eher aus der Perspektive eines Bischofs, dem die Gewalttätigkeit mancher seiner Schafe zu schaffen machte. Es gab offenbar auch einen Bedarf für einen bewaffneten Kampf, solange dieser Kampf die Krieger von zuhause abzog, wo sie gegen ihre Nachbarn und gegen Menschen vorgingen, die sich nicht schützen konnten. Deren Schutz hatte die Kirche sich zur Aufgabe gemacht. Der Kreuzzug bot auch ein Ventil. Dies ist nur ein Teil des Bildes. Aber bevor wir aus dem Studium der Texte ein allzu abstraktes Bild jenes Milieus entwerfen, das sich 1095 und in den Jahren danach zum Aufbruch in das Heilige Land entschloss, ist diese Korrektur erforderlich. Sie passt in das Bild, das wir im ersten Kapitel von der Entstehung und mühsamen Integration einer Kriegerschicht entworfen skizziert haben, die sich allmählich zu christlichen Werten bekannte, die aber gleichwohl kriegerisch blieb. *Aber weil niemand diese richtigen Ziele hatte, und weil die Gier nach Besitz von den Herzen aller Besitz ergriffen hatte, hat Gott in unserer Zeit heilige Kriege gestiftet, so dass der Stand der Ritter und die Menge in ihrem Gefolge, die nach dem Vorbild der Heiden der alten Zeit in gegenseitigem Töten gefangen waren, einen neuen Weg finden konnten, Erlösung zu erlangen.* Dieses Programm formulierte Guibert von Nogent wenige Jahre nach dem Aufbruch der Kreuzritter.

Ein Kampf bedurfte eines Gegners, und der Zug im Namen des Kreuzes bot einen Kampf für ein hohes Ziel. Es blieb ein Kampf. Ein Kampf nach den Normen der Zeit. Das bedeutet, es ging bei aller Bußbereitschaft auch um lohnende Beute. Der Erzbischof von Dol ließ das den Papst deutlich aussprechen: *Der Besitz des Feindes wird ebenfalls Euer sein.* Das ist eigentlich selbstverständlich, zumindest für einen christlichen Ritter des elften Jahrhunderts. Richard Löwenherz sollte sich hundert Jahre später mit dem Herzog von Österreich über die Verteilung der Beute nach der Eroberung Akkons in erbitterter und unversöhnlicher Weise streiten. Und noch ein Punkt ist in Hinblick auf die Motive der Kreuzfahrer von Bedeutung.

Es ist wiederholt betont worden, dass der christliche gerechte Krieg ein Krieg zur Verteidigung war und ist. Er war kein Krieg zur Verbreitung des Glaubens. Dies ist die Theorie. Nicht nur die frühmittelalterliche Erfahrung wies in eine andere Richtung, sondern der Papst knüpfte an diese Erfahrung direkt an. Zumindest tat er das in der Version des Mönchs Robert, für den diese Verbindung offenbar plausibel war. Die Ausbreitung des Christentums als einer Religion der Sieger im frühen Mittelalter ist bereits angesprochen worden. Die Missionare der Angelsachsen und die Missionare des Nordens hatten den Gott der Christen als den mächtigeren Gott vorgestellt, und der Sieg auf dem Schlachtfeld, der Sieg im Namen dieses Gottes war der Beweis ihrer Worte. Karl der Große hatte seine heidnischen Nachbarn nicht durch friedliche Missionare, sondern durch einen langen und blutigen Eroberungskrieg zum Christentum gezwungen. Die Sachsen hatten sich dreißig Jahre lang der christlichen Ordnung widersetzt. Sie waren schließlich besiegt und getauft worden. Auf längere Sicht war dies eine Erfolgsgeschichte, aber eine Erfolgsgeschichte nach den Gesetzen der christlichen Mission im Mittelalter. Es war eine Mission, die der Eroberung folgte. An dieses Beispiel erinnerte der Papst, als er die Franken in der Auvergne an die großen Taten Karls des Großen erinnerte. Es ging durchaus um eine christliche Offensive in einer Welt, in der Waffen selbstverständlich waren.

Als Urban II. geendet hatte, und die Zustimmung so eindrucksvoll ausfiel, da wies der Papst die Zuhörer an, zum Zeichen ihrer Bereitschaft, bewaffnet nach Jerusalem zu ziehen, ein Kreuz aus Stoff anzufertigen und an ihre Kleidung zu heften. Es galt als Zeichen für diejenigen, die einen Schwur geleistet hatten, den Zug in das Heilige Land anzutreten. Von da an gab es kein Zurück mehr. Das Heer, das sich auf diese Weise zusammenfand, war noch weit entfernt vom einheitlichen Auftritt, den die Kreuzzugsfilme dem modernen Betrachter suggerieren. Der Chronist vermerkt ausdrücklich, dass diese Kreuze aus jeglichem Stoff angefertigt wurden, der gerade zur Verfügung stand. War so die Bereitschaft entfacht, galt es noch eine Sicherheit zu gewährleisten, die eine Voraussetzung für einen Aufbruch mit entschlossenem Herzen war. Der Nachbar musste für die Dauer der Abwesenheit vom Besitz und von der Familie ferngehalten werden. Seit den Erlebnissen des Agamemnon und des Odysseus gehörte es zum Erfahrungsschatz derjenigen, die auf Kriegszügen die Heimat verließen, dass es unsicher war, was man bei seiner Rückkehr vorfand. Die Unsicherheit wurde noch durch Rivalitäten vor dem Aufbruch verstärkt. Dem Rivalen bot sich nun die Gelegenheit Revanche zu nehmen oder vollendete Tatsachen zu schaffen. Zwar bemühte sich Urban II., solchem Tun durch die Androhung eines furchtbaren Anathems zu begegnen, aber diese Drohung setzte die Kirche bereits gegen Gewalttäter ein, ohne damit immer eine befriedende Wirkung zu erzielen.

Aus diesem Schutz entwickelten sich im Laufe der weiteren Kreuzzugsgeschichte eindrucksvolle Kreuzfahrerprivilegien zum Schutze der Familie und des Besitzes während der Abwesenheit der Kreuzfahrer. Sie halfen nur begrenzt gegen das häufig begründete Misstrauen. Der französische König Ludwig VII. wählte bei Aufbruch zum zweiten Kreuzzug 1147 einen anderen Weg, indem er seine Frau Eleonore von Aquitanien mit auf die Reise nahm. Das Unternehmen nahm keinen guten Verlauf. Vor dem Aufbruch zum dritten Kreuzzug war das gegenseitig Misstrauen zwischen König Philipp von Frankreich und Richard Löwenherz wegen der rivalisierenden Interessen im Norden Frankreichs so stark, dass sich die Abreise der beiden erheblich verzögerte. Keiner wollte seinen Besitz in der Reichweite des anderen ungeschützt zurücklassen. Diese Männer vertrauten ihren Waffen mehr als päpstlichen Privilegien. Und dafür gab es Gründe.

So haben wir eine Vorstellung von der Lage im Abendland beim Aufruf zum Kreuzzug 1095. Die lateinische Christenheit war zu einem solchen Zug bereit. Die heftige Reaktion der Zuhörer auf den Appell des Papstes und der breite Aufbruch belegen das. Die Erwartungen des Papstes wurden wahrscheinlich deutlich übertroffen. Der Kampf für Jerusalem hatte eine mobilisierende Kraft. Es gab allerdings auch einen konkreten Auslöser. Die Verhältnisse im Byzantinischen Reich hatten sich in den Jahrzehnten vor dem Aufruf zum Kreuzzug allmählich verschoben, und diese Verschiebung wurde auch für die Pilger spürbar, die über Konstantinopel in das Heilige Land reisten. Allerdings war es eher eine Veränderung in Anatolien als eine Veränderung an den Heiligen Stätten.

Der Papst hatte von einem Hilferuf gesprochen, der ihn von den Grenzen Jerusalems und aus Konstantinopel immer häufiger erreiche. Daran war durchaus richtig, dass ihm ein solcher Hilferuf aus Konstantinopel zu Beginn des Jahre 1095 überbracht wurde. Der Papst hatte in Piacenza zum ersten großen Konzil seiner Amtszeit geladen. Wichtige Punkte standen auf der Tagesordnung, der Umgang mit Heinrich IV., dessen Frau nach Piacenza gekommen war, nachdem sie sich von dem Salier losgesagt hatte, und das Verhalten gegenüber dem König von Frankreich, der seine Frau verstoßen hatte, um sich einer neuen zuzuwenden. Auf diesem Konzil traten auch Gesandte des byzantinischen Kaisers auf. Zwar trennte ein Schisma die lateinische und die griechische Kirche seit etwa 40 Jahren, doch hatten neue Akteure die Bühne betreten, die sich an das gegenseitige Anathem nicht gebunden fühlten. Urban II. war 60 Jahre alt. Für ihn war die Einheit der Christenheit eine Erfahrung seiner jungen Jahre gewesen. Wie für Gregor VII. war auch für ihn das Schisma ein Nebenschauplatz. Insofern war er bereit, den griechischen Gesandten tatsächlich zuzuhören.

Das Byzantinische Reich hatte bis zur Mitte des elften Jahrhunderts eine lange Phase erfolgreicher Herrschaft hinter sich. Die Pilger aus dem Westen, die im Laufe des elften Jahrhunderts in großen Zahlen auf dem Landweg in das Heilige Land zogen, kamen gern nach Konstantinopel. Es war eine goldene Stadt, eine Stadt voller Schätze und wertvoller Reliquien. Vergleichbare Städte gab es im westlichen Europa nicht. Die Macht der Byzantiner reichte bis nach Syrien, so dass die Pilger fast den ganzen Landweg unter dem Schutz des Byzantinischen Reiches zurücklegen konnten. Aber es gab zunehmende Probleme an den östlichen Grenzen. Dort drangen türkische Stämme, die Seldschuken, vor. Der byzantinische Kaiser sah sich schließlich herausgefordert, den Seldschuken entgegenzutreten. Im August 1071 traf ein großes byzantinisches Heer bei Mantzikert auf die Türken und erlitt eine schwere Niederlage. Der Versuch, Armenien zurück zu gewinnen und den türkischen Vorstoß zu beenden, war gescheitert. Die Folge war, dass die Türken zunehmend nach Kleinasien vordrangen. Das Byzantinische Reich brach nach der Niederlage bei Mantzikert nicht zusammen, aber es setzte den türkischen Vorstößen keine Verteidigung mehr entgegen.

Anatolien war ein Kernland für die Rekrutierung der byzantinischen Armeen gewesen. Nun ging es verloren. Urban II. wies in seiner Rede auf die Verluste der Byzantiner hin. Die Pilgerwege wurden unsicherer. Fast ein Vierteljahrhundert nach der Schlacht bei Mantzikert schien die Kraft der seldschukischen Eroberung allmählich nachzulassen. Die Erben der Eroberer waren in der Herrschaftssicherung nur noch begrenzt erfolgreich. Die Zeit für den Versuch einer Rückgewinnung verlorener Positionen des Byzantinischen Reiches schien näher zu rücken. Es fehlte allerdings an Truppen. In dieser Situation erging der Hilferuf des byzantinischen Kaisers an Urban II. Für Urban bedeutete allein die Anfrage bereits eine Aufwertung seiner Stellung, denn sie signalisierte ihm, dass man ihn in Byzanz für den bedeutenderen Papst hielt. Seine Vorstellung von dem Unternehmen nahm erst allmählich Konturen an – in dem halben Jahr zwischen den Kirchenversammlungen von Piacenza und Clermont.

Urban nutzte bereits die Reise nach Clermont zur Vorbereitung. Angesichts der zu erwartenden Exkommunikation des französischen Königs auf dem Konzil und des Zerwürfnisses mit dem deutschen Herrscher war es klar, dass keiner der beiden ein solches Unternehmen führen konnte. Tatsächlich war auch der Charakter des Kriegszugs noch zu unbestimmt, als das man einen König hätte fragen können. Der Papst hatte kaum mit dem enormen Echo seines Aufrufes gerechnet und eigentlich ein begrenztes Kontingent von Rittern erwatet. Das Zusammengehen mit dem hohen Adel lag in der Logik der Reform. Zudem war Urban etwa zehn Jahre lang Mönch und schließlich auch Prior in dem hoch angesehenen Kloster Cluny in Burgund gewesen. Unmittelbar vor seiner Weiterreise nach Clermont weihte Urban dort den Hochaltar in der neuen Klosterkirche. Auch Cluny hatte seinen eindrucksvollen Aufstieg im 11. Jahrhundert in hohem Maße seinem guten Verhältnis zum burgundischen Adel zu verdanken. So fand Urban in dem Grafen von Toulouse einen geeigneten Anführer für den Zug in das Heilige Land, und er konnte auch den Bischof des Bistums von Le Puy in der Auvergne dafür gewinnen, das Heer als päpstlicher Legat zu begleiten. Das Legatenwesen war im Zuge der Kirchenreform zu einem wichtigen Instrument päpstlicher Leitungsansprüche geworden.

So begann die Kreuzzugsgeschichte in Clermont als ein Zusammenwirken von wohlüberlegter päpstlicher Planung und heftiger öffentlicher Reaktion. Die Dynamik der folgenden Entwicklung folgte keineswegs nur den (wenigen) päpstlichen Vorgaben, vielmehr bot die Aussicht eines Kampfes um die

Heiligen Stätten allerlei unterschiedlichen Vorstellungen ein Ziel. Die päpstliche Vorstellung kam in dem Konzilskanon zum Ausdruck, der in Clermont verabschiedet wurde:

Für jedermann, der sich allein um des Glaubens willen, nicht zur Beschaffung von Ehren oder Geld nach Jerusalem aufmacht, um die Kirche Gottes zu befreien, soll dieser Weg als vollständige Bußleistung angesehen werden.

So bedeutend die päpstliche Initiative für das Zustandekommen des ersten Kreuzzugs war, so ist das historisch interessantere Phänomen doch die unerwartet heftige Reaktion seiner Zuhörer. Der Ruf *Gott will es* entsprach sicher der Auffassung des Papstes, der dem bewaffneten Kampf für die Befreiung der Heiligen Stätten einen hohen Stellenwert einräumte. Dieser Kampf im Namen Gottes erleichterte die Stiftung einer christlichen Ordnung. Die unruhigen Krieger, die vielfach eine Gefahr für ihre Umgebung, für die Schwachen, aber auch für die unbewaffneten Geistlichen gewesen waren, wurden so zu Akteuren der Heilsgeschichte. Es war ein Lebensentwurf, der entscheidende Impulse aus der Dynamik der religiösen Reform dieser Jahre erhielt. Allerdings war dies ein Entwurf. Die Reaktion auf Urbans Aufruf zeigte, dass die Dynamik breitere Schichten erfasst hatte, nicht nur die Waffenträger. Auch eine sorgfältige Vorbereitung hätte einen solchen Aufbruch nicht verursachen können, wenn die Voraussetzungen nicht vorhanden gewesen wären. Nun musste der Zug organisiert werden.

Hatte der Papst bereits vor dem Konzil mit dem Bischof Adhémar von Le Puy und dem Grafen von Toulouse über ihre mögliche Rolle bei einem solchen Unternehmen verhandelt, so teilte er im Dezember 1095 möglichen Teilnehmern an dem Kreuzzug in Flandern mit, dass er den Bischof mit der Leitung des Unternehmens beauftragt hatte. *Daraus folgt, dass jedermann, der sich entschließt, auf diese Reise zu gehen, seine Anordnungen befolgen muss, als wären es unsere eigenen, und seiner Binde-und Lösegewalt in jeder Entscheidung, die dieses Unternehmen betrifft, vollständig unterworfen ist.* Als Tag für den Aufbruch legte der Papst das Fest Mariä Himmelfahrt (15. August) des kommenden Jahres fest. Allerdings war die Werbung für das Unternehmen noch nicht beendet.

Angesichts der schwach entwickelten Kommunikationsstrukturen dieser Epoche war es erforderlich, die Nachricht
zu den potentiellen Kreuzfahrern zu bringen. Urban konnte
dies persönlich, durch Gesandte oder auch durch Briefe tun.
Er scheint der persönlichen Predigt den Vorzug gegeben zu
haben. Es ist nur der bereits zitierte Brief nach Flandern überliefert, in dem Urban die Gläubigen aufforderte, das Kreuz zu
nehmen. Dass Urban einen Brief nach Flandern schrieb und
selber im Südwesten Frankreichs umherzog, um den Kreuzzug zu predigen (in Limoges, Angers, Bordeaux, Toulouse)
lässt erkennen, dass er das Gebiet den engeren Herrschafts-
bereich des französischen Königs, die Region um Paris, mied.
Er blieb etwa acht Monate im Südwesten und predigte den
Kreuzzug. Das stärkste Ritterkontingent des ersten Kreuzzugs aber kam aus Flandern, wo der Papst nie persönlich auf-
getreten war.

Auch dies war ein deutlicher Hinweis darauf, dass Urban
einen historischen Nerv getroffen hatte.

Der Aufbruch zum ersten Kreuzzug

Der erste Kreuzzug war ein Ereignis mit verschiedenen
Erscheinungsformen. Tatsächlich traten die Kreuzfahrer in
verschiedenen Zügen an, die miteinander nur sehr lose verbunden waren. Es gab unbewaffnete Idealisten, es gab einen
antisemitischen Mob und es gab auch die umsichtigen und
disziplinierten Krieger zu Pferde, die Ritter, die der byzantinische Kaiser sich erhofft hatte, und die auch die militärische
Kampfkraft mitbrachten, um den Zug zum Erfolg zu führen.
Nur das gesamte Spektrum gibt ein angemessenes Bild. Ein
solcher Aufbruch hat sich bei späteren Kreuzzügen nicht wiederholt, aber er ließ das Potential erkennen, dass die Idee einer bewaffneten Befreiung Jerusalems freisetzte. Daher lassen
sich die einzelnen Erscheinungen nicht trennen. Die dumpfe
Mordlust gehört ebenso in diese Geschichte wie der opferbe-
reite Idealismus.

Obwohl der Papst in seinem Brief an die flandrischen Gläubigen die Führungsrolle des Bischofs von Le Puy hervorgehoben hatte, dem alle Teilnehmer des Unternehmens unterstehen sollten, lässt sich eine solche praktische Führung Adhémars nicht feststellen. Vielmehr folgten die Kontingente der Ritter, die nach angemessener Vorbereitung nach Konstantinopel aufbrachen, ihren eigenen Anführern, dem Grafen Raimund von Toulouse, dem Normannen Bohemund von Tarent, dem Grafen Robert von Flandern, dem Herzog Robert von der Normandie, einem Sohn Wilhelms des Eroberers, Gottfried und Balduin von Bouillon, den späteren Herrschern im Königreich Jerusalem, und Stephan von Blois, dem Schwiegersohn Wilhelms des Eroberers.

Wir verfügen über verschiedene Berichte über die Ereignisse des ersten Kreuzzugs. Sie wurden von Teilnehmern niedergeschrieben, die nicht nur unterschiedlichen Gefolgschaften angehörten, sondern die auch sehr unterschiedliche Wahrnehmungen des Geschehens widerspiegeln. Da gibt es die schlichte Perspektive eines kämpfenden Teilnehmers (die möglicherweise von einem Kleriker verfasst wurde, aber wir haben ja bereits auf die enge Verbindung der Milieus verwiesen) in den *Gesta Francorum,* und es gibt die erheblich reflektiertere Darstellung des Fulcher von Chartres, der als Kaplan des späteren Königs von Jerusalem, Balduin von Bouillon, bereits am Konzil von Clermont teilnahm, dann seinen Herrn auf dem Kreuzzug begleitete und schließlich seine Geschichte des ersten Kreuzzugs als Kanoniker der Grabeskirche niederschrieb. So eröffnen auch die Quellen ein breites Spektrum. Es ist allerdings ein Spektrum, das sich in dem Ziel der Befreiung Jerusalems einig war. Fulcher betonte die einende Kraft dieses Ziels angesichts der heterogenen Zusammensetzung des Kreuzfahrerheeres: *Wer hat jemals eine solche Mischung von Sprachen in einer Armee vernommen? Denn dort gab es Franzosen, Flamen, Friesen, Gallier, Allobroger, Lothringer, Alemannen, Bayern, Normannen, Engländer, Schotten, Aquitanier, Italiener, Dacier, Apulier, Iberer, Bretonen, Griechen und Armenier. Wenn irgendein Bretone oder Deutscher mich etwas fragen wollte, so konnte ich ihn weder verstehen noch antworten.*

Angesichts einer solchen Mischung, die notwendigerweise neben dem Hauptziel auch unterschiedliche Interessen verfolgte, ist es nicht verwunderlich, dass der päpstliche Legat keine dominierende Rolle einnahm. Die wichtigen Entscheidungen mussten im Rat der Anführer getroffen werden. Es hatte sich schon frühzeitig erwiesen, dass der päpstliche Initiator keine Kontrolle über das Geschehen gewinnen konnte. Schon bald nach Urbans Aufruf in Clermont begann ein eigentümlicher aber charismatischer Prediger, Peter der Eremit, mit großem Erfolg für den Zug zu werben. Peter, der geradezu einen Antityp zu unserem Bild eines Kreuzritters verkörperte, war eine zerzauste und ungewaschene Gestalt, die auf einem Esel umherzog und den Zug zur Befreiung Jerusalems predigte. Sein Auftritt gemahnte viele Zeitgenossen an Christus, sogar sein Esel soll von seinen Gefolgsleuten verehrt worden sein.

Peter wartete nicht bis zum August, um in das Heilige Land aufzubrechen, sondern begann seinen Zug bereits im Frühjahr 1096. Nach einer Predigtreise in Frankreich kam er ins Rheinland, wo er besonders in Köln viele Anhänger gewann. Er muss über ein erhebliches Charisma verfügt haben und kannte das Heilige Land von einer früheren Pilgerreise. Gemeinsam mit einem einfachen Ritter mit dem sprechenden Namen Walter *sans avoir* (ohne Habe) sprach er die ärmeren Kreuzzugsbegeisterten an. In zwei Zügen machten sich diese ersten Kreuzfahrer im Frühjahr 1096 auf den Weg nach Konstantinopel. Es war kaum zu vermeiden, dass diese unorganisierten Menschenmengen – man geht von jeweils über zehntausend Menschen aus, die sich dem zuerst aufbrechenden Walter und dann auch Peter anschlossen – früher oder später disziplinarische Probleme bekommen mussten. Schließlich verfügte dieses »Heer« kaum über die Mittel, sich ausreichend zu verproviantieren. Dennoch durchquerte Walters Zug Ungarn unbeschadet und zog dann über Belgrad und Sofia Richtung Konstantinopel. Hier befand man sich im Gebiet des Byzantinischen Reiches. Es kam nur vereinzelt zu Zwischenfällen, und im Juli 1096 erreichte dieser erste Zug der Kreuzfahrer Konstantinopel. Er bot freilich ein anderes Bild, als der Kaiser erwartet hatte. Alexios hatte mit Rittern im Herbst gerechnet, und nun kam eine schlecht bewaffnete Ansammlung von Männern Frauen und

sogar Kindern, die eher von religiösem Eifer als von Kampfer-
fahrung angetrieben wurden. Unterdessen war auch Peter der
Einsiedler mit seinen überwiegend rheinischen Gefolgsleuten
auf dem Weg. Peters Leute gerieten mit den Ungarn an der
Grenze zum Byzantinischen Reich aneinander. Viele Ungarn
wurden getötet und die Byzantiner waren alarmiert. Nachdem
die Kreuzfahrer Belgrad geplündert hatten und es auch auf
dem weiteren Weg zu Ausschreitungen kam, schlug das byzantinische Heer hart zu. Bis zu einem Viertel von Peters Gefolgsleuten wurde getötet. Auf dem weiteren Weg kam es zu
einer Verständigung mit dem Kaiser in Konstantinopel, und
so wurden Peter und sein »Heer« in Konstantinopel zunächst
gut aufgenommen. Allerdings wuchsen nun die Probleme der
Versorgung so vieler Menschen, und den Byzantinern erschien
es sicherer, die Kreuzfahrer, die in den Vororten von Byzanz
zunehmend zu »Selbstversorgern« wurden, auf die asiatische
Seite überzusetzen. Anfang August überquerten sie den Bosporus. Es waren mehrere zehntausend Menschen, die sich nun in
einer Region befanden, die für das Byzantinische Reich bereits
unsicheres Gebiet war. Zentrale Punkte wurden von seldschukischen Militärgarnisonen gehalten. Alexios hoffte, dass die
Kreuzfahrer ihm gegen diese Gegner unterstützen würden.

Die eigentliche Unterstützung aber, die ausgebildeten und
kampferprobten Ritterkontingente, waren noch gar nicht aufgebrochen. Der Kaiser konnte warten, aber die unruhigen
Kreuzfahrer dieser ersten »Welle« konnten es nicht. Sie ließen
sich auf erste Gefechte und Plünderungen ein und erlitten die
ersten schweren Niederlagen. Bei ihren Überfällen ließen sie
sich auch nicht davon abhalten, dass die Überfallenen griechische Christen waren, die vor der türkisch besetzten Stadt
Nikaia lebten. Die Katastrophe kam näher. Im September zog
das unerfahrene Heer über die alte Straße nach Nikaia, um die
türkisch besetzte Stadt zu erobern und so einen Erfolg vor-
weisen zu können. Der Zug geriet in einen Hinterhalt und die
türkischen Krieger töteten und versprengten die Kämpfer und
anschließend auch die Familienangehörigen in dem Heerlager.
So endete der erste ernsthafte Kontakt der Kreuzfahrer mit ihren andersgläubigen Gegnern.

Immerhin hatten die Eiferer dieser Züge Peters und Walters
den Weg bis zu einem bewaffneten Gegner gefunden. Eine an-

dere Gruppe, die aus dieser frühe Phase bewaffneten religiösen Eifers hervorging, suchte den Gegner im eigenen Land. Schon früh fiel so ein dunkler Schatten auf die Kreuzzugsgeschichte. Zwar ist sich die historische Forschung nicht einig darüber, ob die Überfälle auf die jüdischen Gemeinden im Rheinland eine spezifisch mittelalterliche Form des Antisemitismus waren, oder ob sie zu einer Tradition gezählt werden sollen, die auf den Holocaust zulief, aber der Befund ist in jedem Fall finster genug. Im Rheingebiet, wo die ersten deutschen Kreuzfahrer geworben wurden, gab es in den meisten Städten namhafte jüdische Gemeinden. In vielen Städten machten die jüdischen Einwohner etwa zehn Prozent der Gesamtbevölkerung aus. Sie hatten einen Sonderstatus, der bis zum ersten Kreuzzug jedoch noch keine Gefahr bedeutet hatte. Im Jahr 1074 hatte Heinrich IV. in einem Privileg für die Stadt Worms, mit dem er sich für die Unterstützung in bedrängter Lage bedankte, den Wormser Kaufleuten die Zölle in königlichen Städten erlassen und dabei die Juden noch vor *den anderen Wormsern* genannt. Der König schützte die Juden, das bedeutete, dass ihr konkreter Schutz von den Bischöfen als den Stadtherren dieser Zeit wahrgenommen wurde. Dieser Schutz versagte angesichts der Gewaltbereitschaft jener Kreuzfahrer, die beschlossen hatten, die Feinde Christi im eigenen Land auszumachen und zu verfolgen.

Die ausdrückliche Thematisierung des Glaubens bei der Mobilisierung zum ersten Kreuzzug barg die Gefahr, dass Gewalt als Mittel zum Austrag religiöser Differenzen aufgewertet wurde. Für die Juden, deren religiöse Identität von den Christen während des ganzen Mittelalters argwöhnisch und allenfalls gönnerhaft betrachtet wurde, war dies eine gefährliche Entwicklung. Einer der späteren Anführer des Kreuzzugs und erster Herrscher des Königreichs Jerusalem erklärte im religiösen Eifer nach dem Kreuzzugsaufruf 1095, das Blut Christi durch das Blut Israels rächen zu wollen. Die ersten Warnungen an die jüdischen Gemeinden vor möglichen Verfolgungen kamen aus dem normannischen Rouen, wo der Eifer für den Kreuzzug zur Gewalt gegen die Juden geführt hatte. Im Frühjahr 1096 erreichte die religiöse Gewalt das Rheinland. Sie bekommt dadurch ein beklemmend deutliches Profil, dass wir sie aus der Perspektive der Verfolgten kennenlernen. Die jüdischen Berichte über diese Verfolgungen nennen Orte und Namen. Salomon bar Simeon gibt zu Beginn seiner Darstellung der Verfolgung den Gedankengang der Mörder wieder: *Als sie nun auf ihrem Zuge durch die Städte kamen, in denen Juden wohnten, sprachen sie untereinander:* »*Sehet, wir ziehen den weiten Weg, um die Grabstätte aufzusuchen, und uns an den Ismaeliten zu rächen, und siehe, hier wohnen unter uns die Juden, die ihn unverschuldet umgebracht und gekreuzigt haben. So lasset uns zuerst an ihnen Rache nehmen.*«

Auf die ersten Vorboten der Gefahr konnten die jüdischen Gemeindevorsteher, die über gute Kontakte verfügten, noch reagieren. Doch schon bald halfen Verbindungen auf hoher Ebene nicht mehr, weil die Gefahr direkt in die Stadt kam. Anfangs bot der Bischof noch Schutz. Am 18. Mai wurden die Wormser Juden, die in ihren Häusern geblieben waren, überfallen und getötet, die Thorarollen geschändet. Eine Woche später fielen auch die Menschen, die im Bischofspalast Schutz gesucht hatten, der Gewalt zum Opfer. Von Worms zogen die Kreuzfahrer nach Mainz, wo sie 1000 Juden erschlugen. Die nächste Station auf dem finsteren Zug war Köln, wo im Monat zuvor noch Peter der Einsiedler gepredigt hatte. Er war mit seinen Anhängern bereits auf dem Weg. Der Erzbischof von Köln verteilte die Schutzbefohlenen auf kleinere Städte im Umfeld, um sie aus der Gefahrenzone zu bringen. Es half nichts. Im Juni 1096 wurden die kölnischen Juden von den Kreuzfahrern getötet oder sie nahmen sich und ihren Angehörigen das Leben, um der Zwangstaufe oder den Mördern zu entgehen.

Die Bischöfe hatten ernsthaft versucht, die Juden vor der Verfolgung zu schützen. Zu wirklich entschiedenen Maßnahmen waren sie allerdings nicht bereit. Es sind auch keine Versuche Urbans II. bekannt, dieser Form religiöser Gewalt energisch entgegenzutreten. Auf handgreiflichen Schutz durften die Juden im christlichen Mittelalter nicht hoffen. Die Kreuzfahrer, die im Mai und Juni die jüdischen Gemeinden im Rheinland überfallen hatten, zogen in verschiedenen Scharen unter ihren jeweiligen Anführern den Weg, den auch Walter und Peter gezogen waren. In Ungarn aber stießen sie bei ihren Aufritten auf entschiedene Gegenwehr und sie wurden weitgehend vernichtet. Die Kreuzzugsbewegung hatte bislang noch keine bedeutenden Erfolge vorzuweisen. Dies änderte sich indes mit den Zügen der Kämpfer, die Kaiser Alexios eigentlich hatte rufen wollen.

Die Kreuzritter nahmen sich bis zu ihrem Aufbruch die Zeit, die Urban II. ihnen zugestanden hatte. Sie hatten Vorkehrungen zu treffen, für die Sicherheit von Familie und Besitz in der Zeit der Abwesenheit mussten Vorkehrungen getroffen werden, es galt, eine Ausrüstung zusammenzustellen, mancher Kreuzritter veräußerte seinen Besitz oder übergab ihn an ein Kloster, weil es ihm ernst war mit der religiösen Motivation. Auch wenn der Papst einen gemeinsamen Aufbruchstermin genannt hatte, zogen die verschiedenen Kontingente unter ihren Anführern auf verschiedenen Wegen nach Konstantinopel. Zunächst brach ein jüngerer Bruder des französischen Königs auf, der mit einem kleinen Kontingent durch Italien bis nach Bari zog und von dort übersetzte. Hugo gelangte als erster nach Konstantinopel, wurde ehrenhaft empfangen, aber er spielte im weiteren Verlauf des Geschehens keine bedeutende Rolle. Gottfried von Bouillon wählte den Weg, den auch die Züge Peters des Einsiedlers und Walters ohne Habe gezogen waren – entlang der Donau, dann über Belgrad und Sofia bis nach Konstantinopel, auf einer Straße, die die Tradition Karl dem Großen zuschrieb – auch wenn er selber nie dort entlang gereist war. Gottfried stand an der Spitze eines beachtlichen Ritterheeres. Es stellte eine Größe dar, die für Kaiser Alexios in Byzanz beunruhigend sein konnte.

Die Ritter, die nun in Konstantinopel eintrafen, waren nicht die kultivierten Kämpfer, die der spätere Minnesang verklärt hat. Sie waren rauhe Gestalten, die in ihrer Heimat wenig Gelegenheit hatten, kultivierte höfische Umgangsformen zu erlernen. Die Höfe Westeuropas befanden sich erst in einer Aufbauphase. Durch das goldene Byzanz, mit seiner jahrhundertealten Tradition und seinen eindrucksvollen Bauten, stolperten diese Männer wie unbeholfene Barbaren. Das war die Wahrnehmung des griechischen Kaiserhofes, dessen Angehörige sich als die Bewahrer christlicher Tradition sahen. Die Tochter des Kaisers, Anna Komnene, damals noch eine junge Frau, hat ihre Irritation über den Auftritt der Kreuzritter Jahre später in deutliche Worte gefasst: *Trotz meines guten Willens ziehe ich es vor, die Namen dieser Anführer nicht wiederzugeben;*

mir fallen nicht mehr die Worte ein, teils weil ich unfähig bin, diese barbarischen Laute auszusprechen, teils weil ich vor ihrer Zahl zurückschrecke.

Die Fremden selber zeigten sich indessen nicht verschüchtert. Im Gegenteil, mit dem sicheren Selbstbewusstsein derjenigen, die wissen, dass sie die Waffen tragen, bewegten sie sich in der Stadt. Auf die verfeinerte Kultur des Hofes und auch auf die vorsichtig abgestimmte Politik des Kaisers reagierten sie mit Ablehnung. Für den Autor der schlichten Kreuzzugschronik über die *Taten der Franken* war der Kaiser keine vertrauenswürdige Gestalt, und er hätte wohl das Verhalten eines seiner Landsleute gebilligt, der beim Auftritt vor dem Basileus in eklatanter Weise gegen die Hofetikette verstieß. Der Anlass war eine Schwurleistung Gottfrieds von Bouillon und seines Gefolges vor dem Kaiser, und der Vorfall wird von der empörten Tochter des Kaisers überliefert. Nach dem Schwur habe sich einer der fränkischen Großen auf den Thronsessel des Kaisers gesetzt und musste von Gottfrieds Bruder Balduin zur Ordnung gerufen werden. Der Kaiser hat sich nachsichtig zurückgehalten. Der Gescholtene zeigte sich indes wenig einsichtig und räumte nur brummend den Platz. Dem Kaiser beschied er beim Abschied, dass er ein reinblütiger Franke von Adel sei, den in seiner Heimat noch niemand im Kampf besiegt habe. Weise stellte ihm der Basileus in Aussicht, bald hinreichend Gelegenheit zum Kampf zu haben.

Der Zusammenstoß der Kulturen, den Anna Komnene aus der Sicht einer Kaisertochter mit entsprechendem Hochmut schildert, hat geradezu etwas Archetypisches. Die fremden Krieger mit ihrem bewaffneten Selbstbewusstsein und rauhen Umgangsformen kamen den Byzantinern zu Hilfe, aber sie wirkten auch beunruhigend. Fünfzig Jahre später schilderte der Chronist des zweiten Kreuzzugs, Odo von Deuil, eine solche Szene als einen Lernvorgang. Die französischen Kreuzfahrer hätten durch entsprechende Auftritte bei der Begegnung mit dem griechischen Herrscher gelernt, dass es im griechischen Kaiserreich üblich sei, im Angesicht des sitzenden Kaisers zu stehen. Langsam verfeinerten sich die Umgangsformen.

Die Kreuzritter des ersten Zuges schlugen ihre Lager vor der Stadt auf, und wenn die Vorräte nicht ausreichten, dann zogen sie los, um sich in der Nachbarschaft Lebensmittel zu beschaffen. Das ging selten friedlich vor sich. Der Kaiser war bestrebt, die militärische Kraft dieser Ritter, zu denen unterdessen auch der Normanne Bohemund von Tarent und der Graf Raimund von Toulouse mit dem päpstlichen Legaten gestoßen waren, unter seiner Kontrolle zu halten. Dabei kam es ihm auch darauf an, dass die Eroberungen, die diese Truppen machen würden, ihm unterstellt wurden. Um dieses Ziel zu erreichen, verlangte Alexios von den Anführern der Kreuzritter einen Treueid. Darüber gab es Auseinandersetzungen und einige der Großen entzogen sich der Eidleistung, indem sie den Bosporus überquerten. Die meisten der Großen leisteten den Eid jedoch in der einen oder anderen Form ab, wobei sie wahrscheinlich die inneren Vorbehalte hatten, die der bereits zitierte Auftritt des fränkische Adligen deutlich zu Ausdruck brachte. In Konstantinopel kam das spätere Kreuzfahrerheer allmählich zusammen. *Allerdings waren noch nicht alle zu einer Armee zusammengekommen, bevor wir bei der Stadt Nicäa angekommen waren,* schrieb Fulcher von Chartres.

ERSTE ERFOLGE DES KREUZFAHRERHEERES

Anfang Mai 1097 kam das Kreuzfahrerheer vor Nikaia zusammen. Nun befand man sich im Gebiet des Feindes. Es werden 70.000 bis 100.000 Menschen gewesen sein, die mit dieser zweiten Welle nach Asien übersetzen und nach Nikaia zogen. Der Anteil der Kämpfer machte etwa zwei Drittel aus. Die Kreuzfahrer wurden auf drastische Weise auf das neue Umfeld eingestimmt: Fulcher von Chartres seufzte angesichts der vielen Schädel und Knochen der toten Kreuzfahrer auf, die nun in der Sonne bleichten. Die tausenden Toten waren von niemandem bestattet worden.

Nikaia wurde von einer türkischen Besatzung gehalten und die Seldschuken sandten Truppen, die die Kreuzfahrer angriffen. Doch diesmal siegten die Christen und die Lage für die Besatzung in der Stadt wurde zunehmend schwierig. Die

Belagerten nahmen Verhandlungen mit dem byzantinischen Kaiser auf und die Kreuzritter mussten erleben, dass die Stadt an die Byzantiner übergeben wurde. Sie hatten einen ersten Erfolg erzielt, aber die eigentliche militärische Bewährung in einer offenen Schlacht stand noch bevor und sie ließ die Kreuzritter erkennen, dass sie es mit einem ernsthaften Gegner zu tun hatten. In der Schlacht bei Dorylaion geriet das Kreuzfahrerheer zunächst in Bedrängnis, konnte sich aber dann behaupten und besiegte einen starken Gegner: *Wer aber, weise oder gelehrt würde es wagen, die Klugheit, die Kampfkraft und den Mut der Türken zu beschreiben?* Der Erfolg des Ritterheeres in Anatolien bewies, dass kriegerische Erfahrung im Kampf weiter trug als religiöse Begeisterung allein. Die Kreuzfahrer gewannen aus ihrem Sieg über einen starken Gegner indessen die Zuversicht, dass solange die Gegner ihren Glauben an den dreieinigen Gott nicht teilen würden, sie weiterhin den Sieg davontragen würden. Doch auch ohne Gegner war es ein beschwerlicher Weg. Die Lebensmittel reichten nicht, die meisten Pferde und viele Lasttiere gingen zugrunde. Der Zug teilte sich zwischendurch. Eine kleinere Abteilung unter Balduin von Bouillon wurde von einer armenischen Gruppe aus Edessa aufgefordert, sie in einem Konflikt um die Stadt zu unterstützen und folgte dieser Aufforderung. Daraus wurde die Herrschaft Balduins über Edessa, das auf diese Weise zur ersten Kreuzfahrerherrschaft im Nahen Osten wurde. Der Fall der Stadt 40 Jahre später wurde die Ursache für den zweiten Kreuzzug. Die Hitze und die Strapazen reduzierte das Heer erheblich, das im Oktober vor Antiochia eintraf. Die Stadt war stark befestigt und die Kreuzfahrer verfügten zunächst über begrenzte Mittel. Dennoch beschlossen sie die Stadt zu belagern. Antiochia war in der christlichen Tradition eine besondere Stadt.

Barnabas aber zog nach Tarsus, um Saulus aufzusuchen. Er fand ihn und nahm ihn nach Antiochia mit. Dort wirkten sie miteinander ein volles Jahr in der Gemeinde und unterrichteten eine große Zahl von Menschen. In Antiochia nannte man die Jünger zum erstenmal Christen. Dies ist die Darstellung der Apostelgeschichte (Apg 11,25–26). Und Antiochia hatte eine bedeutende christliche Bevölkerung. Sie verhielt sich zunächst abwartend. Auch die türkischen Herren der Stadt verhielten sich zunächst den Christen gegenüber duldsam, obwohl ihre Loyalität ein gewisses Risiko darstellte. So stark die Stadt befestigt war – sie erschien für die Kreuzritter aus eigener Kraft kaum einnehmbar –, so gab es doch immer die Gefahr, dass ein Bewohner den Belagerern den Weg in die Stadt öffnete. So geschah es auch nach einer achtmonatigen Belagerung, die die Kräfte der Kreuzfahrer stärker aufgebraucht hatte als die der Belagerten. Es hatte prominente Flüchtlinge aus dem Kreuzfahrerlager gegeben. Der Graf Stephan von Blois, der Schwiegersohn Wilhelms des Eroberers, sah keine Aussicht mehr auf einen Erfolg und verließ das Heer. Der Vertreter des byzantinischen Kaisers verließ das Lager. Die Preise für die wenigen Lebensmittel stiegen weit über das Maß, das für einen einfachen Ritter erschwinglich war. So starben immer mehr Kreuzfahrer an Hunger und Erschöpfung, und der Verfasser der *Taten der Franken* erinnerte sich, dass man im Lager keine tausend Ritter mehr hätte finden können, deren Pferde in guter Verfassung waren. Angesichts dieser Zustände war es erstaunlich, dass die Kreuzfahrer einen großen Entlastungsangriff der türkischen Reiterei abweisen konnten. Der Autor der *Gesta Francorum* lässt bei der Schilderung dieser Kämpfe jene Motivation erkennen, die Urban II. den Kreuzfahrern mit auf den Weg gab, als er ihnen nach seiner Rede empfahl, den Ruf *Gott will es* (Deus lo vult) bei ihren Angriffen als Kampfruf einzusetzen. In den *Taten der Franken* soll Bohemund von Tarent einem seiner Leute zu einem scharfen Kampf gegen die Feinde aufgerufen haben, *weil dies kein Kampf der Körper, sondern der Geister ist. Sei also ein tapferer Streiter für Christus.* Es war ein erbitterter Kampf, der so weit ging, dass die Kreuzritter die Leichen besiegter Gegner, die von den Türken begraben worden waren, wieder ausgruben und schändeten.

Nach langer Belagerung fiel Antiochia schließlich durch Verrat. Bohemund von Tarent fand einen Verbündeten in der Stadt, der seinen Männern den Weg öffnete. Aus diesem Erfolg erwuchs der Anspruch Bohemunds auf die Herrschaft über die Stadt. Bis auf die türkische Befestigung fiel Antiochia in die Hände der Kreuzfahrer. Schon Antiochia zeigte nach der Eroberung das Bild, das auch andere eroberte Städte zeigen sollten: Die Straßen waren voller erschlagener Menschen. *Niemand konnte den Fußweg durch die Stadt gehen, ohne über die Körper der Toten zu steigen.* Mit der Eroberung war der Kampf noch nicht zu Ende. Denn die Zitadelle in der Stadt war nicht gefallen und kaum hatten sich die Christen in der Stadt eingerichtet, nahte ein großes türkisches Heer. Nun verkehrten sich die Rollen und die erschöpften Belagerer wurden zu Belagerten in der gerade eroberten Stadt. In der schwierigen Lage waren die Bedrängten für jede Hilfe dankbar, mochte sie kritischen Zeitgenossen auch fragwürdig erscheinen. Die Vorräte waren so knapp geworden, dass die Belagerten ihre Pferde und Esel aßen. Einzelne Eingeschlossene traten mit Visionen hervor, in denen ihnen Gott seine Unterstützung des Kreuzzugs versichert habe. Einer der Pilger, die den Zug begleiteten, machte bekannt, dass der heilige Andreas ihm offenbart habe, dass sich die Lanze, mit der dem gekreuzigten Christus die Seite geöffnet worden sei, in der St. Peter- Kirche in der Stadt befinde. Daraufhin habe man in der Kirche eine Lanze gefunden. Der päpstliche Legat äußerte Zweifel, doch viele der Belagerten sahen in dem Fund ein gutes Zeichen. Im ottonischen Reich (919–1024) war die heilige Lanze eine bedeutende Reliquie gewesen. Das Heer der ottonischen Herrscher hatte sie in bedeutenden Schlachten mit sich geführt und auf ihre unterstützende Wirkung gehofft. Diese heilige Lanze war allerdings ein normaler Speer, dessen Schaft einen Splitter des Kreuzes Christi enthalten sollte. In Antiochia ging es um die Lanze eines römischen Soldaten, der bei der Kreuzigung Christi anwesend war.

Die Kräfte der Kreuzfahrer reichten überraschenderweise aus, um bei einem Ausfall die türkischen Belagerer zu besiegen. Nun stand Antiochia unter christlicher Herrschaft, und Bohemund von Tarent beanspruchte die Stadt für sich. Die Anführer des Kreuzzugs berieten die weitere Strategie und beschlossen, erst an Allerheiligen weiter nach Jerusalem zu ziehen. Das Gebiet, das nun vor den Kreuzfahrern lag, war unter den Seldschuken und den Truppen der Fatimiden, einer mächtigen Dynastie, deren Herrschaftsmittelpunkt in Kairo lag, umkämpft. Die Fatimiden gewannen die Kontrolle über Jerusalem zu der Zeit, als die Kreuzfahrer an der syrischen Küste erschienen, und für sie war es keineswegs klar, ob die

Kreuzfahrer oder die Seldschuken die gefährlicheren Gegner waren. Die Kreuzfahrer profitierten von diesen Kämpfen. Sie selbst sahen das Land, das noch vor ihnen lag, als *Land der Heiden* (*terra paganorum*). Bevor sie dorthin aufbrachen, hatten sie aber zunehmend mit eigenen Konkurrenzen zu tun. Nachdem Balduin von Bouillon seine Herrschaft in Edessa errichtet hatte und Bohemund Antiochia beanspruchte, wuchsen auch die Begehrlichkeiten der anderen Großen.

In dieser Zeit starb der päpstliche Legat Adémar von Le Puy und die verbleibenden Anführer wandten sich an den Papst. Sie schilderten ihm ihre bisherigen Erfolge, die Eroberung von Nikaia und Antiochia und sie forderten Urban II. auf, zu ihnen zu kommen. Es sei ihnen bislang gelungen, Türken und Heiden zu besiegen, die Häretiker, Griechen, Armenier, Syrer und Jakobiten hätten sie indes noch nicht unterwerfen können. Hier ließ sich eine Selbsteinschätzung der verbliebenen Kreuzfahrer als eine katholische Ordnungsmacht in der vielgestaltigen Welt des Nahen und Mittleren Ostens erkennen, die wir als ein Echo des offensiven Impulses verstehen können, der die Kreuzzugsbewegung von Anfang an begleitete. Adémar von Le Puy hatte sich solche Haltungen nicht zu eigen gemacht, und Urban II. reagierte auf diese Einladung nicht. Mit einer gewissen Verzögerung gegenüber dem ursprünglichen Plan begaben sich die Kreuzritter zu Beginn des Jahres 1099 auf ihre letzte größere Etappe nach Jerusalem. Fünf Monate später hatten sie ihr Ziel erreicht.

Die Eroberung Jerusalems

Jerusalem ist der Nabel der Welt, seine Erde ist fruchtbarer als die der anderen, so wie ein anderes Paradies der Freuden. Der Erlöser der Welt hat diese Stadt durch seine Ankunft erstrahlen lassen, durch seinen Aufenthalt geschmückt, durch sein Leiden geheiligt, durch seinen Tod freigekauft, durch sein Begräbnis bezeichnet. Diese königliche Stadt, in der Mitte der Welt gelegen, wird nun von seinen Feinden gefangen gehalten und von denen, die Gott nicht kennen, heidnischen Riten dienstbar gemacht. Deshalb bittet sie und wünscht, befreit zu werden und sie hört nicht auf zu bitten, dass Ihr

ihr zu Hilfe kommt (Robertus Monachus, Historia Iherosolimitana, I, 2).

Die historische Forschung hat die Frage, ob Jerusalem von Anfang an das Ziel des Kreuzzugs gewesen sei, oder ob die Chroniken, die nach der Eroberung Jerusalems geschrieben wurden, dieses Ziel nachträglich in den Aufruf des Papstes einfügten, verschiedentlich diskutiert. Wenn wir jedoch davon ausgehen, dass der Aufruf des Papstes eine Bereitschaft mobilisierte, die durch die Dynamik des späten 11. Jahrhunderts verursacht wurde, dann ist dies keine zentrale Frage. So wenig der päpstliche Legat den Kreuzzug lenkte, so gering war auch der konkrete Einfluss des Papstes auf den Verlauf des Kreuzzugs. Die Kreuzfahrer zogen nach Jerusalem, und mit der Eroberung der Stadt und der Errichtung der christlichen Herrschaft über die Heiligen Stätten endete ihr Unternehmen. Dies ist der entscheidende Befund.

Die Überzeugung, im Namen Gottes zu handeln, begleitete den Zug der Kreuzfahrer von Anfang an. Die Devise *Gott will es* zeigte an, dass sich die erfolgreichen Ritter als Akteure der Heilsgeschichte sahen. Und ihr Zug nach Jerusalem hatte durchaus Aspekte der Landnahme des Volkes Israel bei der ersten Eroberung des Heiligen Landes. *Der Herr aber, dein Gott, möge mit dir sein, wie er mit Mose gewesen ist. Jeder, der sich deinen Befehlen widersetzt und nicht allen deinen Anordnungen gehorcht, soll mit dem Tode bestraft werden. Seid nur mutig und stark!* (Jos. 1, 17–18). Die Eroberung Jerichos etwa, dessen Mauern die Israeliten sieben Tage lang umschritten, um sie dann durch Hörnerschall und Kriegsgeschrei zum Einsturz zu bringen, endete mit der Tötung aller Einwohner (Jos. 6, *Mit scharfem Schwert weihten sie alles, was in der Stadt war, dem Untergang, Männer und Frauen, Kinder und Greise, Rinder, Schafe und Esel*). Josua, der die Israeliten nach dem Tod des Mose anführte, hatte seinen Kämpfern die Tötung aller Bewohner der Stadt aufgetragen. Da sie sich den Israeliten widersetzten, sei ihr Untergang ein Zeichen der Größe Gottes (Jos. 6,17). Die Belagerung und Eroberung Jerusalems hat durchaus ähnliche Züge, wenn sie sich auch länger hinzog.

Die Stadt stand unter fatimidischer Herrschaft. Die Truppen dieser ägyptischen Dynastie mit dem Sitz in Kairo hatten

Jerusalem erst im Jahr zuvor von den Seldschuken zurückerobert. Die Stadt war ausreichend befestigt, um einen Angreifer
abweisen zu können, und die Kreuzfahrer erlebten harte Rückschläge. Sie waren am Ziel ihres langen Zuges angelangt, aber
es gelang ihnen zunächst nicht einen Zugang zu erkämpfen.
Wie schon vor den Mauern von Antiochia litten die Belagerer
unter Hunger und Durst. Das Material für eine erfolgreiche
Belagerung wurde knapp, das Holz für Türme und Leitern
reichte nicht aus. Unterstützung kam von der Küste, wo genuesische Schiffe gelandet waren. Die starke Flotte der Fatimiden
verlegte den Italienern den Rückweg, und so wurden die genuesischen Schiffe abgewrackt und das verwertbare Holz wurde nach Jerusalem geschafft. Am 8. Juli zogen die Kreuzfahrer in einer langen Prozession um die Stadt, aber noch fielen
die Mauern Jerusalems nicht ein. Erst eine Woche später, am
15. Juli gelang es einer Gruppe von Kreuzrittern, die Befesti-
gungen zu überwinden und in die Stadt einzudringen. Was
nun geschah, wird von den verschiedenen Chronisten übereinstimmend, wenn auch in unterschiedlichen Ausführungen
geschildert. *Von einen solchen Mord an den Heiden hat noch niemand gehört oder hat ihn gesehen,* schrieb der Autor der *Taten der
Franken,* der ein Zeuge des Geschehens war. Die Kreuzfahrer,
die auch bei den zurückliegenden Eroberungen die Bewohner
der Städte nicht geschont hatten, sollen die Einwohner Jerusalems ohne Ausnahmen getötet haben.

Die Beurteilung dieses Vorgangs ist nicht einfach. Während
die Einen darin ein frühes Beispiel für einen Massenmord seh-
en und ihn in eine Geschichte der Genozide einreihen, weisen
die Anderen darauf hin, dass die Ermordung der Bewohner
einer belagerten Stadt zu den zeitüblichen militärischen Vor-
gehensweisen gehörte. Mag es auch üblich gewesen sein, die
Einwohner, die der Aufforderung zur Kapitulation nicht nach-
kamen, zu töten, so bildet dieses dennoch einen finsteren Abschluss für einen Zug, der aufgebrochen war, die Heiligen Stätten zu befreien. Das ist allerdings eine moderne Sicht. Denn
es war gerade die heilsgeschichtliche Dimension, die die Tötung der Heiden verlangte. Für den Chronisten Raimund von
Aguilers war es die Vollstreckung eines gerechten göttlichen
Urteils, dass der Ort, der so lange unter den Gotteslästerungen
der Ungläubigen gelitten habe, nun von ihrem Blut erfüllt war.

An diesem Tag gewannen die Kinder der Apostel die Stadt zurück, schrieb er. Auch in der heilsgeschichtlichen Ausdeutung fällt es freilich auf, dass die christlichen Eroberer nun jene Taten verübten, die der Papst in seinem Aufruf zum Kreuzzug als Verbrechen der Ungläubigen angeklagt hatte. Auch für Christen hatte die Goldene Regel eine gewisse Verbindlichkeit. Auf der anderen Seite müssen wir die Möglichkeit berücksichtigen, dass die heilsgeschichtliche Dimension die Darstellung der Eroberung durch biblische Vorbilder überlagerte.

Die besondere Bedeutung Jerusalems, die im ersten Kreuzzug einen konkreten Ausdruck fand, hat auch dazu geführt, dass die Bluttaten nach der Eroberung in besonderer Weise gewürdigt wurden. Tatsächlich war das mittelalterliche Jerusalem, wie auch das mittelalterliche Rom, eine Stadt mit großer Tradition, aber es war keine große Stadt. Die Belagerungen anderer Städte werden höhere Opferzahlen zur Folge gehabt haben, einfach, weil diese Städte größer waren. Dass die Greuel in Jerusalem eine stärkere Aufmerksamkeit gefunden haben, liegt daran, dass Jerusalem keine normale Stadt war und ist. Die Taten, die in Jerusalem begangen wurden, erhielten durch den Schauplatz einen geradezu symbolischen Charakter. Dass die Krieger Saladins etwa 90 Jahre später noch an die Tötung der moslemischen Bevölkerung zurückdachten, als sie Jerusalem belagerten, ist weniger ein Ausdruck der Tatsache, dass die Moslems mit den Einwohnern der eroberten Städte anders umgingen. Es belegt eher, dass die moslemische Wahrnehmung der Niederlage und ihrer Opfer der christlichen Wahrnehmung sehr ähnlich war. Man sah die Leiden der eigenen Seite, die Leiden der Gegner sah man nicht. Man störte sich auch nicht daran, mit den Gegnern so zu verfahren, wie man es im Falle der eigenen Niederlage den Siegern zum Vorwurf machte.

Nach dem Sieg folgte die Plünderung der Stadt. Die Kreuzfahrer ließen sich von den Einschränkungen des Kanons von Clermont nicht beeindrucken. In ihrer Welt schlossen sich Beute und Glaubenskampf nicht aus. Papst Urban II., der dreieinhalb Jahre zuvor zu diesem Zug zur Befreiung der Heiligen Stätten aufgerufen hatte, starb zwei Wochen nach der Eroberung Jerusalems in Rom. Es ist zweifelhaft, dass er noch von dem Erfolg des Unternehmens erfahren hat. Der Brief, in dem

Gottfried von Bouillon als Verteidiger der Kirche des Heiligen Grabes und einige Anführer des Zuges im September dem Papst den Erfolg ihrer Mission mitteilten, war bereits an Urbans Nachfolger Paschalis II. gerichtet.

Nun musste der Erfolg für die Zukunft gesichert werden.

Die Fatimiden hatten eine Stadt verloren, aber sie waren keineswegs besiegt. Tatsächlich war zu dem Zeitpunkt, als die Kreuzfahrer Jerusalem eroberten, bereits ein Entsatzheer unterwegs. Es traf Anfang August bei Askalon ein, einem Ort an der Küste, der etwa auf der Höhe Jerusalems lag. Es war ein großes, gut ausgebildetes Heer, trainiert in disziplinierter Taktik, aber es war nicht ausreichend auf einen Kampf in schneller Bewegung eingestellt. Der Autor der *Taten der Franken* vermerkt, dass alle fatimidischen Kämpfer eine Wasserflasche um den Hals hängen hatten, um im Verlauf des Kampfes daraus zu trinken. Aber die Kreuzritter ließen es nicht zu einem langen Kampf kommen. Obwohl numerisch unterlegen, attackierten sie den Gegner entschlossen. Der Erfolg ihres Unternehmens, die Eroberung Jerusalems, die nun auf dem Spiel stand, mochte ihnen zusätzliche Motivation verliehen haben. Unter den Angriffen wandten sich die fatimidischen Truppen zur Flucht. Die Kreuzfahrer erzielten am 12. August 1099 bei Askalon einen klaren Sieg. Die Herrschaft über Jerusalem war vorerst gesichert.

Die Anfänge des Königreichs Jerusalem

Nachdem das Ziel des Kreuzzugs erreicht war, zog es die meisten Kreuzfahrer zurück nach Hause. Diejenigen, die eigene Herrschaften erlangt hatten, wie Balduin in Edessa und Bohemund in Antiochia, hatten das Heer nicht bis nach Jerusalem begleitet. Der päpstliche Legat war in Antiochia gestorben, und Raimund von Toulouse, dem der Papst eine Führungsrolle zugewiesen hatte, hatte sich Gegner gemacht. Es gab keine dominante Gestalt, die nun ihre praktische Führung während des ganzen Zuges durch einen Herrschaftstitel über

Jerusalem abgesichert hätte. Es gab eher ein ungefähres Kräftegleichgewicht unter den verbleibenden Großen. Sie einigten sich schließlich auf Gottfried von Bouillion, der den Titel eines Beschützers des Heiligen Grabes annahm, weil er keine herrschaftliche Krone tragen wollte, wo Christus die Dornenkrone getragen hatte. Doch blieb es auf mittlere Sicht nicht bei dieser Zurückhaltung. Gottfried regierte kaum ein Jahr. Als er starb, beeilten sich seine Anhänger, seinen Bruder Balduin, der in Edessa zurückgeblieben war, zum König zu erheben. Balduin nahm den Titel eins Königs von Jerusalem an. Anfänglich war dies eine Herrschaft auf dünner Grundlage.

Durch ihre Siege über die Fatimiden hatten die Kreuzfahrer die unmittelbare militärische Bedrohung ausgeschaltet. Aber die hohen Verluste der Kreuzfahrer auf ihrem Zug nach Jerusalem und die Rückkehr vieler Kreuzritter in ihre Heimat hatten zur Folge, dass die personelle Ausstattung dieser ersten Herrschaftsbildung nicht sehr stark war. Es dürfte zunächst schwierig gewesen sein, Jerusalem mit ausreichend christlichen Bewohnern zu versehen. Die Stadt würde nach der Eroberung viele Pilger anziehen, doch die Frage war, auf welchem Wege diese Menschen kommen würden. Der Landweg hatte sich als beschwerlich erwiesen, und als im Jahre 1101 ein weiterer großer Zug zur Unterstützung der Kreuzfahrer im Gebiet der Seldschuken fast völlig aufgerieben wurde, zeigte sich, wie gefahrvoll der Weg durch Anatolien weiterhin war. Diese dritte große Welle im Verlauf des ersten Kreuzzugs umfasste mehrere zehntausend Menschen. Sie kamen aus dem Königreich Frankreich und aus dem Reich (Lombardei und Bayern), und sie erlitten dasselbe Schicksal, wie die Teilnehmer an dem Zug Peter des Eremiten und Walters ohne Habe.

Der Seeweg bot manche Vorteile. Allerdings verfügten die Kreuzfahrer im Heiligen Land über keine eigenen Schiffe; dagegen war die Flotte der Fatimiden an den Küsten weiterhin präsent. Die ägyptische Flotte war ein wesentlicher Grund dafür, dass die Kreuzfahrer an der Küste zunächst kaum Fuß fassten. Erst durch die Unterstützung fremder Flotten gelang es den Kreuzfahrern, allmählich wichtige Küstenstädte zu erobern: Haifa (1100), Caesarea (1101), Akkon (1104), Tripolis (1109), Beirut (1110). Als es schließlich im Jahre 1124 gelang,

Tyrus zu erobern, den nördlichsten Hafen der Fatimiden, wurde die Situation an der Küste ungefährlicher. Der letzte verbliebene Hafen der Fatimiden war nun Askalon, das gut befestigt war, und das bis 1153 unter fatimidischer Kontrolle blieb. Und doch führte die Schiffahrtspraxis dieser Zeit, die das offene Meer mied und sich bevorzugt in der Nähe der Küsten bewegte, dazu, dass die fatimidische Flotte nun nicht mehr die ganze Küste des Heiligen Landes abschirmen konnte. Damit eröffnete sich den italienischen Handelsstädten wie Genua oder Venedig eine neue Möglichkeit. Die Eroberung der Küste, deren Städte nun auch über den Seeweg versorgt werden konnten, bedeutete allerdings noch nicht, dass auch das Hinterland dieser Siedlungen christlich kontrolliert wurde. Hier kam es noch lange Zeit zu Übergriffen.

Das Land zu gewinnen, war keine einfache Aufgabe. Die Kreuzfahrer, die schließlich nach Jerusalem gelangt waren, waren vornehmlich Krieger und keine Bauern. Sie ließen sich nicht auf dem Land nieder, um es zu bebauen, sondern sie siedelten sich vornehmlich in befestigten Plätzen an. Es fehlte ihnen zunächst an Menschen, um die Herrschaft der Christen in die Fläche auszudehnen. An der Spitze der nun entstehenden Herrschaft in Jerusalem stand ein König. Balduin war der erste einer Reihe von Königen seines Namens, von denen nur einer deutlich länger als zehn Jahre regierte: Balduin I. (1100–1118); Balduin II. (1118–1131); Fulk von Anjou (1131–1143); Balduin III. (1143–1162); Amaury I. (1162–1174); Balduin IV. (1174–1185); Balduin V. (1185–1186); Guido de Lusignan (1186–1190).

Die Machtbefugnisse des Königs waren begrenzt. Schon während des Kreuzzugs waren die wichtigen Entscheidungen im Rat der Anführer gefallen. Keiner von ihnen verfügte über eine Befehlsgewalt über die anderen oder über das Gefolge der anderen. Keiner von ihnen konnte einen entscheidenden Sieg ohne die Unterstützung der anderen erzielen. Der Rat der Großen blieb eine entscheidende Größe im Königreich Jerusalem. Dieser Rat hatte den ersten König gewählt, und die Barone bestanden auch künftig darauf, dass der Königstitel über Jerusalem durch eine Wahl übertragen wurde. Die Könige betonten dagegen die Bedeutung der Abstammung aus der königlichen Familie. Beide Prinzipien standen in einem gewissen Spannungsverhältnis zueinander. Das war jedoch bei einer solchen Frage nicht ungewöhnlich. Im Reich, wo die Fürsten ebenfalls auf ihrem Recht als Wähler des Königs bestanden, fiel die Wahl nur auf bestimmte Kandidaten aus der königlichen Familie. Sie hatten einen gewissen Anspruch auf die Thronfolge, mussten jedoch durch die Großen des Reiches bestätigt werden. Es ging um diese Mitsprache der Großen, nicht um ein freies Wahlrecht.

CHRISTEN UND EINHEIMISCHE

Keiner der adligen Krieger, die sich an der Eroberung Jerusalems beteiligt hatten, konnte im Heiligen Land auf alte Besitzrechte seiner Familie verweisen. Wo christliche Herrschaften errichtet wurden, da waren sie erobert worden, und das Land, von dem sich der künftige Adelstitel ableitete, war in denselben Kampagnen gewonnen worden. In gewisser Weise gab es bei der Entstehung des Königreichs Jerusalem eine Stunde Null. Dies hatte zur Folge, dass die Elemente, die in Europa den Statuts einer Adelsfamilie begründeten – neben der Größe ihres Besitzs vor allem das Alter ihres Titel, die ehrwürdige Tradition der Familie –, im Königreich Jerusalem keine besondere Rolle spielten.

Neben dem Königreich Jerusalem gab es noch drei weitere bedeutende Herrschaftsbildungen im Bereich der Kreuzfahrer: die beiden Grafschaften Tripolis und Edessa und das Fürstentum Antiochia, das Bohemund von Tarent nach der Eroberung der Stadt geschaffen hatte. Bohemunds Herkunft führte dazu, dass Antiochia ein Fürstentum wurde, für das er zunächst niemandem lehenspflichtig war. Allerdings sorgte seine Lage im Grenzbereich zu den Seldschuken und zu den Byzantinern dafür, dass das Fürstentum sich schließlich unter die Oberhoheit des byzantinischen Kaisers begab. Tripolis war längere Zeit von Raimund von Toulouse belagert worden, bevor es schließlich 1109 fiel. Zu diesem Zeitpunkt war Raimund bereits tot, und König Balduin von Jerusalem gab Tripolis als Lehen an Raimunds Sohn aus. Diese Kreuzfahrerterritorien waren kein Bestandteil des Königreichs Jerusalem. Die Grafschaft Edessa und das Fürstentum Antiochien lagen in relativ ungeschützter

Lage nahe dem seldschukischen Zugriff. Da das militärische Potential dieser Kreuzfahrerherrschaften begrenzt war, mussten sich die Regierenden auf das komplizierte System regionaler Allianzen einlassen, um bestehen zu können.

Im Laufe der Zeit bildeten die Herrscher in diesen Territorien eine pragmatische Haltung gegenüber den muslimischen Nachbarn aus, die in entsprechender Lage ihre Verbündeten sein konnten. Der Bestand dieser kleineren Kreuzfahrerterritorien hing indes davon ab, dass die muslimischen Nachbarn sich untereinander ebenso misstrauten wie den Christen. Wilhelm von Tyrus berichtet etwa von einer Allianz des Statthalters von Bosra mit dem König von Jerusalem. Dieser Mann, ein vornehmer türkischer Satrap, habe sich von dem König von Damaskus ungerecht behandelt gefühlt, und so sei er mit großer Begleitung nach Jerusalem gereist, um den König (Balduin III.) und seine Mutter aufzusuchen. Er sei bereit, für eine angemessene und ehrenvolle Entschädigung seine Stadt den Christen zu übergeben. *Bosra ist aber die erste Metropolstadt Arabiens* (Wilhelm von Tyrus, Chronicon 16,8). Die Geschichte lässt gewissermaßen einen gemeinsamen Kriegercodex erkennen, der die Möglichkeit von Bündnissen so lange erlaubte, wie die religiösen Differenzen nicht zu stark hervortraten. Für diese Männer war die Frage der Ehre, die sich in einer angemessenen Belohnung für geleistete Taten erwies, wichtiger als politische und religiöse Loyalitäten. Solange diese archaische Ethik galt, erschienen die Christen nicht als feindlicher Fremdkörper in einem islamischen Umfeld. Diese aristokratische Welt war nach modernen Vorstellungen durchaus eine egoistische Welt. Aber gerade darin lag die Chance ihrer eigentümlichen Dynamik. Hier ging es um Interessen. Und deren Abstimmung war auch über Religionsgrenzen hinweg zu erzielen. Eine kleinteilige Welt bot für die vergleichsweise kleinen Kreuzfahrerherrschaften günstigere Bedingungen. Sollte diese muslimische Rivalität untereinander einem geeinten Auftritt weichen, der die Christen als Feinde erkannte, konnte es für Edessa und Antiochia schwieriger werden. Einstweilen profitierten die Kreuzfahrer von der Uneinigkeit ihrer Nachbarn.

So unterschiedlicher Herkunft die christlichen Kreuzfahrer gewesen waren, im Heiligen Land wurden sie alle als *Franken* angesehen. Um eine amtliche Funktion in den Kreuzfahrerherrschaften zu erlangen, war es erforderlich, katholisch zu sein. Wichtige Positionen blieben damit den Franken vorbehalten. Tatsächlich bildeten sie die Oberschicht in den neu entstehenden Herrschaftsgebilden. Aber die Notwendigkeiten des Alltags erforderten immer wieder ein Zusammengehen mit der moslemischen Bevölkerung. Und sie erforderten auch politische Bündnisse mit moslemischen Machthabern. Die Verhältnisse waren komplex und um innerhalb der Konkurrenzen moslemischer Dynastien bestehen zu können, durfte man Bündnisse mit Muslimen nicht ausschließen. Jedoch ging der Pragmatismus nicht sehr weit. Die Fremdheit zwischen den Religionen und den Kulturen blieb im Wesentlichen bestehen. So konnte etwa Wilhelm von Tyrus (1130–1186), einer der großen Chronisten der Kreuzfahrerherrschaft, der in Jerusalem geboren wurde, nur unzureichend Arabisch. Im Jahre 1120 verbot eine Synode in Nablus den Muslimen im Königreich Jerusalem das Tragen fränkischer Kleidung. Die Unterschiede sollten erkennbar bleiben. Und das taten sie wohl auch.

In den arabischen Schilderungen von der Lebensweise der Kreuzfahrer erscheinen die *Franken* als Männer des Krieges. Keine andere Eigenschaft würden sie höher schätzen als den Mut im Kampf. Einem kultivierten arabischen Edelmann erschienen diese Fertigkeiten nicht unbedingt erstrebenswert, und er reagierte erschrocken auf das Angebot, seinen eigenen Sohn für einige Zeit in das Land der Franken zu schicken, um die dortige Lebensweise kennenzulernen. *Wenn mein Sohn in Gefangenschaft geraten wäre, hätte das nicht schlimmer für ihn sein können, als ins Land der Franken zu ziehen.* Dabei erschien es Fulcher von Chartres, als würden die Kreuzfahrer sich zunehmend den Gegebenheiten ihrer neuen Heimat anpassen. *Wir, die wir Okzidentalen waren, sind nun zu Orientalen geworden. Wer ein Römer oder Franke war, ist nun ein Galiläer oder ein Bewohner Palästinas. Wer ein Bürger von Reims oder Chartres war, ist nun ein Bürger von Tyrus oder Antiochia. Wir haben die Orte unserer Geburt bereits vergessen.*

Dass die Kreuzfahrer, die im Heiligen Land blieben, ihre europäische Herkunft hinter sich ließen, bedeutete eben nicht, dass sie sich mit der einheimischen Bevölkerung verbanden. Tatsächlich spricht wenig dafür, dass es Ehen über die religiösen Grenzen hinweg gab. Es kam durchaus vor, dass Kreuzritter Frauen aus Antiochia oder Tyrus heirateten. Allerdings waren diese Frauen dann zumeist Christinnen. Der Religionswechsel konnte in solchen Situationen vorkommen, aber er scheint kein Ziel der neuen Herren gewesen zu sein. Eine stärkere Missionstätigkeit lässt sich nach der Eroberung des Heiligen Landes und der Errichtung des Königreichs Jerusalem nicht feststellen. Allmählich entstand in den eroberten Gebieten eine lateinische Kirche. Nicht alle Strukturen wurden neu geschaffen. Vielmehr besetzte man Erzbistümer und Bistümer, die bislang von griechischen Prälaten geleitet worden waren, nun mit lateinischen Kandidaten. Dies ging allmählich vor sich.

In Jerusalem kam eine gewisse Spannung auf, als wenige Tage vor dem Weihnachtsfest des Jahre 1099 ein päpstlicher Legat in der Stadt eintraf. Daimbert von Pisa forderte die Patriarchenwürde für sich, und nachdem er den bereits eingesetzten Patriarchen suspendiert hatte, übernehm er das Amt. Sein energischer Versuch, Kontrolle über das Geschehen zu erlangen, war nur begrenzt erfolgreich. Als ehemaliger Erzbischof von Pisa verfügte Daimbert zwar über gute Kontakte zu den Pisanern, die im Heiligen Land eine wichtige Rolle spielten und deren Flotte ihn hergebracht hatte, aber er konnte sich gegen König Balduin doch nicht behaupten. In Antiochia, wo Bohemund den griechischen Patriarchen aus der Stadt wies und einen lateinischen Patriarchen einsetzte, kam es zu einer Kirchenspaltung, als der Grieche gemäß dem gültigen Kirchenrecht sein Amt nicht aufgab.

Die Anfänge der Ritterorden

Bald nach dem ersten Kreuzzug entstanden die ersten Ritterorden, jene eigentümlichen Organisationen, die den ritterlichen Kampfgeist und eine geistliche Lebensweise verbanden und die für das Erscheinungsbild der späteren Kreuzzüge charakteristisch wurden. Sie entstanden weniger als Kampfverbände, sondern vielmehr aus der Idee der Pilgerversorgung und des Pilgerschutzes. Der Erfolg der Kreuzritter belebte die Pilgerzüge nach Jerusalem. Aber selbst, wenn man den größeren Teil der Reise auf einem pisanischen oder genuesischen Schiff zurücklegte, um der beschwerlichen und noch immer gefährlichen Reise durch Kleinasien zu entgehen, konnte man per Schiff nicht bis zu den Heiligen Stätten gelangen. Der Weg von der Küste nach Jerusalem barg weiter etliche Gefahren. Aber auch ohne Überfälle war er in dem ungewohnten Klima mühsam. Das Bedürfnis nach einer Betreuung der Pilger hatte schon vor dem ersten Kreuzzug zur Einrichtung von Pilgerherbergen geführt.

Zu den ersten Herbergen dieser Art gehörte das Hospital zum Heiligen Johannes, das bereits um 1080 entstanden war, und dessen Personal sich der Aufnahme und der Pflege der Jerusalempilger widmete. Die verstärkte Militarisierung des christlichen Engagements im Heiligen Land ging auch an den Hospitalitern nicht vorbei. Sie widmeten sich zunehmend dem bewaffneten Schutz der Pilger und das Hospital trat allmählich in seiner Bedeutung zurück. Um die Mitte des 12. Jahrhunderts waren die Johanniter, wie sich der militärische Zweig nannte, zu einem Ritterorden geworden, der über eigene Burgen und Festungen verfügte. Eine sehr ähnliche Geschichte nahm der Orden der Templer, der um 1120 von Hugo von Payen, einem Ritter aus der Champagne gegründet wurde, um die Wege der Pilger im Heiligen Land zu schützen. Der Name leitete sich von der Niederlassung des Ordens im Tempelbezirk ab.

Ähnlich wie die Johanniter sollten auch die Tempelritter in der weiteren Geschichte des Königreichs Jerusalem eine bedeutende (nicht immer glückliche) Rolle spielen. Es gilt allerdings festzuhalten, dass das Bild der Tempelritter als Falken in der Spätphase des Königreichs Jerusalem nur einen Teil der Realität abbildet. Der gebildete arabische Edelmann Usāma ibn Munquid (1095–1188), dessen Lebensgeschichte eng mit den Spannungen und Konflikten der Region verbunden war, berichtet in seiner reichen Autobiographie davon, wie er bei seinen Besuchen in Jerusalem gewöhnlich in die al-Aqsā-Moschee ging, um dort zu beten. Dort hatten die Templer, die Usāma ibn Munquid *seine Freunde* nennt, das Hauptquartier ihres Ordens errichtet, aber sie ließen den frommen Moslem in

Ruhe beten. Eines Tages sei er bei seinen Gebeten von einem fränkischen Eiferer attackiert worden. Die Tempelritter seien jedoch eingeschritten, hätten den Mann zurückgehalten und sich für den Zwischenfall entschuldigt.

Die neue christliche Herrschaft über Jerusalem war ein Königtum. Die Machtposition des Herrschers beruhte in hohem Maße auf den Einnahmen aus seiner Domäne. Neben erheblichem Landbesitz unterstanden ihm auch die Städte Jerusalem, Nablus, Akkon und Tyrus. Der König stand in der Lehnsordnung über seinen Vasallen, d.h. über den Männern, die von ihm ein (großes) Stück Land erhalten hatten und die ihm dafür Unterstützung bei wichtigen Entscheidungen und im Krieg schuldig waren. Für die tatsächliche Macht des Königs war es allerdings von einer gewissen Bedeutung, dass seine Mittel mit denen seiner großen Vasallen mithalten konnten. Sonst war er nur nominell ein Lehnsherr, in Wirklichkeit aber nur ein Großer unter Großen. Das war im europäischen Lehnssystem durchaus möglich. In Jerusalem verfügte der König in der Regel über ausreichende Mittel, wenn nicht dauernde Kämpfe seine Einnahmen zu sehr auszehrten. Das geschah allerdings häufiger. Das tatsächliche Machtgefüge im Königreich Jerusalem war einigermaßen kompliziert. Im Königreich gab es nach dem König vier mächtige Vasallen (Barone): den Grafen von Jaffa und Askalon, den Fürsten von Galiläa, den Herrn von Sidon, Caesarea und Beisan, und den Herrn von Kerak, Montreal und Sankt Abraham. Damit waren allerdings die bedeutenden Herrschaften im Norden, die zu Beginn des Kreuzzugs erobert worden waren, nicht erfasst. Gerade weil Edessa und Antiochia als eigene Herrschaften gewonnen worden waren, waren sie kein Bestandteil des Königreichs Jerusalem. Auch die Grafschaft Tripolis hatte einen besonderen Charakter. So war der König immer wieder gehalten, Bündnisse zu schließen.

Wir haben aus der frühen Zeit des Königreichs Jerusalem keine genauere Aufstellung darüber, wieviele Ritter die Lehnsordnung dem König von Jerusalem zur Verfügung stellte, das bedeutet, wie groß die Ritteraufgebote seiner Barone waren. Als der Graf von Jaffa, Johann von Ibelin in den 1260er Jahren diese alten Rechtsgewohnheiten aufschrieb, gab er die Zahl der

Ritter, über die der König im Rahmen seines Lehnsaufgebotes verfügen konnte, mit 574 an. Das war keine sehr große Truppe, und in Kriegszeiten mussten die Könige weitere Kämpfer anwerben. Dabei gerieten seine Kräfte schnell an ihre Grenzen. Tatsächlich war das Königreich immer wieder auf Hilfe von außen angewiesen. Daher ist es von Bedeutung, wie der Erfolg im Heiligen Land in Europa aufgenommen wurde.

Als die guten Nachrichten über die glänzenden Kämpfer, die auf die Pilgerschaft aufgebrochen waren und im Osten gegen die Ungläubigen im Namen Christi kämpfend glorreiche Siege errungen hatten, gehört worden waren, wurden die Großen des Westens durch den unbesiegten Mut und den unerwarteten Erfolg herausgefordert. Der Normanne Ordericus Vitalis (1075–1142) überliefert ein lebendiges und motivierendes Echo der Eroberung Jerusalems. Im Jahre 1101 begann die Werbung für einen neuen Kreuzzug. Nicht nur die Männer fühlten sich herausgefordert. Ordericus berichtet davon, wie die Frau des Grafen Stephan von Blois, dessen Rückzug aus dem Lager vor Antiochia ihm keinen guten Ruf eingetragen hatte, ihren Gatten zu einem erneuten Aufbruch drängte. Die Tochter Wilhelms des Eroberers sah es nicht gern, wenn ihr Ehemann als Feigling dastand. Es war ihr ernst. Sie brachte ihre Kreuzzugswerbungen auch *zwischen den ehelichen Liebkosungen* vor: *Erinnere Dich an den Mut, für den Du in Deiner Jugend berühmt warst, und greife zu den Waffen dieses ehrenvollen Kriegszuges zum Heil von vielen Tausend.* Nicht alle Frauen schätzten es, wenn ihre friedlichen Männer ruhmlos aber unversehrt in Reichweite blieben. Diesen Frauen bot sich ab 1144 eine erneute Gelegenheit, ihre Männer zu kühnen Taten zu bewegen.

DER FALL EDESSAS

Im Jahr 1144 hat der türkische Befehlshaber in Mossul und Aleppo, Zengi, eine günstige Machtkonstellation im Norden des Königreichs Jerusalem für einen Vorstoß gegen Edessa genutzt. Zengis eigene Ambitionen richteten sich weniger gegen das Königreich Jerusalem, als vielmehr auf eine eigene

Machtstellung im Norden. Im Jahr 1139 war er gegen die mus-limischen Herren in Damaskus gezogen, die sich nur durch ein Bündnis mit König Fulko von Jerusalem von der Belagerung befreien konnten. Neben den konkurrierenden Machthabern des seldschukischen Reiches musste Zengi auch den byzan-tinischen Kaiser im Blick behalten, der seinen Herrschaftsan-spruch im Norden Syriens nicht aufgegeben hatte. Vielmehr hatte der Fürst von Antiochia dem Kaiser 1137 einen Lehnseid geschworen und von Antiochia nach Aleppo war es nicht sehr weit. Im Jahr 1143 starben sowohl der Kaiser von Byzanz – auf einem Feldzug nach Antiochia – als auch der König von Jeru-salem infolge eines Reitunfalls.

Die Nachfolge Fulkos von Jerusalem trat zunächst seine Frau Melisande an, unter den skeptischen Augen der Barone des Königreichs. Zengi nutzte die Gelegenheit, um gegen Edessa vorzugehen. An Weihnachten 1144, nach vierwöchiger Belagerung, drangen seine Truppen in die Stadt ein. Zengis Soldaten töteten alle Franken, derer sie habhaft wurden, aber sie verschonten die einheimischen armenischen Christen.

Der Fall Edessas hatte in mehrfacher Hinsicht einen sym-bolischen Charakter. Da war einmal das Datum des Verlustes. Die Kreuzritter hatten die Einnahme Jerusalems an dem Wo-chentag und zu der Stunde des Todes Christi am Kreuz für ein göttliches Zeichen gehalten. Der Verlust Edessas am Tag der Geburt Christi konnte als ein Rückschlag für das ganze Unter-nehmen der christlichen Herrschaft über die Heiligen Stätten verstanden werden. Otto von Freising, dessen Chronik im Jah-re 1146 endete, schilderte den Fall Edessas als einen der letzten historischen Einträge in seinem großen Werk, und er charak-terisierte Edessa darin als *die einzige Zufluchtsstätte der Kirche von Jerusalem*. Nun war sie verloren und ihre Kirchen waren geschändet worden. Die Grafschaft Edessa war die erste Herr-schaft, die Kreuzfahrer auf ihrem Weg in das Heilige Land er-richtet hatten. Dadurch kam ihr eine besondere Bedeutung zu. Dazu kam der Charakter des religiösen Kampfes, den Zengi seiner Eroberung gab. Tatsächlich bemühte er sich mit einem gewissen Erfolg darum, seinen Kampf gegen die christlichen Nachbarn im Zeichen des *Jihad* (Glaubenskampfes) zu deuten – auch wenn er in Damaskus gegen einen moslemischen Nach-barn kämpfte.

Dies war das dramatische Potential, das das Ereignis barg. Es dauerte indes einige Zeit, bis es seine Wirkung entfaltete. Das bedeutet allerdings nicht, dass die Zeitgenossen den Vorfall nicht ernst nahmen. Die mittelalterlichen Reaktionszeiten folgten einem anderen Rhythmus. Es war durchaus nicht ungewöhnlich, dass eine dringliche Anfrage erst zwei Jahre später konkrete Handlungen zur Folge hatte. Auch Das Hilfsgesuchen aus Byzanz, das zum ersten Kreuzzug geführt hatte, hatte nicht zu einem unmittelbaren Aufbruch der erbetenen Ritter geführt. Tatsächlich lag auch der unmittelbare Anlass für die Anfrage, die militärische Niederlage gegen die seldschukischen Türken, schon länger zurück. Die mobilisierende Kraft wurde durch diese Verzögerungen nicht geschmälert. Sie waren vielmehr Teil der mittelalterlichen Lebenserfahrung mit ihren langsamen Nachrichtenübermittlungen. Die Mobilisierung, die als Reaktion auf den Fall Edessas einsetzte, folgte diesem behäbigen Rhythmus – und auch die Reaktion des Abendlandes auf den dramatischeren Verlust Jerusalems vierzig Jahre später sollte diesem Reaktionsschema folgen. Es war typisch für eine mittelalterliche Kampagne.

Die Mobilisierung für den zweiten Kreuzzug

Die Bitte um Unterstützung wurde in Rom von Gesandten aus Antiochia im Herbst 1145 vorgetragen. Das Fürstentum lag in ähnlicher Lage wie die Grafschaft Edessa und war gefährdet, wenn Zengi seine Eroberungen fortsetzte. Auch die armenischen Christen, die Zengi beim Sturm Edessas noch verschont hatte, schickten eine Gesandtschaft an den Papst. Wie Otto von Freising berichtet (Chronik VII, 32), stellten sie dem Papst ihre Unterstellung unter seine Kirchenherrschaft in Aussicht. Auch sie werden dem Papst von den Eroberungen Zengis berichtet haben. Die Bitten um Unterstützung machten Eindruck auf Papst Eugen III. Er war noch sehr neu im Amt. Im Februar 1145 war er auf den Stuhl Petri erhoben worden, nachdem er zuvor Mönch im strengen Orden der Zisterzienser gewesen war. Die Zisterzienser, die ein asketisches Leben in der Abgeschiedenheit zu ihrem Ideal erhoben hatten, waren ein Orden, der viele junge Leute dieser Jahrzehnte in seinen Bann zog. Im Jahre 1113 war der junge Adlige Bernhard gemeinsam mit 30 Gefährten in das Ursprungskloster des Ordens, Citeaux, eingetreten. Zwei Jahre später war er zum Gründungsabt des neuen Klosters Clairvaux geworden. Bernhard war trotz seiner Entscheidung für das klösterliche Leben und trotz eines starken kontemplativen Zugs ein Abt, der das öffentliche Wirken suchte. Er reiste unablässig im Dienste seines Ordens, und unter seinem Eindruck war der spätere Papst, der damals noch Kamuldensermönch war, in das Kloster Clairvaux eingetreten. Die enge Bindung an Bernhard von Clairvaux und die mönchische Lebensweise hielt Eugen III. auch als Papst aufrecht, und sie führte zu dem starken Engagement Bernhards als Prediger des zweiten Kreuzzugs.

Zunächst bekundete der Papst sein eigenes Engagement in der Angelegenheit durch einen Aufruf zu einem weiteren Kreuzzug. Das Schreiben, das nach seinen Anfangsworten *Quantum Praedecessores* (*Wie sehr unsere Vorgänger*) zitiert wird, wurde am 1. März 1146 in etwas überarbeiteter Fassung erneut ausgestellt. In dieser Form gilt es als erste Kreuzzugsbulle, d.h. als erste förmliche Regelung der Privilegien, die die Kirche den Kreuzfahrern gewährte, bestätigt durch das päpstliche Siegel (Bulle). Nach einer knappen Wiedergabe der Geschichte des ersten Kreuzzugs, seiner Erfolge und des Verlustes von Edessa, rief der Papst die Gläubigen, und besonders die Mächtigen unter ihnen, zum Kampf gegen die Ungläubigen auf. Im Geiste der Väter, die mit ihrem Blut für die Befreiung der Kirche des Ostens gestritten hatten, sollten auch die Söhne den Kampf aufnehmen. Es war ein Kampf, der dem Nachlass der Sünden diente. Diesen Sündenablass, den sein Vorgänger Urban II. verkündet habe, bestätigte Eugen III. kraft seines Amtes. Die Familie der Kreuzfahrer und ihr Besitz stehe unter dem Schutz der Kirche. Bis zu ihrer Rückkehr oder der Gewissheit ihres Todes dürften keine Prozesse gegen die Besitzrechte der Kreuzfahrer angestrengt werden. Die Zahlung von Zinsen wurde für die Dauer des Unternehmens ausgesetzt. Abschließend wiederholte der Papst noch ein weiteres Mal die Vergebung der (gebeichteten) Sünden für alle, die die Kreuzfahrt im rechten Glauben unternahmen.

Dies war ein erster Schritt zu der später so umfangreichen Regelung päpstlicher Kreuzzugsprivilegien. Ein solcher Text war im Umfeld des ersten Kreuzzugs nicht entstanden. Die formale Regelung des kirchlichen Umgangs mit den Kreuzfahrern war in dieser Form etwas Neues. Deswegen konnte Eugen III. nicht auf ein Archiv der Kurie zurückgreifen, sondern er musste sich auf die Chronisten verlassen, die auch die heutige historische Forschung benutzt, wenn sie versucht, die Worte des ersten Kreuzzugsaufrufs zu rekonstruieren. Auch in der Tradition der Kirche kam es daher weniger darauf an, was Urban II. in Clermont tatsächlich gesagt hatte, als darauf, wie diese Worte verstanden und überliefert wurden. Eugen III. gelangte so zu der weiter gefassten Ablassregelung, die jedem Kreuzfahrer die Vergebung seiner Sünden zusicherte, und so wurde dieser Text von denjenigen verstanden, die bereit und in der Lage waren, mit Waffen in den Orient zu ziehen.

Der Appell an die großen Taten der Väter richtete sich zunächst an diejenigen, deren Kontingente im ersten Kreuzzug eine maßgebliche Rolle gespielt hatten, an die Franzosen und Italiener. Der Brief war an Ludwig VII., den jungen französischen König gerichtet. Ludwig VII. ließ seinerseits an Weihnachten 1145 im Kreise der Großen seines Reichs die Absicht erkennen, in den Osten zu ziehen. Dabei bezog er sich allerdings nicht auf den päpstlichen Aufruf. Die mächtigen Männer seines Reiches reagierten reserviert, und so verschob man die Entscheidung auf Ostern. In der Zwischenzeit sollte die Meinung Bernhards von Clairvaux zu dem Unternehmen eingeholt werden. Bernhard hielt sich zunächst zurück. Wahrscheinlich wollte er die Initiative und Leitung des Unternehmens nicht von der Kurie abziehen. Doch die verschiedenen Impulse kamen bis Ende März 1156 zu einer Bewegung zusammen. Nun traten der König und Bernhard gemeinsam vor eine große Menge. Bernhard trug der Versammlung die päpstliche Kreuzzugsbulle vor und übersetzte sie in eine verständliche Sprache. Anschließend hielt er eine engagierte Predigt. So begann sein Einsatz als Prediger des zweiten Kreuzzugs, den er mit großer Hingabe verfolgte.

Die Predigten Bernhards von Clairvaux

Bernhard von Clairvaux war ein Mann mit beeindruckender Sprachkraft. Sein gewaltiges Werk besitzt rhetorischen Schliff und lyrische Eindringlichkeit. In seiner Kreuzzugspredigt entfaltete er eine kriegerische Rhetorik, die ganz auf das Moment der Buße ausgerichtet war. Wir besitzen zwar keine Mitschrift seiner Predigten, wie etwa im Falle Urbans II., dafür verfügen wir aber über einen Brief Bernhards an die Kirche und die Gläubigen im östlichen Franken und in Bayern (Brief 363). In dem Brief erklärt er, dass er sein Anliegen lieber mündlich vortragen würde (*libenter viva voce*), dass er aber dazu keine Möglichkeit habe. Deswegen schickte er ein Schreiben, um den Gläubigen die Dringlichkeit eines neuen Kreuzzugs nahezubringen. Der Brief war also gewissermaßen eine schriftliche Predigt, und Bernhard stellte sich vielleicht vor, dass die Erzbischöfe, denen sein Schreiben galt, ihn bei ihren Werbungen einsetzten. Er ist daher eine wertvolle Quelle für Bernhards Kreuzzugsverständnis und für seine Kreuzzugswerbung.

Gleich zu Beginn wirbt er eindringlich dafür, dass gehandelt werden müsse, *weil der Gott des Himmels begonnen hat, sein Land zu verlieren. Sein Land sage ich, in dem er gesehen wurde und mehr als dreißig Jahre als Mensch unter Menschen weilte; sein Land, das er durch seine Wunder erleuchtet hat, das er durch sein eigenes Blut geweiht hat, in dem die ersten Blüten der Auferstehung sich zeigten* (Brief 363). Wenn nicht bald gehandelt würde, so sei auch Jerusalem in Gefahr. *Was tut ihr, tapfere Männer? Was tut ihr, Diener des Kreuzes?* Tatsächlich nimmt die Predigt nun eine erstaunliche Wendung. Denn, so fährt Bernhard fort, Gott könne die Gefahr natürlich selber abwenden – durch die Legionen seiner Engel oder durch ein einziges mächtiges Wort. Aber er tue das nicht, um den sündigen Menschen einen Weg des Heils zu eröffnen. *Denn was ist es anders, wenn nicht eine auserlesene Gelegenheit der Rettung, wie sie nur Gott finden konnte, dass der Allmächtige Mörder, Räuber, Ehebrecher, Meineidige und in andere*

Verbrechen verstrickte Menschen für würdig erachtet, sie zu seinem Dienst zu mahnen, als ob es ein Volk wäre das Gerechtigkeit geübt hat?

Solche Passagen legen den Eindruck nahe, dass sich die Qualität des Zusammenlebens im Abendland seit dem Aufruf zum ersten Kreuzzug nicht wesentlich verbessert hatte. Allerdings war dies die Sprache der Bußprediger, die wenig Sinn für graduelle Verbesserungen hatten. Bernhard gab dem Bußmotiv in seiner Predigt noch eine andere Bedeutung, als dies Urban II. getan hatte. Der Kreuzzug wurde hier geradezu als eine Aufgabenstellung Gottes an die sündige Gegenwart verstanden. Dabei bemüht er eine eigentümliche Logik. Bernhard stellt den Kreuzzug als eine »double-win-situation vor«. *Jetzt, tapferer Soldat, jetzt streitbarer Mann, hast Du ein Feld, wo Du ohne Gefahr kämpfen kannst, wo der Sieg Ruhm, »der Tod aber Gewinn ist«.* Wer für die gerechte Sache kämpfte, konnte nur erfolgreich sein. Entweder er gewann den Kampf gegen die Feinde Gottes und erfüllte so seinen Willen, oder er starb bei dem Versuch, und wurde so zum Märtyrer. Beides waren Wege zum Heil. Es ist schon irritierend, wie stark Bernhard angesichts einer so bedeutenden Frage, wie der des Heils, auf den Aspekt des gewinnbringenden Handels setzte (*Wenn Du ein kluger Kaufmann bist, »ein Mann des Erwerbs in dieser Welt«* (*1 Kor 1, 20, dann prophezeie ich Dir reiche Märkte*). Wer mit der rechten Gesinnung das billige Stoffkreuz an die Schulter hefte, der könne *ohne Zweifel* das Reich Gottes gewinnen.

Eine klare und entschiedene Absage erteilte er all jenen, die die Kreuzzüge nutzten, um gegen ihre jüdischen Nachbarn vorzugehen. Diese Gewalt verurteilte er in deutlicher Form. Die Gewalt gegen die Heiden rechtfertigte er indes mit dem Hinweis darauf, dass sie der Verteidigung diene: *Da sie aber jetzt mit der Gewalt gegen uns begonnen haben, geziemt es sich für die, die rechtmäßig das Schwert tragen, Gewalt mit Gewalt zurückzuweisen.*

Bernhard erreichte die Menschen. Nach seiner Predigtreise durch Frankreich und Flandern, wo schon die Werbung für den ersten Kreuzzug erfolgreich gewesen war, schilderte er seinen Mobilisierungserfolg in einem Brief an Eugen III., in dem er feststellte, dass es nun schwierig sei, auf sieben Frauen einen Mann zu finden. *Man sieht nur Witwen, deren Männer noch leben*

(Brief 247). Viele dieser Frauen sollten Witwen bleiben, wenn der Kreuzzug zu Ende ging. Doch Bernhard beschränkte sich nicht auf Frankreich und Flandern, seine Mobilisierung ging nun deutlich über das Umfeld hinaus, in dem schon der erste Kreuzzug gepredigt worden war. Denn der Abt von Clairvaux zog nach Deutschland. Zum einen wollte er einen Mitbruder zur Raison bringen, der in den Rheinlanden zur Verfolgung der Juden aufrief, und zum anderen wollte er den König, Konrad III., zu einer Beteiligung am Kreuzzug bewegen. Ende November 1146 traf Bernhard mit dem König in Frankfurt zusammen. Die Bitte um Unterstützung der Christen des Ostens in Rom lag nun ein Jahr zurück, seit etwa einem halben Jahr war die Vorbereitung des französischen Königs auf einen Kreuzzug bekannt. Der römisch-deutsche König zeigte indessen keine Neigung, sich auf ein solches Unternehmen einzulassen. Zunächst beließ es Bernhard bei dieser Absage. Aber für Weihnachten war in Speyer ein Hoftag vorgesehen. Und auf diesem Hoftag bekam der Abt von Clairvaux noch eine zweite Chance. Er nutzte sie.

Die Worte, die Bernhard an Konrad III. richtete, sind nicht genauer überliefert, aber bei einer Predigt über die Nöte der Kirche des Ostens richtete er sich direkt an den König und forderte ihn auf, die Gnade, die er bislang erfahren habe, durch seinen Einsatz für das Heilige Land zu vergelten. Konrad III. gab nach. Dem Gelingen des Kreuzzugs hat dieser Erfolg des Abtes von Clairvaux nicht gutgetan. Bernhards Wirken zeigt in der historischen Perspektive viele Züge der verhängnisvollen Dynamik, die in der Geschichte immer wieder zu Kriegen im Namen Gottes geführt hat: Die Begeisterung für das leidenschaftliche vorgetragene Ziel, die die Menschen erfasste, die gewaltige Mobilisierung, die daraus folgte, und die Ernüchterung des Misserfolgs, begleitet von dem Rückzug des Agitators aus der Verantwortung. Über Bernhards Wirken zugunsten des Kreuzzugs ist aus historischer Perspektive nicht viel Gutes zu sagen. Aber die Zeitgenossen waren bewegt. Die Bewegung ist bei einem der großen Chronisten dieser Zeit, bei Otto von Freising deutlich zu spüren. Otto entstammte dem Hochadel, er war ein Onkel des späteren Kaisers Friedrich Barbarossa, und er verfasste in diesen Jahren zwei Geschichtswerke. Das eine, seine große Chronik, endet 1146 in eher dunklem Ton. Zu den letzten Ereignissen der irdischen Geschichte, die er schildert, bevor er ein eindrucksvolles eschatologisches Tableau entfaltet, gehört der Fall von Edessa. Wenige Jahre später aber ließ sich Otto von Freising selber von der Kreuzzugsbegeisterung anstecken. Er nahm das Kreuz und schloss sich dem Zug an. Er erlebte auch die Niederlage und beschloss resigniert, über das Unternehmen nicht weiter zu schreiben. So fehlt uns der Bericht eines Teilnehmers, der in der Lage gewesen wäre, die Ereignisse aus einer größeren Perspektive zu erfassen.

Die enorme Mobilisierung, die nun einsetzte, belastete das Unternehmen mit zahlreichen Problemen der europäischen Geschichte. Zwei König und ein großes Heer weckten bei manchen Befürchtungen, bei anderen Hoffnungen, ungelöste Probleme blieben weiterhin ungelöst, und die Kräfte des Königs waren auf längere Sicht gebunden. Der Papst sah das nicht gern. Er hätte Konrad III. lieber bei seinen Spannungen mit den Normannen als Unterstützung gesehen. Er stand Bernhards Mobilisierungserfolg daher auch skeptisch gegenüber. Das ist von einer gewissen Bedeutung, denn Bernhard berief sich später darauf, nur nach dem Willen des Papstes gehandelt zu haben.

Der zweite Kreuzzug

Im Reich und in Frankreich wurden eindrucksvolle Heere aufgeboten. Man zog indes nicht gemeinsam los, sondern marschierte getrennt. Der Aufbruch Ludwigs VII. war ein feierlicher Akt mit sorgfältiger Choreographie. Im Kloster St. Denis, der traditionellen Grablege der französischen Könige, begann Ludwig VII. seinen Zug. Der prächtige Chor der Kathedrale war erst zwei Jahre zuvor geweiht worden, er ist eines der frühen Bauwerke der Gotik. Abt Suger von Saint-Denis wurde von Ludwig VII. zum Regenten des Königreichs während seiner Abwesenheit ernannt. In öffentlich bezeigter Demut begann der König das Ritual der Kreuzzugseröffnung mit einem Besuch in einem Aussätzigenspital. Danach zog er nach St. Denis, wo ihn Papst Eugen III. bereits erwartete. In feierlicher Zeremonie küsste der König die Reliquien des Hl. Dionysius und erhob die Oriflamme, das Banner des Königreichs, vom Altar der Kirche. Der ganze Vorgang brachte die enge Verbindung des französischen Königs mit der katholischen Kirche zum Ausdruck, die in der Kreuzzugsgeschichte noch lange nachwirken sollte. Dies war der symbolische Auftakt, der tatsächliche Aufbruch des Heeres erfolgte am 15. Juni 1147 von Metz aus. Zu diesem Zeitpunkt war das deutsche Heer bereits auf dem Weg, und dies war auch so beabsichtigt.

Das Heer Konrads war im Mai von Regensburg aus aufgebrochen. Die Mobilisierung hatte dazu geführt, dass die Ritter von zahlreichen Pilgern und auch von Figuren begleitet wurden, deren Disziplin zu einem Problem werden konnte. Obwohl das Verhältnis Konrads zum ungarischen König gespannt war, durchquerte der Zug Ungarn ohne größere Zwischenfälle. Das änderte sich bei der Fortsetzung im Byzantinischen Reich. Hier begannen die Deutschen zu marodieren und wurden verschiedentlich scharf zurückgeschlagen. Als sie sich Konstantinopel näherten, war der Kaiser bereits vorgewarnt. Die Situation in Konstantinopel war eine andere als beim ersten Kreuzzug. Kaiser Manuel war ein entschlossener Mann. Er war seit 1143 Kaiser, und ihm war es gelungen, durch einen Zug nach Antiochia das Fürstentum unter seine Lehnsherrschaft zu zwingen. Mit Erfolg kämpfte er gegen die Seldschuken und gewann alte Positionen des Byzantinischen Reiches zurück.

Als die Kreuzfahrer anrückten, befand er sich auf einem Feldzug gegen die Türken, den er abbrach. Er trat Konrad III. mit Entschlossenheit und Kraft entgegen und ließ gegen die drohenden Kreuzritter vor den Mauern Konstantinopels seine Soldaten antreten. Selbstbewusst bedeutete er dem römisch-deutschen König, dass in Konstantinopel die Heimat von Herrschern über die Welt sei. Konrad möge dorthin zurückkehren, von wo er aufgebrochen sei. Obwohl die französischen Ritter noch nicht eingetroffen waren, setzte Konrad nun seinen Zug fort und ließ seine Truppen über die Meerenge setzten. Bei dieser Gelegenheit sollen Amtsleute des griechischen Kaisers die Übergesetzten gezählt haben. Die Zahl von 900.000, die von zwei voneinander unabhängigen Chronisten genannt wird, hat wohl den klassischen illustrativen Charakter vieler mittelalterlicher Zahlenangaben. Um welchen Faktor die Zahl verringert werden muss, um zu einer realistischen Truppenstärke zu gelangen, ist indes unklar. Moderne Kreuzzugsspezialisten halten sich verständlicherweise mit Festlegungen zurück. Es ist allerdings klar, dass es sich bei dem deutschen Kreuzzug um ein sehr großes Heer handelte.

An historischer Stätte kam es zu einem ersten Gefecht mit den Türken. Bei Dorylaion, wo die Ritter des ersten Kreuzzugs einen Sieg errungen hatten, wurden Konrads Kämpfer geschlagen. Niederlage und ungeordneter Rückzug führten zu sehr hohen Verlusten. Anfang November 1147 hatte sich der größere Teil des Heeres aufgelöst. Auch das nachrückende französische Heer hatte nicht mehr Glück. Die französischen Ritter wurden ebenfalls von den Türken geschlagen, bevor sie Syrien erreichten. Nur die Großen konnten sich schließlich auf byzantinische Schiffe retten, die sie nach Syrien brachten, während die einfachen Krieger den Überfällen der Türken preisgegeben wurden. Die höheren Ränge erreichten die syrische Küste, wo sie von Raimund von Antiochia begrüßt wurden, der militärische Unterstützung benötigte. Im März und April 1148 trafen entlang der Küste verschiedene Kreuzfahrerkontingente ein, die von den ursprünglichen Heeren übrig geblieben waren. Darunter war auch König Konrad III. Trotz erheblicher Verluste stellten die Kreuzfahrer noch immer eine beachtliche Streitmacht – wenn sie entsprechend geführt wurden.

Das ursprüngliche Ziel, die Wiedereroberung Edessas, erschien nun schwieriger zu erreichen. Der Eroberer Zengi war in der Zwischenzeit ermordet worden und sein Sohn hatte die christliche armenische Bevölkerung der Stadt ausgelöscht. Die Rückgewinnung Edessas war eine große Aufgabe, und sie war mit den Mitteln der Kreuzfahrer eventuell nicht zu bewältigen. Die Kräfte, die Konrad unter deutschen Pilgern in das Heilige Land anwerben konnte, waren zu einer längeren Kampagne nicht bereit.

Es galt, ein neues, gemeinsames Ziel für die Kreuzfahrer zu finden. Im Juni 1148 kamen die führenden Vertreter des deutschen und des französischen Kreuzfahrerheeres und des Königreichs Jerusalem bei Akkon zusammen, um die weitere Strategie zu bestimmen. Vieles spricht dafür, dass die eigentliche Entscheidung bereits gefallen war, weil es dem König Balduin III. von Jerusalem im Vorfeld gelungen war, Konrad III. von einem Angriff auf Damaskus zu überzeugen. Dieser Angriff auf Damaskus sollte die Position des jungen Königs von Jerusalem stärken, der sich aus dem Schatten seiner Mutter befreien wollte, die die Regierungsgeschäfte noch immer führte. Als Eroberer von Damaskus hätte er bedeutendes Prestige gewinnen können. Die Wahl des Zieles war eher von den Interessen des jungen Königs als von denen des Königreichs und der Position der Kreuzfahrer im Heiligen Land bestimmt. Es war kein guter Entschluss.

Damaskus war noch immer ein Verbündeter des Königreichs Jerusalem, auch wenn die Bindung seit dem Tod Zengis schwächer wurde. Der militärische Druck auf Damaskus ließ nach, und es kam zur Aufnahme von Kontakten. Dadurch war die Verbindung mit Jerusalem, die Damaskus in der Zeit Zengis eine gewisse Entlastung geboten hatte, lockerer geworden. Dennoch bestand die Gefahr, dass ein Angriff auf Damaskus den Zusammenhalt der moslemischen Machthaber stärken würde. Dabei hing die Sicherheit der christlichen Herrschaften im Norden Syriens von den Rivalitäten türkischer und arabischer Großer ab.

Die eigentliche Belagerung von Damaskus Ende Juli 1148 war kurz und erstaunlich unbedarft. Die Entscheidung von Otto von Freising, über das Geschehen, an dem er selber teilgenommen hatte, zu schweigen, hatte durchaus Gründe. Die Belagerer ließen sich bald nach Beginn ihrer Belagerung dazu bewegen, ihre Lager im Süden der Stadt aufzuschlagen, wo es weder Wasser noch Schatten gab. Sie waren offenbar nicht auf eine längere, ernsthafte Belagerung eingestellt. Als sich zudem türkische Krieger näherten, gaben die Belagerer auf und zogen sich zurück. Anders als 50 Jahre zuvor, als die Kreuzfahrer vor Nikaia und Jerusalem eine wochenlange, vor Antiochia sogar eine monatelange Belagerung durchgehalten hatten, wobei sie ebenfalls Angriffe von Entsatzheeren abwehren mussten, gaben sie vor Damaskus schon nach wenigen Tagen auf. Der Rückweg mit beständigen Überfällen forderte noch viele Opfer. So endete der zweite Kreuzzug, der als eine große Bewährungschance für die christlichen Ritter ausgerufen worden war und der zwei Heere mobilisierte, deren Kampfkraft die Zeitgenossen beeindruckt hatte – bevor sie einen Kampf bestanden, in einem glanzlosen Finale.

Vor Damaskus ging nicht einmal die eigentümliche Rechnung Bernhards auf, die auf der Alternative Erfolg oder Tod basierte. Der gesamte Feldzug schien eher an den Unzulänglichkeiten seiner Führung gescheitert zu sein – und das obwohl der zweite Kreuzzug von zwei Königen angeführt wurde, und obwohl das Wissen über den Gegner seit dem ersten Kreuzzug enorm gewachsen war. Die großen Verluste waren weniger die Folge von Kämpfen, sondern von logistischen Mängeln. Tatsächlich verlor sich die Anfangsdynamik in den Mühen anatolischer Berge und sandiger Ebenen.

DIE ERNÜCHTERNDE BILANZ DES ZWEITEN KREUZZUGS

So bot der zweite Kreuzzug den Beteiligten und den Zeitgenossen wenig Stoff zur Legendenbildung. Von Männern, die die Belagerung von Damaskus schon nach wenigen Tagen abgebrochen hatten, ließen sich keine Heldenlieder singen – weder über ihre Erfolge im Kampf noch über das geduldige Ertragen schwerer Strapazen. Es konnte nicht ausbleiben, dass der Misserfolg die Predigtanstrengungen Bernhards zu Beginn des Unternehmens in ein ungünstiges Licht rückte.

Eine besonders scharfe Tonlage wählte der Verfasser der Würzburger Annalen, der nach dem Scheitern des Kreuzzugs davon sprach, dass *Gott es erlaubt hätte, dass die westliche Kirche heimgesucht wurde, da ihre Sünden dies erforderten. Deswegen gelangten bestimmte Pseudo-Propheten an die Macht, Söhne des Baal, Köpfe des Antichrist, die mit dummen Worten die Christen irreführten und mit leeren Worten alle möglichen Männer dazu brachten, gegen die Sarazenen zu kämpfen, um Jerusalem zu befreien.* Bernhard selber zog sich darauf zurück, dass er nur den Willen des Papstes erfüllt habe, und dass der Ausgang des Unternehmens überdies von Gottes unergründlichem Ratschluss bestimmt sei. Das war nach den engagierten Predigten, die den Christen den Kreuzzug als die Bewährungschance vor Auge geführt hatte, die Gott für sie vorgesehen habe, keine sehr starke Erklärung. Der Hinweis auf die Predigttätigkeit als Gehorsam gegenüber dem Papst ist kaum mehr als der Versuch, sich der Verantwortung zu entziehen. Zumal Bernhard in der Ausweitung der Mobilisierung auf das Reich in eigener Initiative gehandelt hatte. Bernhards Sekretär, der ihn lange Jahre begleitet hatte, rechtfertigte das Verhalten des Abtes von Clairvaux in derselben Weise wie Bernhard. *Wir können gewiß versichern, dass er nicht der erste Verursacher in dieser Angelegenheit war.* Der König von Frankreich und der Papst hätten ihn zu der Kreuzzugspredigt gedrängt. Gottfried von Clairvaux betonte die zahlreichen Wunder, die Bernhard im Zuge dieser Predigttätigkeit gewirkt habe, um das göttliche Einverständnis auf diese Weise zu illustrieren. Zwar sei es in der Tat nicht gelungen, die östliche Kirche aus ihrer Bedrückung zu befreien, aber immerhin sei die himmlische Kirche auf diese Weise mit frommen Seelen gefüllt worden, und könne sich darüber wahrhaft freuen. So legte ein überzeugter Gefährte Bernhards das Ablassversprechen für die Kreuzfahrer aus. Darin lag eine gewisse Logik, aber wir sollten nicht erwarten, dass sie viele Zeitgenossen überzeugte.

Der zweite Kreuzzug war ein Unternehmen, dass mancher Beteiligte ebenso wie Otto von Freising lieber dem Vergessen überantwortete. Aber auch ein gescheiterter Kreuzzug, der keine Chronisten gefunden hat, der das ganze Geschehen dargestellt hätte, konnte eine historische Wirkung entfalten. Der zweite Kreuzzug hatte zumindest zwei sehr unterschiedliche Folgen – die eine für das französische und das englische Königtum, und die andere für die weitere Entwicklung der Kreuzzugsbewegung.

Ludwig VII. hatte im Jahr seines Herrschaftsantritts 1137 die junge Eleonore von Aquitanien geheiratet, die als Erbin das große Herzogtum im Südwesten Frankreichs in die Ehe einbrachte. Als der König sich zehn Jahre später zum Kreuzzug entschloss, entschied er sich, seine Frau mitzunehmen. Die gemeinsame Reise zerrüttete ihr Verhältnis. In Antiochia traf die Königin auf ihren Onkel Raimund, der ihr als Fürst von Antiochia einen großen Empfang bereitete. Raimund sah sein Fürstentum in Gefahr und hoffte auf die militärische Unterstützung Ludwigs VII. und seiner Krieger. Während des Aufenthalts in der Stadt gewann Ludwig VII. den Eindruck, dass das enge Einvernehmen von Raimund und Eleonore über die familiäre Zuneigung hinausgehe, und er beeilte sich, gemeinsam mit seiner Frau Antiochia zu verlassen. Die geistlichen Chronisten deuteten einen Skandal an, aber das Geschehen ist nicht mehr zu klären. Es ist auch vorstellbar, dass Fürst Raimund die entstehende Nähe zu seiner Nichte dazu nutzen wollte, ihren Mann zu einem Vorstoß gegen die Türken zu bewegen. Doch da Ludwig die vertraulichen Gespräche der beiden anders deutete, befahl er die Weiterreise. Als das Paar von dem gescheiterten Kreuzzug zurückkehrte, bemühte sich Papst Eugen III. nach Kräften, die Entfremdung der Ehegatten zu überwinden und der Ehe neue Eintracht zu vermitteln. Dies gelang nur bedingt. Die Erfahrungen des Kreuzzugs hatten eine Kluft eröffnet, die sich nicht mehr schließen ließ.

Im Frühjahr 1152 wurde die Ehe von Ludwig VII. und Eleonore von Aquitanien aufgrund zu enger Verwandtschaft getrennt. Nicht die Verwandtschaft war neu, aber ihre Bewertung. Politisch brisant wurde diese Scheidung dadurch, dass die geschiedene Frau ihr Erbe Aquitanien behielt, und als sie zwei Monate später den Grafen von Anjou und Herzog von der Normandie Heinrich Plantagenet heiratete, brachte sie dieses Erbe erneut in die Verbindung ein. Heinrich wurde bald darauf englischer König, und er übte nun mehr direkte Herrschaftsrechte in Frankreich aus als der französische König.

Die andere Folge betraf die weitere Geschichte der Kreuzzüge. Dem zweiten Kreuzzug war eine Mobilisierungskampagne von Skandinavien bis Sizilien vorausgegangen. Die Bemühungen übertrafen die Werbung für den ersten Kreuzzug deutlich. Es war offensichtlich, dass die Idee eines Kampfes für das Kreuz viele Menschen erfasste. Allerdings waren viele dieser Kämpfer bereit, näher an ihrer Heimat zu kämpfen, wenn dies mit den gleichen Verdiensten belohnt wurde. Der dänische Chronist Saxo Grammaticus, der sein Geschichtswerk allerdings einige Jahrzehnte nach dem zweiten Kreuzzug verfasste, schrieb über diese Phase: *Jede Provinz ...erhielt den Befehl, jenen Teil der barbarischen Welt, der ihr am nächsten lag, anzugreifen.* In diesem Fall waren das die Heiden an der südlichen Ostseeküste, die so genannten Wenden, slawische Stämme östlich der Elbe.

In Skandinavien hatte es in den Jahrzehnten zuvor durchaus einen Anschluss an die Kreuzzugsbewegung gegeben. Norweger und Dänen waren zu den Küsten Syriens und bis nach Byzanz gesegelt, nun bot sich ihnen ein Ziel, dass sich mit ihren eigenen Herrschaftsinteressen einfacher verbinden ließ. Der Kampf gegen die Heiden im südlichen Ostseeraum weitete das Kreuzzugsgeschehen auf europäische Schauplätze aus.

Die enge Verbindung dieser Kreuzzugsbewegung mit dem Zug zur Wiedergewinnung Edessas kam auch darin deutlich zum Ausdruck, dass der Prediger des Zuges nach Edessa auch wortgewaltig für den Kampf gegen die Wenden warb. Im März 1147 rief Bernhard von Clairvaux in Frankfurt zum Kampf gegen die Heiden im Baltikum auf (*gegen die Feinde des Kreuzes Christi, die jenseits der Elbe wohnen*). Seine Worte sind in einem seiner Briefe überliefert, den er zur Kreuzzugswerbung verfasst hat (Brief 457). Es sind deutliche Worte. Der Abt von Clairvaux erinnerte seine Leser und Hörer daran, *wie Gott den Geist der Könige und Fürsten entflammt hat, die Heidenvölker zu bestrafen und die Feinde des christlichen Namens von der Welt auszurotten.* Bei dieser Formulierung konnte sich der bibelkundige Bernhard zwar zu einem gewissen Teil (der *Rache an den Nationen: ad faciendam vindictam in Nationibus*) auf das Vorbild der Schrift berufen (Psalm 149,7). Aber für die Passage, die von der *Ausrottung* der Feinde des christlichen Namens sprach, gab es in dem Psalm kein Vorbild. (Mit derselben Formulierung *ad exstirpanda* sollte hundert Jahre später Papst Innozenz IV. die Bulle einleiten, die die Folter im Kampf gegen die Häretiker einführte). Bernhard wandte sich hier nicht nur an ein Publikum, das diese Worte abstrakt auffasste, sondern auch an die Männer, die mit dem Schwert losziehen sollten. Ihr Auftrag war klar:

Weil nämlich der Herr meiner Niedrigkeit anvertraut hat, dieses Wort des Kreuzes zu verkündigen, erklären wir nach dem Beschluss des Herrn Königs, der Bischöfe und Fürsten, die in Frankfurt zusammengekommen waren, dass sich die Stärke der Christen gegen jene rüsten soll, dass sie das Zeichen des Heiles auf sich nehme, jene Stämme völlig zu vernichten oder auf immer zu bekehren; wir ver-

sprechen ihnen die gleiche Vergebung der Sünden wie jenen, die nach Jerusalem gezogen sind.

Im Nordosten vermischten sich die Herrschaftsinteressen des regionalen Adels mit der Idee des Kreuzzugs. Der Erfolg war gering. Andere Kreuzfahrer aus dem Nordwesten Europas, aus Flandern, Friesland, der Normandie, England und Schottland eroberten auf dem Weg in das Mittelmeer Lissabon, das von den Mauren gehalten worden war. So kam es schon beim zweiten Kreuzzug zu einer erkennbaren Ausweitung des Spektrums der Kämpfe im Zeichen des Kreuzes. Die starke Mobilisierung zeigte, dass die Idee eines solchen Kampfes viele Menschen bewegen konnte. Der Ausgang des zweiten Kreuzzugs ließ allerdings die Schwierigkeiten beim Kampf um die Heiligen Stätten deutlich erkennen. So ist es nicht erstaunlich, dass künftig die Vorstellung davon, wohin ein Zug im Namen des Kreuzes zu führen habe, neben Jerusalem auch andere Schauplätze in Betracht zog.

Tatsächlich waren die Jahre, in denen der zweite Kreuzzug so viele Menschen bewegte, eine Zeit, in der das Gedankengut der Kirchenreform in differenzierter und systematischer Weise zur herrschenden Lehre wurde. Eine Generation nach den großen Kämpfen des Investiturstreites entstand in Bologna eine erste große Sammlung des Kirchenrechts, das dem geistlichen Anspruch auf die Durchdringung der Welt eine Orientierung lieferte. Der Gelehrte Petrus Abaelard (1079–1142) begann in Paris, mit seinen geistreichen Provokationen den offensiven Anspruch auf ein christliches wissenschaftliches Verständnis der Welt zu formulieren. Petrus Venerabilis (1092–1156), der Abt des großen Klosters Cluny, ließ in Spanien erstmals den Koran übersetzen (um 1140), um eine Grundlage für eine geistige Auseinandersetzung mit den Muslimen zu bereiten. Petrus verstand dies allerdings nicht als eine Vorbereitung zur Annäherung, eher als eine Erweiterung des Waffenarsenals. Der Koran war ihm *ein ebenso aus jüdischen Legenden wie häretischen Schwätzereien bestehendes Teufelswerk.* Über den Propheten Mohammed äußerte sich Petrus Venerabilis in abfälliger Weise.

Die Ausweitung der Kreuzzugsidee lässt sich durchaus als analoge Entwicklung zu dieser Ausweitung christlicher Bemühungen um eine Aneignung der Welt sehen. Es war eine Bewegung mit vielen Facetten. Ernst-Dieter Hehl hat zu Recht betont, dass die Kreuzzüge ein Ausdruck der inneren Befindlichkeit des Abendlandes waren. Im zwölften Jahrhundert war dies bei aller Bußbereitschaft eine kriegerische Befindlichkeit. Zugleich waren die Kreuzzüge ein offensiver Vorstoß über die Grenzen des Abendlandes hinweg. Damit wurden sie auch zum Indikator für die militärische Leistungsfähigkeit Europas, die nicht allein von der Befindlichkeit der lateinischen Christenheit abhing. Am Ende des zwölften Jahrhunderts kamen das Selbstverständnis und die Reichweite des westlichen Europa auf einen dramatischen Prüfstand. Der dritte Kreuzzug markierte einen Höhepunkt und eine Wende der Kreuzzugsbewegung.

DIE LAGE DES KÖNIGREICHS JERUSALEM NACH DEM ZWEITEN KREUZZUG

Nach dem Scheitern der Belagerung von Damaskus waren die Bedingungen, in denen die Könige von Jerusalem agieren mussten, zunehmend schwieriger geworden. Wilhelm von Tyrus, der Geschichtsschreiber des Königreichs Jerusalem, der ein Jahr vor der entscheidenden Niederlage der Kreuzritter bei Hattīn im Juli 1187 starb, hat das politische Gefüge verschiedentlich beschrieben, in dem die Könige von Jerusalem bestehen konnten. Wir haben bereits gesehen, dass dies eine Welt mächtiger adliger Krieger war, in der der ehrenvolle Status des einzelnen Potentaten eine größere Bedeutung haben konnte als die Religion. Solange dieses Gefüge Bestand hatte, konnte sich ein muslimischer Statthalter mit dem König von Jerusalem verbünden, weil ihn sein eigener Herr unehrenhaft behandelt hatte. Die »Ehre« war keine idealistische Größe, sondern umfasste auch die angemessene materielle Ausstattung einzelner Herren über Burgen und Stätte. Die Konstellation, die Bündnisse über die Religionsgrenzen hinweg ermöglichte, erinnert in mancher Hinsicht an die Verhältnisse auf der iberischen Halbinsel in der ersten Hälfte des 11. Jahrhunderts, als die Rivalitäten unter Moslems und Christen noch nicht Teil eines großen religiösen Konfliktes an der Grenze des christlichen Europas waren. Allmählich hatte die religiöse Identität diese agonale Welt durchdrungen und die Grenzen klar bestimmt. Wilhelm von Tyrus hatte den Sohn Zengis, Nur-ad-Din noch voller Respekt als einen bedeutenden Mann charakterisiert: *Ein vorausschauender Mann mit Urteilsvermögen.*

Nur-ad-Din verstand es, in den fast dreißig Jahren seiner Herrschaft (1146–1174), das muslimische Syrien unter seiner Führung zu vereinen. Die Grafschaft Edessa verschwand und Nur-ad-Din gelang ein bedeutender Sieg über Raimund von Antiochia, der in diesem Kampf starb. Die politische und herrschaftliche Einigung des moslemischen Syrien wurde durch eine Belebung des islamischen Lebens begleitet, in der sich Nur-ad-Din erfolgreich als Vorkämpfer des Islam päsentierte. Er dehnte seine Herrschaft schließlich bis in das fatimidische Ägypten aus.

Im historischen Rückblick erscheint diese Entwicklung als die entscheidende Verschiebung der Kräfte, die schließlich über das Schicksal des Königreichs Jerusalem entschied. Es ist nicht ganz klar, inwieweit den Akteuren im Königreich die Veränderungen in ihrem Umfeld bewusst war und inwieweit sie sie richtig einschätzten. Es hätte in ihrem dringenden Interesse gelegen, Handlungen zu vermeiden, die die vormalig uneinigen Nachbarn zur Einigung veranlassen konnten. In Hinblick auf das zeitgenössische Problembewusstsein lässt sich allerdings festhalten, dass Wilhelm von Tyrus in seiner Chronik Überlegungen darüber anstellte, warum die Feinde der Kreuzfahrer zu seiner Zeit (1165–1186) immer mehr erstarkten (Chronik, 21,7). Da Wilhelm seine Chronik drei Jahre vor dem Fall Jerusalems abschloss, ist dies auch keine nachträgliche Erklärung aus der Perspektive der Niederlage, sondern die Beobachtung einer Entwicklung, die zu diesem Zeitpunkt ihren Höhepunkt noch nicht erreicht hatte. Wilhelm fragte sich, warum früher wenige Kreuzfahrer gegen viele Gegner erfolgreich gewesen seien, während in seinen Tagen vielen Kreuzfahrern von einer moderaten Zahl von Gegnern schwer zugesetzt werde. Neben der für mittelalterlichen Chronisten üblichen hohen moralischen Wertschätzung früherer Generationen, denen gegenüber die Zeitgenossen eine beklagenswerte Disziplin an den Tag legten, sah Wilhelm auch das politische Problem. Früher hätten die Gegner der Kreuzfahrer viele Anführer gehabt, die kaum jemals gemeinsam gehandelt hätten. *Aber jetzt sind alle angrenzenden Königreiche auf die Macht eines Einzelnen, den sie als Herrn annehmen, zurückgeführt.* In Wilhelms Chronik lässt sich die wachsende Bedrohung des Königreichs der Kreuzfahrer ablesen. Ein Mann findet immer wieder Erwähnung, der zunächst als Statthalter Nur-ad-Dins und schließlich als sein Nachfolger die Christen im Königreich Jerusalem in schwere Bedrängnis brachte: Saladin (1138–1193).

SALADIN UND DAS ENDE DER CHRISTLICHEN HERRSCHAFT ÜBER JERUSALEM

Der Kurde Saladin hatte als Befehlshaber und Statthalter Nur-ad-Dins begonnen und profitierte von dessen Tod 1174. Es gelang ihm, die Nachfolge Nur-ad-Dins im Zeichen einer islamischen Herrschaft anzutreten und die Überwindung moslemischer Rivalitäten voranzutreiben. Mit Nur-ad-Din und Saladin erwuchsen den Franken im Heiligen Land zwei starke Gegner, die es nicht zuletzt aufgrund ihres persönlichen Auftretens verstanden, ihre Anhänger zur Loyalität zu bewegen. Saladin ging in den folgenden Jahren mit Umsicht und Stringenz daran, seine Stellung in Ägypten und Syrien zu sichern und zu festigen – und währenddessen offene Konflikte mit den Christen weitgehend zu vermeiden. Er überwand seine Gegner und er schloss Allianzen mit möglichen Verbündeten der Franken.

Die Franken selber waren dadurch geschwächt, dass ihr König Balduin IV., der seine Herrschaft ebenfalls 1174 angetreten hatte, ein kranker junger Mann war. Balduin war erst dreizehn Jahre alt, als er König wurde, aber er war bereits an Lepra erkrankt. Wilhelm von Tyrus, in dessen Obhut sich der Junge befand, als die Krankheit diagnostiziert wurde, hat diese Entdeckung in ergreifenden Worten festgehalten. Im Alter von neun Jahren war der Thronfolger zu Wilhelm gekommen, der damals (1170) noch Archidiakon von Tyrus war. Wilhelm sollte sich um die Erziehung des Jungen kümmern. Dabei ging es nicht nur um eine schulische Ausbildung und um die Unterweisung in Sitten und Umgangsformen, sondern der junge Thronfolger hatte auch häufiger Gelegenheit zum robusten Spiel mit seinen Gefährten. Anders als die gleichaltrigen Jungen, die sich bei Raufereien über die zugefügten Kratzer und Verletzungen beklagten, schien Balduin diese Auswirkungen des jugendlichen Spiels ruhig hinzunehmen. Zunächst erschien dies noch als die gleichmütige und disziplinierte Haltung eines angehenden Königs, aber die Hinweise auf solche Vorkommnisse häuften sich, und so bat Wilhelm den Jungen schließlich zu sich, um ihn zu untersuchen. Es zeigte sich, dass er in der einen Hälfte seiner rechten Hand gar kein Gefühl mehr hatte. Doch trotz aller medizinischen Anstrengungen trat keine Besserung ein, und als der Junge in die Pubertät kam, wurde seine Krankheit zu einer schweren Belastung, *was wir nicht mit trockenen Augen sagen können.* Im Alter von dreizehn Jahren wurde Balduin, den Wilhelm als einen introvertierten jungen Mann beschreibt, in Anwesenheit aller Großen des Königreichs Jerusalem in der Grabeskirche gekrönt. Es war klar, dass dies keine lange Herrschaft werden würde.

Trotz seiner Krankheit vermochte Balduin im November 1177 am Mont Gisard einen eindrucksvollen Sieg über Saladin zu erringen. Doch die Kräfte des jungen Mannes schwanden rasch. Er erblindete und konnte seine Hände und Füße nicht mehr nutzen. Dennoch blieb er bis zu seinem Tod in der Karwoche 1185 auf dem Thron von Jerusalem, weil er seinem Nachfolger Guido de Lusignan, dem Ehemann seiner Schwester nicht zutraute, den Adel des Königreichs hinter sich zu vereinen. Als Balduin IV. starb, war er dreiundzwanzig Jahre alt, ein mutiger junger Mann, der die Gefahr für das Königreich nicht hatte abwenden können. Der Untergang, der nun folgte, war zum Teil durch eine schlechte Führung verschuldet. Er war aber seit langem durch die kluge Vorbereitung Nur-ad-Dins und Saladins in die Wege geleitet worden.

Saladin gehört zu den berühmtesten Gestalteten der Kreuzfahrergeschichte. Er ist auch in der christlichen Überlieferung eine eindrucksvolle Gestalt, obwohl er die Herrschaft der Christen über Jerusalem beendete. In dem Bild des edlen Kämpfers schwingt freilich einige Romantik mit. Ohne Zweifel war er ein umsichtiger Mann, der die Stärken seiner Gegner ebenso wie seine eigenen Schwächen realistisch zu beurteilen verstand. Als Statthalter Nur-ad-Dins in Ägypten hatte er es nach dem Tod seines Herrn verstanden, den unmündigen Erben Nur-ad-Dins an die Seite zu drängen und die politische Führung in Ägypten und Syrien zu erlangen. Obwohl er den Gedanken des *Jihad* beförderte, was seiner Position zugute kam, ließ er sich mit einem militärischen Vorgehen gegen das christliche Königreich Jerusalem lange Zeit. Es kam auch nicht zu einer direkten Vereinigung seiner Herrschaften in Ägypten und Syrien, eher behandelte er diese Reiche unter seiner Führung als einen Bund. Im Grunde hatte Saladin die Herrschaft in der Nachfolge Zengis und Nur-ad-Dins usurpiert, und er musste durchaus damit rechnen, dass es in Syrien unter den Nachfahren dieser Männer Gegner gegen seine eigenen Bestrebungen gab. Entsprechend schloss Saladin bis in die Mitte der 1180er Jahre wiederholt Waffenstillstandsverträge mit den christlichen Herren im Königreich Jerusalem. Dort war man durch Saladins Erfolge zunächst nicht beunruhigt. Moslemische Heere, die nur zu einem Teil aus professionellen Kriegern bestanden, blieben in der Regel nicht sehr lange zusammen, und die Kreuzfahrer beschränkten sich darauf, ihre Bewegungen im Auge zu behalten. Eine längere Erfahrung hatte die eingesessene politische Führungsschicht des Königreichs Jerusalem gelehrt, dass es nicht in jedem Fall eines Kampfes bedurfte, um militärisch erfolgreich zu sein. Diese Haltung wurde indes von solchen Kriegern nicht geteilt, die neu in das Heilige Land gekommen waren und die die Zustände nicht kannten. Sie drängten energischer auf einen Entscheidungskampf und waren auch bereit, die Waffenstillstände mit Saladin durch entsprechende Provokationen außer Kraft zu setzen. In den Reihen der Templer gaben solche Männer in diesen Jahren den Ton an. Saladin verstand es unterdessen, seine Armee neu zu strukturieren, so dass sie über längere Zeit kampfbereit sein konnte. Eine wichtige Rolle spielten speziell ausgebildete kurdische und türkische Reiterkrieger. Die türkischen *Mamluken* wurden als Kindersklaven in Asien eingekauft und erhielten dann eine militärische und religiöse Ausbildung und Erziehung, an deren Ende sie freigelassen wurden. Sie bildeten einen motivierten und fähigen Kern von Saladins Armee.

DER NIEDERGANG DES KÖNIGREICHS JERUSALEM

Den christlichen Fürsten im Königreich Jerusalem und in Antiochia gelang es nicht, gegenüber Saladin eine einheitliche Haltung einzunehmen. Nach dem Tod Balduins IV. hatte der Ehemann von Balduins Schwester, Guido von Lusignan, die Krone Jerusalems an sich gezogen. Die Schwäche seiner Königsherrschaft zeigte sich Ende des Jahres 1186, als Rainald von Châtillon einen Waffenstillstand brach, den das Königreich mit Saladin geschlossen hatte. Als Herr in Transjordanien überfiel er eine Karawane, die von Damaskus auf dem Weg nach Kairo war. Als König Guido den Verstoß gegen das Abkommen ungesühnt ließ, begann Saladin mit der Rüstung seiner Truppen. Rainalds Überfall auf die Handelskarawane eröffnete den letzten Akt in der Geschichte des Königreichs Jerusalem.

Die historische Forschung ist sich nicht sicher, ob Rainalds Aktion Saladin nur einen Anlass bot, auf den er schon wartete, oder ob die Rüstung gegen das Königreich durch den eklatanten Bruch des Vertrages tatsächlich provoziert wurde. Bislang hatte Saladin noch keine konzertierten Pläne gegen die christlichen Herrschaften erkennen lassen. Sein weiteres Vorgehen und die Reaktion der Kreuzfahrer ließ indes Saladins Überlegenheit erkennen. Er zog ein großes Heer zusammen und verwüstete die Besitzungen Rainalds von Châtillon. Ende Juni 1187 konnte er südöstlich des Sees Genezareth sein eindrucksvolles Heer von etwa 30 000 Mann inspizieren. Die Kreuzritter hatten sich bemüht, alte Rivalitäten zurückzustel-

len und mobilisierten ein kleineres, aber durchaus eindrucksvolles Heer (ca. 20 000 Mann), das sich nordwestlich des Sees
versammelte. Der Ort verfügte über ausreichend Wasser, und
die umsichtigen Kreuzritter plädierten für eine abwartende
Strategie. Um das christliche Heer aus seiner gesicherten Position zu locken, ließ Saladin die Stadt Tiberias am westlichen
Seeufer angreifen. Der Weg der Christen zum See, wo es für
die Truppen Saladins reichlich Wasser gab, führte durch tro-
ckenes Gebiet. Die wenigen Wasserstellen waren unbrauchbar
gemacht worden. Angesichts dieses gefährlichen Geländes
entschlossen sich die Kreuzfahrer zunächst abzuwarten. Es gelang jedoch den Templern, den König von diesem Beschluss
abzubringen, und das Kreuzfahrerheer zog in eine Schlacht,
von der die Anführer hofften, dass sie eine Entscheidung und
entsprechenden Ruhm bringen würde. Der Versuch, Tiberias
am selben Tage, dem 3. Juli zu erreichen, schlug fehl. So waren die Truppen genötigt, nach einem Tag ohne Wasser in der
Julihitze, eine weitere Nacht fern des Sees zu verbringen. Vom
Durst geschwächt, trafen sie am nächsten Tag (4. Juli 1187) bei
den sogenannten Hörnern von Hattīn (einem Hochplateau
etwa 10 km vor Tiberias) auf Saladins Truppen. Es gelang Saladins Kämpfern, die christliche Reiterei von den Fußsoldaten
zu trennen und die Formationen getrennt niederzukämpfen.
Die Kreuzritter der Johanniter und Templer, die in Gefangenschaft gerieten, wurden hingerichtet. Saladin schlug Rainald
von Châtillon mit eigener Hand den Kopf ab. Das Heer des
Königreichs Jerusalem war vernichtet und Jerusalem hatte außer seinen Befestigungsmauern keinen Schutz mehr. Die Mauern sollten nicht reichen.

Zunächst zog Saladin nach Akkon, das nicht weit von
Hattīn entfernt lag. Schon am 8. Juli kapitulierte die Stadt, und
die Christen verloren einen wichtigen Hafen. Saladin zog die
Küste entlang und eroberte Askalon, wo die Kreuzfahrer fast
100 Jahre zuvor ihren großen Sieg über fatimidischen Truppen
errungen hatten, nachdem sie Jerusalem gewonnen hatten. Die
nächste Station war Jerusalem. Das Blutbad, das die christlichen Belagerer nach ihrer Eroberung der Stadt angerichtet hatten, war nicht vergessen. Als die christlichen Unterhändler vor
Saladin erschienen, um über mögliche Übergabebedingungen
zu verhandeln, erinnerte er sie an die Taten ihrer Vorfahren

und stellte ihnen ein ähnliches Schicksal in Aussicht. Allein die Drohung der Eingeschlossenen, die Stadt und die Bewohner einschließlich der moslemischen mit eigener Hand zu vernichten, stimmten Saladin um. Am 2. Oktober 1187 öffnete Jerusalem Saladin seine Tore. 88 Jahre hatten die Christen die Stadt regiert, nun wurden ihre Herrschaftszeichen entfernt und der Klerus musste die Stadt verlassen. Eine Woche nach der Kapitulation ertönte von der Al-Aqsa Moschee wieder der Ruf zum Freitagsgebet. Saladins Erfolg war vollständig.

Ebenso vollständig war die Niederlage der Kreuzfahrer. Die Christen im Heiligen Land hatten ihre Kampfkraft und ihre Symbole verloren. Die Kreuzritter hatten bei Hattīn die Reliquie des wahren Kreuzes mit sich geführt. Sie war ebenso verloren wie Jerusalem. Mit Saladins Triumph endete die Geschichte der christlichen Herrschaft über Jerusalem, die mit dem ersten Kreuzzug begonnen hatte.

DER WESTEN EUROPAS VOR DEM AUFBRUCH ZUM DRITTEN KREUZZUG

Der erste Kreuzzug war der Ausdruck einer besonderen religiösen und sozialen Dynamik im Abendland gewesen. Seitdem hatte sich im Westen Europas vieles verändert. Die Kirche, die sich zur Zeit des ersten Kreuzzugs in einer stürmischen Aufbruchsphase befunden hatte, hatte inzwischen erkennbare Strukturen ausgebaut, deren selbstbewusste Vertreter in großen Konflikten ihre Kräfte mit den Königen von England, Frankreich und mit dem Kaiser maßen. Das Konfliktpotential und die Zahl der Konflikte gingen über die Zeit des Investiturstreites deutlich hinaus.

Der englische König Heinrich II. (1154–1189) war für seine mögliche Verwicklung in die Ermordung des Erzbischofs von Canterbury, Thomas Beckett, vom Papst gebannt worden; Kaiser Friedrich I. Barbarossa hatte viele Jahre lang (1159–1177) die Rechtmäßigkeit von Papst Alexander III. bestritten, und einen Konkurrenten auf dem Stuhle Petri unterstützt, bevor er schließlich in Venedig Alexander III. anerkennen musste. Philipp II. von Frankreich (1180–1223) stand der Konflikt mit der Kirche noch bevor, aber er stellte sich ein, sobald Philipp vom Kreuzzug zurückkam und seine junge Frau Ingeborg von Dänemark am Tag nach der Hochzeit verstieß. Die Kirchen und die Könige gingen im 12. Jahrhundert zunehmend dazu über, ihre Zuständigkeiten in der Sprache der Juristen zu formulieren und von einander abzugrenzen. Angesichts solcher Spannungen war es nicht klar, wie der Westen Europas auf den Verlust Jerusalems reagieren würde

Zudem gab es auch unter den Königen von England und Frankreich bedeutende Rivalitäten. Sie waren derart, dass beide eigentlich nur zusammen aufbrechen konnten. Im Jahr 1189 war Richard I. (Löwenherz) König von England geworden. Richard gehört zu berühmten mittelalterlichen Königen und er wird von den Engländern als ein großer König angesehen. Tatsächlich aber war Richard in seinen zehn Regierungsjahren nur wenige Monate in England. Das war eine Folge des Kreuzzugs, aber es war vor allem eine Folge der weiten Erstreckung der Herrschaftsgebiete des englischen Königs. Die Herrschaftsrechte, die sein Vater Heinrich II. nach seiner Herrschaft mit Eleonore von Aquitanien und seiner Erhebung zum englischen König in seiner Hand vereinte, haben wir bereits oben angesprochen. Richard begann seine Laufbahn als Herzog von Aquitanien. Sein Verhältnis zu seinem Vater gestaltete sich schwierig, und Richard erhob sich wiederholt gegen Heinrich II. Die letzte Erhebung, die Richard und sein Bruder Johann Ohneland gemeinsam gegen den alten König durchführten, zwang Heinrich II. seine Krone auf Richard zu übertragen. In dieser Rebellion hatten sich die Söhne Heinrichs mit dem französischen König gegen ihren Vater verbündet, um den ungeliebten Herrscher aus dem Amt zu drängen. Für diese Unterstützung, die ihm die Krone einbrachte, leistete Richard dem französischen König einen Lehnseid auf seine Festlandsbesitzungen. Hier lagen die Interessen Philipps II. Er ging als der König in die französische Geschichte ein, der die herrschaftliche Überordnung der Krone über die mächtigen Vasallen seines Königreichs durchsetzte. Richard Löwenherz war das Bündnis mit Philipp dagegen eingegangen, um die Krone seines Vaters zu erlangen. Er war durchaus nicht bereit, die Festlandsbesitzungen seiner Krone preiszugeben. Im Gegenteil bemühte er sich alsbald, die Verteidigungsfähigkeit seiner Positionen in der Normandie zu erhöhen.

Während Philipp II. Anfang zwanzig und Richard Löwenherz dreißig Jahre alt war, als Jerusalem von Saladin erobert wurde, war Kaiser Friedrich Barbarossa nach den Maßstäben der Zeit bereits ein alter Mann von 65 Jahren. Nicht viele deutsche Herrscher haben dieses Alter überhaupt erreicht. Er hatte zuletzt Rückschläge hinnehmen müssen. Insbesondere seine Italienpolitik, die er während vier Jahrzehnten energisch verfolgt hatte, war weitgehend gescheitert. Der Kaiser hatte den italienischen Städten, die sich seinem Herrschaftsanspruch selbstbewusst widersetzt hatten, zuletzt weitreichende Freiheiten einräumen müssen. Erst 1186 war er ein letztes Mal aus Italien zurückgekehrt, ohne die Verhältnisse zugunsten der Krone umgestalten zu können. Da er vor seinem Abzug seinen ältesten Sohn Heinrich mit Konstanze von Sizilien verlobt hatte, waren die Spannungen mit der Kurie in Rom wieder aufgeflackert. Seit 1169 war Heinrich römisch-deutscher König und damit als Nachfolger seines Vaters vorgesehen. Die Heirat mit Konstanze lenkte Heinrichs Augenmerk auf die sizilianischen Verhältnisse. Darauf kommen wir noch zurück.

Es war durchaus nicht klar, wie das Abendland auf die Nachricht vom Verlust Jerusalems reagieren würde. Im Vorfeld der Eroberungen Saladins waren die Hilfsaktionen aus Europa für die Kreuzfahrerherrschaften zurückhaltend ausgefallen. Die Erinnerung an den zweiten Kreuzzug bot keinen Anlass, den Zug in das Heilige Land im möglichen Lichte des Ruhmes zu sehen. Und der erste Kreuzzug lag soweit zurück, dass eine lebendige Erinnerung daran nicht mehr existierte. Und doch war die einsetzende Reaktion enorm. Papst Urban III. soll an dem Schrecken über die Nachricht gestorben sein (am 20. Oktober 1187). Sein Nachfolger Gregor VIII. erließ alsbald einen Aufruf zu einem Zug in das Heilige Land. *Zitternd aufgrund des Gehörten* und ratlos angesichts des göttlichen Ratschlusses resümierte der Papst das Geschehen, das zum Verlust Jerusalems geführt hatte. Er benannte die Rivalitäten im Königreich

Jerusalem, den Untergang des Heeres, den Verlust des Kreuzes und die Tötung der Gefangenen. Noch konnte er sich kein vollständiges Bild machen. Aber es war klar, dass die Heiligen Stätten verloren waren. Und so rief der Papst die Christen ein weiteres Mal dazu auf, eine Bußfahrt zu unternehmen, um das Werk Gottes zu verrichten. Dies war nicht neu.

Der Aufruf enthielt die Schutzzusagen für die Zurückbleibenden und für das Eigentum der Kreuzfahrer, und das Versprechen des Sündennachlasses für die Kreuzfahrer selbst, *ob überlebend oder sterbend*. Der Aufruf war vergleichsweise zurückhaltend in der Schilderung der Grausamkeiten der Gegner.

Doch obwohl der dritte Kreuzzug nicht durch einen wortgewaltigen Aktivisten wie Bernhard von Clairvaux gepredigt wurde, dem sich angesichts des Falls der heiligen Stadt ein dramatischer Stoff geboten hätte, übertraf die Mobilisierung, die nun einsetzte, noch den Aufbruch zum zweiten Kreuzzug. *Es soll damals in ganz Deutschland keinen von irgend männlicher Charakterstärke gegeben haben, der ohne das heilbringende Kreuzzeichen angetroffen und nicht für die Schar der Kreuzfahrer Christi gewonnen worden wäre.* So schrieb Ansbert, der Chronist des deutschen Kreuzzugs über den Erfolg der Kreuzzugswerbung.

Richard Löwenherz war der erste gewesen, der das Kreuz nahm – noch im Herbst 1187. Damals war er noch nicht englischer König und sein Vater Heinrich II. kämpfte mit Philipp II. Diese beiden Könige wurden im Januar an der Grenze der Normandie von dem Erzbischof von Tyrus zur Kreuznahme bewegt. Nach der Rebellion Richards gegen seinen Vater und der Übernahme von dessen Krone – wodurch Richard auch dessen Konflikt mit Philipp II. erbte, selbst wenn dies erst später hervortrat – brachen beide Könige schließlich gemeinsam auf (Juli 1190). Zu diesem Zeitpunkt hatte auch Friedrich Barbarossa das Kreuz genommen. Auf einem so genannten *Hoftag Jesu Christi*, auf dem es gelang, die inneren Konflikte im Reich zurückzustellen, nahm er im März 1189 das Kreuz.

DER AUFBRUCH ZUM DRITTEN KREUZZUG

An der Spitze eines gewaltigen Heeres zog der Kaiser nur zwei Monate später von Regensburg aus los. Das deutsche Heer nahm den Landweg und gelangte nach etlichen Erschwernissen, aber ohne wirklich gravierende Zwischenfälle bis an die Dardanellen. Im April 1190 befand sich Barbarossas Heer im Gebiet der Seldschuken. Der Zug durch Anatolien brachte die schweren Strapazen mit sich, die schon den Kreuzfahrern des ersten und des zweiten Kreuzzugs so sehr zugesetzt hatten. Die ausgehungerten Truppen mussten immer wieder Angriffe aus dem Hinterhalt abwehren, so zum Beispiel *am 2. Mai töteten die Feinde des Kreuzes Christi im Kampf an die dreihundert und wir litten unter größter Erschöpfung und Hunger* (Ansbert). Das Heer konnte sich dennoch gegen die Überfälle türkischer Angreifer behaupten und zog trotz schwerster Entbehrungen einigermaßen geordnet durch Armenien, als es zu einem folgenschweren Unglück kam. In der Nacht vom 9. auf den 10. Juni überquerte ein Teil des Heeres auf gefährlichen Pfaden einen steilen Berg am Saleph und konnte schließlich in der Ebene von Seleukia das Lager aufschlagen. Der Kaiser wollte den mühsamen Bergpfad vermeiden und entschloss sich, den Fluss zu durchschwimmen. Dabei starb er. Es ist nicht ganz klar, ob er ertrank, oder ob das kalte Wasser des Flusses nach dem anstrengenden Marsch zu viel für ihn war. Sein Tod war eine Katastrophe für das Kreuzfahrerheer. *Von seinem Tod waren alle tief erschüttert und vor Schmerz so niedergeschmettert, dass manche, zwischen Furcht und Hoffnung schwankend, ihrem Leben mit ihm zusammen ein Ende machten. Andere aber verzweifelten, weil es ihnen so vorkam, als ob Gott nicht für sie sorgen würde; sie gaben den christlichen Glauben auf und pflegten gemeinsame Bräuche mit den Heiden. Trauer und unermesslicher Schmerz ergriff mit vollem Recht die Herzen aller angesichts des Todes eines so berühmten Fürsten.* Tatsächlich gelang es Barbarossas Sohn Friedrich von Schwaben nicht, das Heer nach dem Tod des Kaisers zusammenzuhalten. Barbarossa wurde, den Sitten der Zeit entsprechend, in Teilen beerdigt. Die Eingeweide begrub man in Tarsus, die »leiblichen Überreste« in Antiochia und die Gebeine in Tyrus. Das Heer löste sich auf, wobei sehr viele an Krankheiten starben. So endete der Bericht des deutschen Chronisten Ansbert über den großen Kreuzzug Friedrich Barbarossas: *Bischof Diepold* [von Passau] *starb am 13. November. Die Todestage der anderen Fürsten konnten wir uns nicht alle merken, denn es waren so viele und ein Todestag folgte auf den anderen.*

So scheiterte auch der zweite große Kreuzzug eines staufischen Herrschers. Er war mit großer Umsicht und mit einiger Erfahrung geplant worden, und hatte doch keinerlei greifbare Erfolge erbracht. In beiden Fällen hatten die großen Heere das Heilige Land nicht erreicht, sondern waren noch vor der Ankunft in Syrien zerstreut worden. Bevor die Nachricht vom Tod des Kaisers im Westen Europas eintraf, brachen der englische und der französische König am 4. Juli 1190 von Vezelay aus auf.

Der Aufbruch beider Könige erfolgte genau drei Jahre nach der Schlacht bei Hattīn. Damit wiederholte sich das Muster des ersten und zweiten Kreuzzugs, und es wurde noch ausgedehnt. Angemessene Reaktionen nahmen Jahre in Anspruch. Das bestätigte sich auch im weiteren Verlauf. Denn obwohl Richard Löwenherz der erste gewesen war, der das Kreuz genommen hatte, hatte er es nun nicht so eilig, in das Heilige Land zu gelangen. Richard und Philipp nahmen den Weg über das Meer. Von unterschiedlichen Häfen gelangten beide Flotten nach Sizilien, wo die Könige ihr Winterlager aufschlugen. Richard nahm Anteil an den Kämpfen um das Erbe der Krone Siziliens, dessen König Wilhelm II. 1189 gestorben war. Die Nachfolge war umstritten, Heinrich VI. beanspruchte die Krone, da seine Frau Konstanze eine Erbin Wilhelms war. In Sizilien war indessen Tankred von Lecce zum König gewählt worden, weil es eine starke Gruppe im sizilianischen Adel gab, die den Staufer Heinrich VI. nicht auf dem Thron sehen wollten. Richard schloss nach verschiedenen Kämpfen ein Bündnis mit Tankred, in dem er sich unter anderem dazu verpflichtete, Tankred gegen feindliche Invasoren beizustehen. Ein solcher Angreifer war Heinrich VI., der 1191 versuchte, den Erbanspruch seiner Frau mit militärischer Gewalt durchzusetzen, und der dabei scheiterte. Die Unterstützung Richards für Heinrichs Gegner Tankred sollte später zu der Gefangennahme des englischen Königs auf der Rückreise aus dem Heiligen Land führen. Der Aufenthalt auf Sizilien führte auch zum persönlichen Zerwürfnis mit dem französischen König, der einen ganz anderen Stil pflegte als der großartiger auftretende Richard. Nach einer Strafaktion gegen Messina zerstritten sich die beiden Könige über die Beute.

Nachdem Richard Sizilien verließ, segelte er nicht nach Akkon, wie es vereinbart worden war, und wo die Reste des deutschen Heeres mit der Unterstützung verschiedener Kontingente aus Westeuropa mit der Belagerung der Stadt begonnen hatten. Vielmehr nutzte Richard einen Aufenthalt auf Zypern schließlich dazu, die Insel zu erobern. Tatsächlich war diese Eroberung Zyperns, das von einem byzantinischen Prätendenten beherrscht wurde, die dauerhafteste Errungenschaft des dritten Kreuzzugs. Richard verkaufte die Insel später an Guido de Lusignan, der die Krone Jerusalems nicht zurückgewinnen konnte. Die Familie der Lusignan waren eine bedeutende Familie des Poitou im Westen Frankreichs, und das Poitou gehörte zu Richards bevorzugtem Festlandsbesitz. Zypern wurde zunächst zu einem Exil für den Adel des Königreichs Jerusalem und erlebte als Kreuzfahrerherrschaft noch eine jahrhundertelange Geschichte.

Die Rückeroberung Akkons

Nach langer Reise gelangte Richard Löwenherz am 8. Juni 1191 mit einer großen Flotte nach Akkon. Er hielt einen großen Einzug bei den Belagerern und wurde freudig empfangen. Seit etwa zwei Jahren war die Stadt nun eingeschlossen. Mit Philipp von Frankreich, der einige Wochen vor Richard in Akkon eingetroffen war, wetteiferte Richard nun um die aufwendigsten Belagerungsmaschinen. Allmählich gerieten die Belagerten in Bedrängnis. Die Galeeren, die die beiden Könige und ihre Truppen nach Akkon gebracht hatten, konnten die Versorgung der Stadt auf dem Wasserweg abschneiden. Als Richard eingetroffen war, war es seiner Flotte gelungen, ein muslimisches Versorgungsschiff, das sich als christlicher Händler getarnt hatte, aufzubringen und zu versenken. Vom Nachschub abgeschnitten musste die Stadt schließlich kapitulieren. Fünf Wochen nachdem Richard Löwenherz in Akkon eingetroffen war, fiel die Stadt in die Hände der christlichen Belagerer (12. Juli 1191). Zwar ging es diesmal erheblich zivilisierter zu als bei der Einnahme belagerter Städte auf dem ersten Kreuzzug, aber der Streit um die Beute, der schon in Messina das Verhältnis von Richard und Philipp belastet hatte, wurde auch in Akkon zum Problem.

Denn als Richard und Philipp in der wiedergewonnenen Stadt ihre Standarten aufpflanzten, da ließ auch der Herzog Leopold von Österreich sein Banner neben das der Könige setzen. Immerhin war Leopold noch vor den beiden in Akkon eingetroffen und hatte dort das deutsche Kontingent angeführt. Sein Banner wurde jedoch von den Männern Richards abgehängt und in den Schmutz geworfen. Trotz der Proteste Leopolds wurde es nicht wieder aufgezogen. Eine solche Zurückweisung war eine schwere Demütigung für den Herzog von Österreich. Dabei ging es um seinen Status als Ritter und Kreuzfahrer, und es ging auch um die Verteilung der Beute. Richard Löwenherz wies dem Herzog von Österreich in aller Öffentlichkeit eine nachrangige Rolle zu. Tatsächlich waren die deutschen Kreuzritter keine militärisch entscheidende Größe mehr. Und die Beute erschien lohnend. Wiederholt war sie zwischen Philipp und Richard zum Problem geworden, und die beiden hatten sich darauf verständigt, sie unter sich zu teilen.

Der König von Frankreich und der König von England teilten die Stadt Akkon unter sich auf, mit allem, was in ihr war, sowohl die Heiden, wie Gold und Silber und alles andere. So berichtete der englische Chronist Roger von Howden über das Vorgehen der beiden Könige nach der Eroberung. Es ist für eine realistische Perspektive hilfreich, diese Episode und die Teilungsprobleme, die ihr vorangingen, zu bedenken. Das Verhalten der Könige entsprach nicht der Aufforderung des Papstes *mit reumütigem Herzen und demütigem Sinn die Mühe dieser Reise auf sich zu nehmen* (Kreuzzugsbulle *Audita tremendi*). Seit den kirchlichen Regeln für den ersten Kreuzzug war es eigentlich klar, dass die Kreuzfahrer nicht aufbrechen sollten, um Beute zu machen.

Wenn wir außerdem die Konsequenz dieses Zwischenfalls in Akkon berücksichtigen, der nach der Kränkung Herzog Leopolds dazu führte, dass Leopold Richard Löwenherz auf der Rückreise bei Wien in Gefangenschaft setzte – obwohl ein Kreuzfahrer den Schutz der Kirche genoss –, dann lässt sich sehen, wie schwach die Sicherheiten tatsächlich waren, die das Regelwerk der Kirche den Beteiligten in einer Situation bot, in der tatsächlich konkurrierende Interessen im Spiel waren.

Es ist hilfreich, sich bei dieser Gelegenheit an den Chronisten des zweiten Kreuzzugs Odo von Deuil zu erinnern, der über die Gesetze, die Ludwig VII. beim Aufbruch in Frankreich gemeinsam mit seinen Großen festgelegt und beeidigt hatte, schrieb, dass er sie nicht in Erinnerung behalten habe, weil sie auf dem weiteren Weg niemand eingehalten hätte. Die schriftlichen Regeln für das Verhalten der Kreuzfahrer hatten nur eine begrenzte Wirkung. Und dennoch wäre es falsch, von Bigotterie zu sprechen. Tatsächlich treten hier die enormen Spannungen des Lebens dieser Epoche hervor. Auch das Rittertum des späten 12. Jahrhunderts, das in Minneliedern idealisiert wurde und das an sich selber hohe Ansprüche stellte, hatte noch immer starke archaische Züge. Der Sieger war nicht bereit, mit der Beute großzügig zu verfahren, denn das hätte seinen eigenen Anteil an dem Sieg geschmälert. Doch dieser selbstherrlich auftretende Richard Löwenherz, der den Stolz der anderen in diesem Fall nicht respektierte, war auch ein Mann, der zu eindrucksvollen öffentlichen Bußbekundungen in der Lage war. In Messina hatte er sich durch die Einsicht in *die Gräßlichkeit seines Lebens* zur Buße gedrängt gesehen. Er war in der Kapelle des Admirals der sizilischen Flotte nackt vor die Prälaten seines Königreichs getreten und hatte seine Sünden bekannt. Und trotz des Ausmaßes seiner Sünden hatte er von seinen Bischöfen die Absolution erhalten – *denn Gott will nicht den Tod des Sünders, sondern dass er umkehre und lebe.* Und so berichtet Roger von Howden: *Von dieser Stunde an war er ein Mann, der Gott fürchtete, sich vom Bösen zurückhielt und Gutes tat.* Die Eroberung Akkons fiel in die Zeit nach der Buße.

Akkon war ein wichtiger Erfolg für die Kreuzfahrer, aber im ursprünglichen Plan war es nur eine Etappe auf dem Weg nach Jerusalem. Allerdings hatten die beiden verbleibenden

Anführer des Kreuzzugs sich mittlerweile so weit entfremdet, dass ein weiteres gemeinsames Vorgehen nicht mehr vorstellbar war. König Philipp von Frankreich machte sich Ende Juli 1191 auf den Heimweg. Nun war Richard Löwenherz der verbleibende Kopf des Kreuzzugs. Er hatte bislang unter Beweis gestellt, dass er mit den Feinden kämpfen und mit den eigenen Verbündeten energisch streiten konnte. Nach der Eroberung Akkons bewies er überdies, dass er ebenso rücksichtslos sein konnte wie Saladin nach seinem Sieg bei Hattīn.

Die Bedingungen, unter denen Richard und Philipp sich bereit erklärt hatten, die Bewohner Akkons zu schonen, waren für Saladin schwer zu erfüllen. Er soll erst nach dem Fall der Stadt von ihnen erfahren haben. Sie erschienen ihm zu hart, aber es war zu spät. Er musste für die Gefangenen ein hohes Lösegeld aufbringen, und außerdem sollte er tausendfünfhundert christliche Gefangene freilassen und die für die Kreuzfahrer so bedeutende Kreuzreliquie zurückgeben. Als Saladin diesen Verpflichtungen nicht rechtzeitig nachkam, ließ Richard etwa 3000 Gefangene vor die Stadt führen und dort töten.

Die Tötung erfüllte keinen militärischen, sondern einen politischen Zweck, indem sie Saladin die Entschlossenheit Richards demonstrierte. Ähnlich wie im Fall der Eroberung Jerusalems gibt es bei der Beurteilung verschiedene Sichtweisen. Nach den zeitgenössischen Regeln des Krieges konnte man eine solche Tat rechtfertigen. Dennoch bleibt der bittere Eindruck, den die Tötung von unbewaffneten Gefangenen in einem Kampf hervorruft, der im Namen Christi geführt wurde. Dem Abt von Clairvaux, der in der Mobilisierung des Kreuzzugs eine wichtige Rolle gespielt hatte, teilte Richard nüchtern mit: *Als das Ultimatum ausgelaufen war und die Vereinbarung, die wir getroffen hatten hinfällig wurde, haben wir angemessenerweise veranlasst, dass die Sarazenen, die wir in Gewahrsam hatten, etwa 2600 von ihnen, getötet wurden.*

DER DRITTE KREUZZUG NACH DER EROBERUNG AKKONS

Die Konsequenz, die Richard bei der Tötung der Gefangenen demonstrierte, mag Saladin veranlasst haben, mit dem englischen König zu verhandeln. In den kommenden Monaten wechselten Kämpfe und Verhandlungen ab. Richard zog die Küste entlang in Richtung Askalon. Die Rückgewinnung der Hafenstädte war eine notwendige Voraussetzung für die Rückeroberung Jerusalems. Hierbei zeigte sich, dass Saladin Richard nicht entscheidend stoppen konnte. Vielmehr gelang Richard am 7. September bei Arsuf ein Sieg über Saladin. Zumindest wurde ein großer Angriff Saladins abgewehrt. Wenige Tage später war das Kreuzfahrerheer in Jaffa. Von hier aus lag Jerusalem in Reichweite.

So erfolgreich Richard zuletzt agiert hatte, und so nahe er seinem Ziel zu sein schien, in der weiteren Perspektive waren die Entscheidungen über das weitere Vorgehen nicht leicht. Richards Heer war eine Expeditionstruppe. Die meisten seiner Soldaten und Ritter würden nach einer Eroberung Jerusalems nachhause zurückkehren. Die Mächtigen im Königreich Jerusalem standen keineswegs einmütig hinter Richard. Im Gegenteil, es gab eine starke Gruppierung, die damit unzufrieden war, dass Richard Guido von Lusignan unterstützte und die dem englischen König daher die Hilfe verweigerte. Wie sollte man dann Jerusalem verteidigen? War es nicht sinnvoller, die Voraussetzungen für eine spätere Eroberung Jerusalems dadurch zu schaffen, dass man die Küstenstädte für die Christen sicherte? Ohne diese sichere Basis würde eine dauerhafte Rückeroberung kaum möglich sein. Zwar begann Richard im Herbst seinen Zug nach Jerusalem, aber er kam dort nicht an. Er verbrachte Weihnachten in der Nähe der heiligen Stadt bei schlimmen Wetter, und die Zweifel wurden stärker.
Anfang des Jahres 1192 beriet Richard mehrere Tage lang mit den anderen Großen seines Heeres über die weitere Strategie, und dabei fiel der Entschluss zum Rückzug an die

Küste. Angesichts der Kapazitäten war es ein sinnvoller Entschluss, aber es war ein Rückzug aus einer Position, aus der ein Reiter Jerusalem an einem Tag erreichen konnte. Die Enttäuschung der Kreuzfahrer war groß. Richard versuchte ihr durch eine praktische Strategie zu begegnen, indem er nach Askalon zog und begann, die Stadt erneut zu befestigen, um einen Ausgangspunkt für eine spätere Eroberung Jerusalems zu gewinnen. In gewisser Weise kündigte sich schon hier eine strategische Abkehr von Jerusalem als unmittelbarem Ziel der Kreuzzüge an. Es war eine Entwicklung, die die Kreuzzugsbewegung im 13. Jahrhundert prägte, in dessen Verlauf es keinen kriegerischen Zug nach Jerusalem gab. Vielmehr zielten die Kreuzzüge des 13. Jahrhunderts auf die Machtzentren in Ägypten, wo die Geschicke Jerusalems entschieden wurden. Das mochte strategisch sinnvoll sein, aber weder Askalon noch Damiette oder Kairo hatten die Aura von Jerusalem.

Richards Kreuzzug verlor seinen Schwung in den Mühen der politischen Ebenen des Königreichs Jerusalem. Zwar hatte er wichtige Küstenstädte zurückerobert, aber daraus erwuchs für die Christen keine Einigkeit. Vielmehr stritten Gegner und Anhänger Guidos von Lusignan erbittert um die Krone des noch gar nicht zurückgewonnenen Jerusalem. Guidos Rivale Konrad von Montferrat konnte sich zwar durchsetzen, wurde aber bald darauf ermordet. Die Zustände im Königreich Jerusalem gaben wenig Anlass zur Hoffnung. Sie übertrugen sich auch auf das Heer, das aus sehr verschiedenen Gruppen zusammengesetzt war, aus Engländern, Franzosen und aus einheimischen christlichen Rittern. Es gelang nicht mehr, sich auf ein Ziel zu einigen und den Entschluss gemeinsam umzusetzen. Ein erneuter Versuch, nach Jerusalem zu ziehen, wurde abgebrochen, ein Feldzug gegen Ägypten gar nicht erst gestartet. Schließlich wurde auch Richard ernsthaft krank und es wurde klar, dass sein Kreuzzug zu Ende ging. Im Oktober 1192 verließ der englische König das Heilige Land.

Es wurde eine Rückkehr mit erheblichen Hindernissen. Die Rückreise war nicht ungefährlich, überall auf dem Kontinent führten seine Routen durch Gebiete seiner Gegner, Er entschied sich schließlich für einen östlichen Reiseweg. Er reiste mit dem Schiff und kleiner Eskorte nach Venedig, um von hier

durch Österreich nach Böhmen zu gelangen. Seine abenteuer-
liche Reise bietet reichlich Stoff für Erzählungen. Aber hier ist
nicht der Ort für eine längere Darstellung. In Österreich wurde
er erkannt und von Leopold, den er in Akkon gedemütigt hatte, gefangen genommen. Heinrich VI. verlangte als Lehnsherr
Leopolds seine Auslieferung und Richard wurde der Gefangene des Kaisers. Über ein Jahr blieb er in Gefangenschaft, bevor
er gegen die Zahlung eines sehr hohen Lösegelds freigelassen
wurde. Um die Zeit der Gefangenschaft ranken sich einige An-
ekdoten, die auch davon handeln, wie der König seinen Beina-
men *Löwenherz* erlangt haben soll.

Ein gefangener König erfuhr eine ehrenvolle Haft mit gewissen Freiheiten. Dabei soll Richard die Zuneigung der Tochter Heinrichs VI. gewonnen haben, was dem Kaiser missfallen
habe. Er habe daher veranlasst, dass ein Löwe in den Trakt des
Königs gebracht wurde, der Richard töten sollte. Doch Richard
habe den Angriff des Löwen abgewehrt und habe seinen Arm,
der durch ein Seidentaschentuch – ein Geschenk der Kaisertochter – geschützt gewesen sei, tief in den Rachen des Löwen
hinein gestoßen und dessen Herz herausgerissen. Mit dem
Herz in der Hand sei er in den Speisesaal des Kaisers gegangen, habe das Herz des Löwen gesalzen und vor den Augen
Heinrichs verspeist.

Es hätte für Heinrich VI. weniger dramatische und für das
in Aussicht stehende Lösegeld weniger folgenschwere Möglichkeiten gegeben, den englischen König von seiner Tochter
fernzuhalten, wenn er eine Tochter gehabt hätte. Die Haft
des englischen Königs in der Pfalz wird kaum so interessant
gewesen sein. Während Richard auf die Freilassung wartete,
mussten sich seine Untertanen bemühen, die hohe Summe von
150 000 Pfund Silber aufzubringen. Für den Transport bedurfte
es einer langen Eselkarawane. Mithilfe dieses Geldes konnte
Heinrich die Eroberung Siziliens bezahlen, die sich schwierig
gestaltet hatte. Und obwohl Heinrich VI., Leopold von Österreich und Philipp II. alle Kreuzfahrer waren, oder einen Kreuzzug unterstützten, war Richard als der populärste Kreuzfahrer
dieser Zeit in ihren Augen keine unantastbare Gestalt. Sie alle
hatten ihre eigenen Interessen an einer längeren Gefangenschaft des englischen Königs. Die Schutzgarantien, die die
Kirche den Kreuzfahrern gab, halfen nicht. Dies war ein pro-

minenter Test, und es zeigte sich, dass die Kreuzfahrer von den politischen Spannungen ihrer Zeit nicht ausgenommen waren. Das war nur konsequent. Denn auch der Kreuzzug war in hohem Maße durch die Politik geprägt worden. Für die Zukunft der Kreuzzüge war dies von erheblicher Bedeutung.

Der dritte Kreuzzug war zugleich ein Höhepunkt und ein Wendepunkt der Kreuzzugsbewegung. Ein Kaiser und zwei Könige waren aufgebrochen, um Jerusalem zurückzuerobern. Zusammen vertraten sie die mächtigsten Reiche Westeuropas. Ihr Gegner Saladin hatte die vielen moslemischen Kräfte zu einem Bündnis vereint und ihnen erhebliche militärische Durchschlagskraft verliehen. Dies war eine neue Situation im Nahen und Mittleren Osten, und sie überdauerte den dritten Kreuzzug nur für eine kurze Zeit. Saladin starb ein halbes Jahr nachdem Richard Löwenherz das Heilige Land verlassen hatte. Doch auch die späteren Kreuzzüge zeigten, dass die christlichen Ritter Jerusalem nicht zurückgewinnen konnten. Richard Löwenherz war der letzte König, der eine Eroberung Jerusalems zumindest versuchte. Dass sie scheiterte, war angesichts der Kräfteverhältnisse im Heiligen Land weniger überraschend. Die verbliebenen Großen und Ritter des Königreichs Jerusalem waren weiterhin uneins, und auch im Kreuzfahrerheer aus Franzosen und Engländern gab es starke Spannungen, so dass ein erfolgreicher längerer Krieg mit den Gefolgsleuten Saladins wenig Erfolg versprach.

Interessanter ist jedoch im Grunde eine andere Frage: Warum vermochte der dritte Kreuzzug noch so viele Menschen zu mobilisieren? Immerhin war der zweite Kreuzzug fünfundvierzig Jahre zuvor ein glanzloser Fehlschlag gewesen, und das Interesse für das Heilige Land und seine Probleme hatte sich in den Jahren vor dem Verlust Jerusalems im christlichen Westen in Grenzen gehalten. Und dennoch hatten sehr viele Menschen das Kreuz genommen. Der Grund für diese Mobilisierung ist wohl darin zu sehen, dass in der Zeit von Friedrich Barbarossa und Richard Löwenherz eine Erscheinung ihren Höhepunkt erreichte, die die Kreuzzugsbewegung von Anfang an getragen hatte: das Rittertum.

Das Rittertum und der dritte Kreuzzug

Nur drei Jahre bevor Saladin Jerusalem eroberte, hatte Friedrich Barbarossa an Pfingsten 1184 in Mainz einen großen Hoftag abgehalten. Seine beiden älteren Söhne Heinrich und Friedrich – der den Kaiser dann auf den Kreuzzug begleitete und ebenfalls starb – wurden zu Rittern geschlagen, und aus diesem Anlass wurde ein großes Turnier veranstaltet. Ein Augenzeuge berichtete: *Am Montag und Dienstag nach dem Essen veranstalteten die Kaisersöhne ein Schautunier, und daran nahmen schätzungsweise 20 000 Ritter und mehr teil. Es war ein Turnier ohne scharfe Waffen; die Ritter führten ohne Stoß und Hieb ihre Schilde, Lanzen und Banner vor und tummelten die Pferde. Bei diesem Turnier zeigte auch Kaiser Friedrich selber geziemend seinen Schild, obwohl er von Gestalt nicht größer und ansehnlicher als die übrigen war.* Das Pfingstfest Friedrich Barbarossas gilt als ein Höhepunkt der ritterlichen Kultur des hohen Mittelalters. Tausende Gäste waren nach Mainz gekommen, der Kaiser hatte am Rheinufer eine eindrucksvolle Zeltstadt errichten lassen. Der Ablauf zeigt eine Lebensform, die ihre rituellen Höhepunkte aufwendig inszenierte, die aber bei diesen Inszenierungen die brutale Gewalt, die die Beobachter hundert Jahre zuvor so scharf kritisiert hatten, unter Kontrolle hielt. Als es schließlich doch zu Toten und Verwundeten kam, war dies auf einen plötzlichen Wetterumsturz zurückzuführen, der einige Zelte umwarf. Die Kämpfe der Ritter waren ohne scharfe Waffe ausgefochten worden.

In gewisser Weise wirkt der dritte Kreuzzug wie der bewaffnete Ernstfall dieses höfischen Geschehens. Die Krieger, die sich in Mainz versammelten hatten, waren noch keine ästhetische Größe. Sie waren in der Lage, über das Schicksal von Königen zu entscheiden. Der dritte Kreuzzug hat unser Bild von den Kreuzzügen deshalb so sehr geprägt, weil er dem Ideal des ritterlichen Kampfes so nahe zu kommen scheint. Im Gegensatz zum ersten Kreuzzug, der im Schatten der blutigen Eroberung Jerusalems steht, bot der dritte Kreuzzug den Kampf der Kreuzritter mit Saladin. Saladin erscheint im Rückblick anders als die namenlosen Gegner des ersten Kreuzzugs als ein Mann, dem auch die Christen mit Respekt begegneten. Das ist freilich die Sicht der Neuzeit. Sowohl Saladin als auch Richard Löwenherz eignen sich nur begrenzt zur Idealisierung. Das ritterliche Ideal erlebte in diesen Jahren einen Höhepunkt – und gleichzeitig wurden seine Grenzen deutlich erkennbar. Friedrich Barbarossa und Richard Löwenherz sind deutliche Beispiele.

Zu einer überzeugenden ritterlichen Haltung gehörte ein gutes Maß an Furchtlosigkeit. Mut ist eine Tugend und ein König sollte in schwierigen Situationen keine Unsicherheit zeigen. Tatsächlich hatte Richard Löwenherz auf dem Kreuzzug immer wieder die direkte Auseinandersetzung mit dem Gegner gesucht – auch wenn ihn seine Leute zurückhalten wollten. Es war wiederholt vorgekommen, dass er sich in aussichtslos erscheinende Situationen hineingeworfen hatte, um eine Niederlage abzuwenden. Dabei war er mitunter nur sehr knapp einer Gefangennahme durch Saladins Leute entgangen. Sein Einsatz im Kampf trug ihm den Respekt seiner Leute ein und gab späteren Legenden Nahrung. Als Saladin im Juli 1192 einen überraschenden Angriff auf Jaffa ausführte, um die christlichen Positionen an der Küste zu trennen, gelang es ihm, die Stadt bis auf die Zitadelle einzunehmen. Richard führte die Hilfe an, die aus Akkon mit Schiffen herangebracht wurde, und er war es, der den Sturm auf den Strand anführte, mit dem die Stadt zurückgewonnen wurde. Er konnte seinen Leuten ein eindrucksvolles Beispiel geben. Doch ist dies nicht das ganze Bild. Das Bild beherzt kämpfender Männer war das Bild, in dem diese Ritter sich selber sahen. In der historischen Perspektive zeigt sich freilich, wie groß das Risiko dieser Faszination nicht nur für diese Akteure selbst, sondern auch für die war, für die sie Verantwortung trugen. Deutlich wird dies bei Friedrich Barbarossa und bei Richard Löwenherz in einer vergleichbaren Situation: bei ihrem Tod, bei dessen Umständen und bei dessen Folgen.

Die Sorglosigkeit oder der Mut, der einen großen Teil der Faszination der ritterlichen Haltung ausmacht, begleitete bei beiden Herrschern ihr Ende. Es lässt sich freilich auch als Unvernunft beschreiben, dass ein alter Mann nach einem anstrengenden Ritt in großer Hitze in einen eiskalten Fluss steigt. Für Barbarossa wäre das keine Kategorie gewesen, nach der er in so einer Situation gehandelt hätte. So vital eine solche Haltung wirkt, so gravierend waren die Folgen. Der aufwendig vorbereitete Kreuzzug löste sich auf. Alle Mühen waren vergebens gewesen, weil ein alter Mann die Risiken eines solchen Bades nicht ausreichend bedachte. Die Umstände des Todes von Richard Löwenherz waren in gewisser Weise ähnlich. Als der englische König einige Jahre nach dem Kreuzzug die Burg eines aufsässigen Vasallen in Aquitanien belagerte, bot er einem Armbrustschützen auf der Mauer ein Ziel und wurde in die Schulter getroffen. Er hatte seine Rüstung nicht angelegt. Der Versuch, den Armbrustpfeil selber zu entfernen, misslang, der Schaft brach. Die Wunde entzündete sich. Am 6. April 1199 starb Richard Löwenherz an den Folgen eines leichtfertig provozierten und ungeschickt versorgten Armbrustschusses.

Für Löwenherz galt der Maßstab der Umsicht in dieser Situation nicht. Er hätte darin Feigheit gesehen. So eindrucksvoll das sein mag, so bedenklich war es für einen König. In der Folge seines Todes verlor die englische Krone einen großen Teil des englischen Festlandsbesitzes. Bei Löwenherz wie auch bei Barbarossa überstiegen die Folgen ihres riskanten Handels bei weitem die Folgen des persönlichen Risikos, das sie eingegangen waren. Interessanterweise war derjenige Teilnehmer des Kreuzzugs als König am erfolgreichsten, der auf dem Kreuzzug keinen guten Eindruck hinterlassen hatte, weil die Welt der Belagerungen nicht seine Welt war: Philipp II. von Frankreich. Er wurde in den nächsten drei Jahrzehnten der mächtigste König Westeuropas – nicht wegen seines ritterlichen Charismas, sondern wegen einer überlegenen Herrschaftsorganisation. Allerdings baute diese Herrschaft in hohem Maße auf der Kampfkraft der französischen Ritter auf. Das Zeitalter der Ritter war noch nicht zu Ende.

Der dritte Kreuzzug mobilisierte die Kräfte des Abendlandes in hohem Maße. Was der Einsatz dreier Könige mit je eigenen großen Heeren nicht leisten konnte, das war kaum zu leisten. Daher vermittelt das Ergebnis eine realistische Einschätzung der Möglichkeiten christlicher Herrschaft im Heili-

gen Land. In der Bilanz der Anstrengungen und Erfolge können wir zunächst festhalten, dass das Ziel nicht erreicht wurde.
Jerusalem konnte nicht zurückgewonnen werden. Doch es hatte auch Erfolge gegeben. Die Eroberung Akkons und anderer
Küstenstädte war eine Voraussetzung für die weitere Präsenz
von Kreuzfahrern im Heiligen Land. Tatsächlich konnte sich
Akkon noch hundert Jahre lang behaupten. Erst als die Stadt
1291 fiel, ging die Geschichte der Kreuzfahrer im Nahen Osten
zu Ende. So legten die Siege von Richard Löwenherz auch eine
neue Grundlage.

Die politische Perspektive

Es ist nicht zu übersehen, dass die Planungen der Kreuzfahrer politischer wurden. Auf dem Weg in das Heilige Land
hatte sich der englische König einige Zeit lang in Sizilien auf-
gehalten, und er hatte dort politische Bündnisse mit weitrei-
chenden Folgen geschlossen. Zumindest hatte das Bündnis für
ihn die Folge, dass er auf seiner Heimreise in die Gefangenschaft Heinrichs VI. geriet, gegen den das sizilische Bündnis
gerichtet war. Bevor Richard Löwenherz das Heilige Land verließ, konnte er mit Saladin einen dreijährigen Waffenstillstand
aushandeln, der christlichen Pilgern den Zugang nach Jerusalem eröffnete. Er selber hatte einen Feldzug gegen Ägypten
erwogen, weil hier ein Macht- und Nachschubzentrum für Jerusalem lag. In Jerusalem selber fielen keine Entscheidungen.
Tatsächlich war dies die Zukunft. Alle kriegerischen Züge zur
Rückgewinnung des Heiligen Landes im folgenden Jahrhundert zielten auf Ägypten. Jerusalem blieb das Fernziel, aber
der strategische Fokus verschob sich. Zudem bewegten sich
die Kreuzfahrer bei ihrem Zug in den Kräftefeldern der europäischen Politik – als Akteure oder auch als Objekte. Dies band
Kräfte und machte die Planungen immer komplexer. Letztlich
erwies sich dieser Weg, zu dem es allerdings keine Alternative
gab, als Überforderung. Das 13. Jahrhunderte sollte erweisen,
dass die überschüssigen Kräfte Europas nicht ausreichten, um
im Nahen Osten eine eigene politische Rolle zu spielen.

In Hinblick auf die Mobilisierung des Westens hatte das 12. Jahrhundert eine schrittweise Steigerung erlebt – wenn wir den ersten Kreuzzug in den letzten Jahren des elften Jahrhunderts in diese Sicht einbeziehen. Beginnend mit einem breiten Anhang unter der Führung verschiedener Adeliger folgten im Abstand von etwa jeweils vierzig Jahren zunächst zwei, dann drei westeuropäische Könige dem Ruf zum bewaffneten Zug in das Heilige Land. Die Geschichte der Erfolge im Heiligen Land selber verlief gegenläufig. Das 13. Jahrhundert zeigt ein deutlich verändertes Muster der Kreuzzugsbewegung. Zum einen war die Rekrutierung neuer Kreuzritter kaum noch über die Grenze der verschiedenen Königreiche hinweg erfolgreich. Darin schlug sich auch eine Entwicklung des 13. Jahrhunderts nieder, in der sich die Herrschaftsstrukturen in den einzelnen Königreichen prägnanter ausbildeten, und in der Folge traten die Differenzen deutlicher hervor. Die Kreuzzüge hatten einen kleineren Maßstab. Dafür wurden sie häufiger. Zum anderen änderte sich ihr Ziel. Es gab nur noch einen Kreuzzug im 13. Jahrhundert, dessen unmittelbares Ziel Jerusalem war. Und dies war ein Kreuzzug, der so sehr eigenen Regeln folgte, dass er nur eingeschränkt in die Reihe der anderen Kreuzzüge gestellt werden kann. Denn der Zug Friedrichs II. 1228/29 nach Jerusalem verzichtete auf militärische Gewalt und setzte stattdessen auf Verhandlungen. Und er fand gegen den erklärten Willen des Papstes statt, der den Kaiser sogar mit der Exkommunikation belegte. Der Kreuzzug Friedrichs II. war so ungewöhnlich, dass auch unter modernen Historikern das Urteil über seinen Charakter schwankt. Der große französische Mittelalterhistoriker Jacques LeGoff sprach etwa von einem »skandalösen Erfolg der Rückgewinnung Jerusalems durch die Christen um den Preis eines schändlichen Vertrags mit den Muslimen«.

Alle anderen Kreuzzüge des 13. Jahrhunderts hatten andere Ziele. Sie folgten in ihrer Planung einer politischen Logik. Es gab Kreuzzüge nach Konstantinopel und nach Ägypten, und es gab einen Kreuzzug im Süden Frankreichs. Die Feinde Gottes wurden nicht nur im Nahen Osten bekämpft. Das Erscheinungsbild der Kreuzzüge wurde vielgestaltiger. Tatsächlich gilt das für unser gesamtes Bild des 13. Jahrhunderts. In der historischen Überlieferung dieser Zeit traten zunehmend neue Kräfte an die Seite der universalen Gewalten von Kaisertum und Papsttum. Dazu gehörte auch eine neue religiöse Dynamik, die weniger kriegerisch war als die Aufbruchsbewegung des 11. Jahrhunderts. Das hat auch damit zu tun, dass die neue Religiösität nicht mehr von vornehmlich adligen Familien getragen wurde, sondern dass sie ihr Milieu in den Städten fand, die seit dem späten 12. Jahrhundert eine eigenständige Rolle in der sozialen Welt Europas spielten. Die neue Bewegung der Franziskaner und Dominikaner fand in diesem städtischen Umfeld ihre stärkste Unterstützung. Sie entstand in den Jahren nach 1200. Und diese so genannten Bettelorden brachten eine neue Dimension in die religiöse Auseinandersetzung. Neben der Verfolgung der Häretiker in Europa, also der Abweichler vom christlichen Glauben, verfolgten die Bettelorden auch eine Strategie der Rückgewinnung von Zweifelnden durch glaubwürdiges Beispiel.

Die Bettelorden nahmen die Bewegung der Wanderpredigt auf, die auch in den häretischen Gemeinschaften praktiziert wurde. Das bedeutete keinen Verzicht auf Repression, aber das Arsenal der Auseinandersetzung wurde differenzierter. Nachdem schon um die Mitte des 12. Jahrhunderts Abt Petrus Venerabilis im Islam eine Art christliche Häresie gesehen hatte, stellt sich aus historischer Perspektive die Frage, ob das Thema der Mission der islamischen Gegner nicht zumindest erwogen wurde. Im 12. Jahrhundert finden sich dafür noch keine Anzeichen. So fällt beim Vergleich der (schriftlichen) Predigten Bernhards von Clairvaux für die Mobilisierung des Zuges in das Heilige Land und für die Mobilisierung des Zuges gegen die Wenden auf, dass Bernhard die Alternative Taufe oder Vernichtung nur für den Wendenkreuzzug formulierte. Er war sich wohl klar darüber, dass die Sarazenen keine einfachen Heiden waren, aber er erwog die Möglichkeit einer offensiven Bekehrungsstrategie nicht. Versuche, die moslemischen Sarazenen für den christlichen Glauben zu gewinnen, lassen sich erst nach der Jahrhundertwende feststellen. Tatsächlich soll es einen ergebnislosen Versuch des Hl. Franziskus gegeben haben, den ägyptischen Sultan zu bekehren. Die Initiative war nicht erfolgreich. Das galt auch für spätere Missionsbemühungen.

Zwar stellte Papst Gregor IX. 1238 fest, dass es in den Augen Gottes ebenso verdienstvoll sei, Ungläubige zum Glauben zu bekehren, wie die Sarazenen mit Waffen zu bekämpfen, aber die Bekehrungsversuche stießen selbst unter den Christen im Heiligen Land auf Widerstand. Der Grund lag darin, dass die christlichen Landbesitzer die Erfahrung gemacht hatten, dass sich ihre leibeigenen moslemischen Bauern taufen ließen, um dann die Freiheit zu erlangen. Deshalb verwehrten sie den Missionaren der Bettelorden die Möglichkeit zur Predigt auf ihren Ländereien. Zwar beklagte der Papst die Haltung dieser Christen, die den Besitz stärker liebten als die Seelen, und die ihren Bauern deshalb verboten, Predigten zu hören, oder die Taufe zu empfangen, aber man wird sich fragen, ob sein Gebot, diesen Bauern wenigstens einmal im Monat die Erlaubnis zum Predigthören zu geben, gehört wurde. So zeigte die friedliche Mission wenig Erfolg, aber der Streit um die Mission lässt erkennen, dass in der Auseinandersetzung mit den Sarazenen der bewaffnete Kampf nicht mehr das einzige Mittel war.

Die Zunahme der politischen Erwägungen bei der Planung und Durchführung der Kreuzzüge seit dem Ende des 12. Jahrhunderts hatte auch damit zu tun, dass die Kreuzzüge, die von Anfang an auch ein Instrument päpstlicher Kirchenpolitik gewesen waren, nun von einem Papsttum ausgerufen wurden, dessen Rolle im politischen Kräftespiel Europas einem Höhepunkt zustrebte. Innozenz III. (1198–1216) gilt als einer der bedeutendsten Päpste des Mittelalters. Zu Recht. Die Bilanz seiner politischen Initiativen ist eindrucksvoll. So hatte er bald nach seinem Amtsantritt versucht, den Streit zwischen Welfen und Staufern um den Thron des Reiches zu entscheiden, er exkommunizierte den französischen König wegen einer Eheaffäre, und er exkommunizierte in einem jahrelangen Konflikt mit Johann Ohneland um die Besetzung des erzbischöflichen Stuhls von Canterbury den englischen König und belegte das Land mit einem lange andauernden Verbot der Sakramentenspendung und des Gottesdienstes (Interdikt). Er war ein konfliktfreudiger Zeitgenosse, der als erster Papst den exklusiven Anspruch auf den Titel *Stellvertreter Christi* erhob.

Innozenz III. war zudem ein leidenschaftlicher Verfechter eines Kreuzzugs zur Rückgewinnung Jerusalems. Es ist dennoch keine Überraschung, dass die Kreuzzüge, die unter seinem Pontifikat durchgeführt oder begonnen wurden, alle einer politischen Logik folgten: im Jahre 1199 rief der Papst zu einem Kreuzzug gegen Markwart von Annweiler in Sizilien auf, der im Zeichen des staufischen Königtums eine bedeutende Machtposition im Süden Italiens erlangt hatte, durch die sich der Papst gefährdet sah. Im Jahre 1204 eroberten und plünderten die Kreuzfahrer des vierten Kreuzzugs die (überwiegend katholische) kroatische Hafenstadt Zadar und anschließend Konstantinopel. Ab 1209 führten französische Ritter im Süden Frankreichs einen Kreuzzug gegen die häretischen *Albigenser* (*Katharer*). Auf dem IV. Laterankonzil, der bis dahin größten Versammlung der lateinischen Kirche des Mittelalters, ergriff Innozenz III. nochmals die Initiative zu einem neuen Kreuzzug. Er hatte bereits 1213 einen neuen Aufruf zur Befreiung der Heiligen Stätten erlassen. Dieser fünfte Kreuzzug wurde erst nach dem Tod des Papstes (1216) realisiert (1218–1221), aber er ging noch auf die Initiative Innozenz' III. zurück. Tatsächlich stand dieser fünfte Kreuzzug wie kein anderer Kreuzzug zuvor unter der Leitung eines päpstlichen Legaten. Sein Schauplatz war Ägypten.

So führte keiner der vier Kreuzzüge, die im Pontifikat Innozenz' III. begonnen worden waren, nach Jerusalem. Der relative Bedeutungsverlust dieses Ziels ist auch darin zu erkennen, dass das einzige Unternehmen, das sich in diesen Jahren Jerusalem zum Ziel gesetzt hatte, der sogenannte *Kinderkreuzzug* war. Ein hoffnungsloses Unternehmen einer zusammengewürfelten Schar Jugendlicher, Armer und religiös Begeisterter, die von Deutschland und Frankreich aus ohne Waffen aufbrachen, in der Hoffnung auf ein Wunder. Das Wunder blieb aus, und dieser wenig schlagkräftige Pilgerzug lässt das allmähliche Abklingen des Jerusalemideals erkennen. Solche Pilger ohne soziale Perspektive hatten den ersten Kreuzzug auch begleitet, aber mit ihnen zogen Adlige und Ritter, später sogar Könige. Nun zogen sie allein. Die Züge nach Jerusalem wurden wieder zu Pilgerzügen. Aber sie endeten noch nicht.

Der Kreuzzug in Sizilien 1199 kann als erster vorwiegend politischer Kreuzzug gelten. Er richtete sich gegen katholische Christen (mochten sie auch exkommuniziert sein). Dieser allmähliche Wandel in der Kreuzzugsauffassung des Abendlandes kam in der Eroberung Konstantinopels 1204 in dramatischer Weise zum Ausdruck. Tatsächlich hatte die Entwicklung des zwölften Jahrhunderts dazu geführt, dass die weltliche und die geistliche Sphäre jeweils eigene Gesetzmäßigkeiten formuliert hatten. Der Investiturstreit hatte die begriffliche Trennung *geistlicher* und *zeitlicher* Gewalten hervorgebracht, aber das verstärkte politische Engagement der Kurie brachte diese Sphären immer wieder in einen sehr engen Kontakt. Die Folge war die Anwendung geistlicher Kategorien auf eher politische Situationen. Die Exkommunikation von Königen, die sich mit der Kurie im Streit befanden, war eine Folge dieser Verbindung. Die Durchführung von Kreuzzügen gegen politische Gegner folgte diesem Muster.

Der vierte Kreuzzug: Die Eroberung Konstantinopels 1204

Die Eroberung Konstantinopels war die Folge eines zu groß geplanten Kreuzzugsunternehmens. Die Venezianer hatten sich verpflichtet, eine Flotte für den Transport von viertausendfünfhundert Rittern, ihre Pferde, neuntausend Knappen und zwanzigtausend Fußsoldaten zu bauen, und den Proviant für diese Armee bereit zu stellen. Dafür hatte die Stadt erhebliche Kosten aufgewendet. Zwar gelang es, für diesen Kreuzzug viele Kämpfer zu mobilisieren, aber nicht alle zogen nach Venedig, um sich von dort nach Akkon einzuschiffen. Die Kapazitäten wurden nur zu einem Drittel ausgelastet. Gottfried von Villehardouin, ein mächtiger Mann aus der Champagne, der Mitglied der Kommission war, die den Vertrag mit dem Dogen von Venedig ausgehandelt hatte, und der eine bedeutende Chronik des vierten Kreuzzugs verfasste, sah die Verfehlungen auf der Seite der Kreuzfahrer: *Die Venezianer hatten ihre Verpflichtungen in vollem Umfang erfüllt, und sie hatten noch mehr getan.* Doch die Kreuzfahrer brachten nicht einmal die

Hälfte der vereinbarten Summe auf. So sah man sich schließlich gedrängt, die ehemals venezianische Hafenstadt Zadar zu
erobern, die dem König von Ungarn unterstand, der selber das
Kreuz genommen hatte. Nur so konnten die Kreuzritter ihre
Verbindlichkeiten erfüllen. Zadar wurde dem Dogen von Venedig übergeben. Danach begannen lange Debatten über das
weitere Vorgehen. Den Kreuzfahrern lag das Angebot eines
aus Byzanz vertriebenen Thronprätendenten vor, der mit der
Hilfe der Kreuzfahrer die Stadt zurückerobern wollte, um
dann den Kreuzzug zu unterstützen. Gottfried von Villehardouin überliefert diese strategischen Auseinandersetzungen,
in denen die Position formuliert wurde, dass das Heilige Land
entweder über Byzanz oder über Ägypten, nicht über Syrien
zurück zu gewinnen sei. Tatsächlich waren dies ja die beiden
Optionen, die in den nächsten Jahren verfolgt wurden. Während das Heer, in Parteiungen zerstritten, sich über das weitere Vorgehen nicht einigen konnte, wandten sich immer mehr
Kreuzfahrer ab. Unter dem Druck innerer Auflösung und man-
gelnder Erfolge entschieden sich die Kreuzfahrer schließlich,
Konstantinopel zu erobern, um so die Grundlage für zukünftige Operationen im Heiligen Land zu legen. Und um Beute
zu machen. Das ist kaum zu übersehen. Die Eroberung und
Plünderung Konstantinopels gilt gewissermaßen als Sünden-
fall der Kreuzzugsgeschichte. Die Titel der einschlägigen Darstellungen sprechen eine klare Sprache: »The Ungodly War«
oder »The Unholy Crusade«.

Die Plünderung von Konstatinopel durch die Kreuzfahrer
im April 1204 war in der Tat eine Schande für eine christliche
Armee. Gut hundert Jahre zuvor hatten die ersten Kreuzfahrer
als staunende Barbaren vor den Schätzen dieser Stadt gestanden, vor dem Gold und Silber der Kirchen, Klöster und Paläs-
te einer viele Jahrhunderte zurückreichenden Tradition. Jetzt
raubten die Kreuzfahrer Schätze und Reliquien aus Palästen
und Heiligen Stätten. Sie plünderten, schändeten und zerstörten – Menschenleben und Kunstschätze. Nach Jerusalem war
eine zweite große Stadt der christlichen Tradition ein Opfer
der Kreuzzugsidee geworden.

Und doch entbehrt der Vorgang nicht der Logik. Eine Reihe
besonderer Umstände haben diese unglückliche Entwicklung
befördert, die das ohnehin schwierige Verhältnis zwischen der

Ost- und der Westkirche bis heute beschädigte. Die zunehmende Einbettung der Kreuzzugsplanung in das politische
und strategische Gesamtbild hatte die Ziele verschoben. Neben Konstantinopel als Zentrum des Byzantinischen Reiches
war seit dem späten zwölften Jahrhundert das ayubidische
Ägypten immer wieder als Angriffsziel ausgemacht worden.

DER FÜNFTE KREUZZUG

Die Nachkommen Saladins (Ayubiden), die in Syrien und
Ägypten herrschten, hatten die Einheit nicht bewahren können, und die Dynamik ihrer dynastischen Machtkämpfe eröffnete den Christen manchen Freiraum – da Jerusalem für die
rivalisierenden Oberhäupter der Familie kein zentraler Schauplatz war. So wurden schließlich Verhandlungen möglich.
Wenn man bereit war, zu verhandeln.

Innozenz III. hatte in der Spätphase seines Pontifikates
noch einen Versuch gemacht, einen Kreuzzug zur Befreiung
der Heiligen Stätten zu initiieren. Der Papst war ein bedeutender Jurist und etliche seiner Erlasse und Briefe haben einen so grundsätzlichen Charakter, dass sie späteren Generationen noch als Vorbild dienten. Innozenz' Kreuzzugsaufruf
(*Quia maior*) vom April 1213 hatte diese Qualität. Er reflektiert
überdies das päpstliche Kreuzzugsverständnis und den Grad
päpstlicher Kreuzzugsorganisation in eindrucksvoller Weise.
Auch Innozenz III. sah den Kreuzzug als eine Gelegenheit
praktischer Buße und stellte einen entsprechenden Ablass in
Aussicht. Aber sein Aufruf unterschied sich von den früheren
päpstlichen Initiativen darin, dass er ein klares Bewusstsein für
die notwendige gesellschaftliche Infrastruktur zur Vorbereitung eines Kreuzzugs erkennen ließ. Der Papst erwartete nicht
mehr, dass jeder Einzelne zur Erlangung des Sündennachlasses
persönlich in das Heilige Land ziehe. Er räumte auch die Möglichkeit ein, dass jemand einen Geldbetrag stiften könne, um
einen Kreuzfahrer auszustatten. Auch dadurch konnte man in
den Genuss eins Kreuzzugsablasses gelangen. Die komplexere
soziale Welt des beginnenden 13. Jahrhunderts hielt unüber-
sehbar Einzug in die Kreuzzugsgeschichte.

Mit diesen Zahlungsmöglichkeiten erhielt die Kreuzzugsbewegung für die europäischen Herrscher eine erhebliche
zusätzliche Qualität. Der Aufruf zu einem Kreuzzug ließ sich
künftig mit der Proklamation einer Kreuzzugsabgabe verbinden, die der betreffende Herrscher als Mittel für die Vorbereitung eines Zuges beanspruchen konnte. Nicht immer brach er
dann auch auf. Aber diese Verbindung von Kreuzzugsabsicht
und Kreuzzugsfinanzierung sorgte aus ganz praktischen Erwägungen dafür, dass die Aufrufe zum Kreuzzug nicht ver-
stummten. Sie eröffneten den europäischen Herrschern einen
Zugriff auf die Gelder ihrer Untertanen. Mancher Kriegszug
ließ sich als Kreuzzug leichter finanzieren. Ritterorden wie
die Templer begannen, die Übermittlung von Zahlungen für
das Heilige Land zu organisieren. Innozenz veranlasste die
Aufstellung von kleinen Truhen zur Sammlung von Geld in
vielen Kirchen. Sie sollten durch drei verschiedene Schlösser
gesichert sein, deren Schlüssel zur Sicherheit auf einen Mönch,
einen Priester und einen Laien verteilt wurden. Auch in dieser Initiative zeigte sich, wie sehr der Kreuzzug Teil der viel-
schichtigen zeitgenössischen Realität des 13. Jahrhunderts geworden war.

Der Aufruf zu einem neuen Kreuzzug, der auf dem IV. Laterankonzil 1215 wiederholt wurde, erreichte durch eine weit-
gespannte Predigtkampagne viele Menschen. Mit einer Verzögerung, die durch den Tod des Papstes hervorgerufen wurde,
brachen seit 1217 verschiedene Kontingente zunächst in das
Heilige Land, später nach Ägypten auf. Das Ziel des Kreuzzugs war auf dem Konzil festgelegt worden. Der Angriff ging
gegen Ägypten, das man als das Zentrum der ayubidischen
Macht ausgemacht hatte. Parallel schlossen die Kreuzfahrer
ein Bündnis mit den Seldschuken im Norden, die die ayubidischen Positionen in Nordsyrien angreifen sollten. Der Kreuzzug erfuhr einigen Zustrom, aber es fehlte ihm an einer Führung, die einen Zusammenhalt im Heer hätte schaffen können.
Zwar hatte König Friedrich II., der 1220 sogar zum Kaiser gekrönt wurde, das Kreuz früh genommen, aber er machte keine
tatsächlichen Anstrengungen, zu den Kreuzfahrern zu stoßen
– die ihn erwarteten. Die Führung übernahm schließlich der
päpstliche Legat Pelagius von Albano, der sich in einem Heer,

in dem sich keine Könige und immer weniger bedeutende Adlige befanden, auch deshalb durchsetzen konnte, weil die Kurie in erheblicher Weise zur Finanzierung des Zugs beitrug. Die neue Politik Innozenz' III. hatte Früchte getragen.

Im Mai/Juni 1218 begannen die Kreuzritter, die Stadt Damiette im Nildelta zu belagern. Nach einem Jahr konnten sie die Stadt einnehmen. Zwar war das Kreuzfahrerheer klein, und die erwartete Unterstützung durch Friedrich II. blieb aus, aber besonders nach dem Verlust von Damiette brachte die Anwesenheit der fremden Truppen erhebliche Unruhe in die Herrschaftsausübung des ayubidischen Sultans. Wiederholt bot er den Christen an, ihnen einen Teil des Heiligen Landes westlich des Jordans zu überlassen. Dieser Teil hätte das alte Königreich Jerusalem ohne die Positionen in Transjordanien umfasst. Vielen erfahrenen Kreuzrittern erschien dies keine Grundlage für eine dauerhafte christliche Herrschaft zu sein. Außerdem versprach sich der päpstliche Legat wohl größere Chancen von einem fortgesetzten Angriff auf die ayubidische Macht. Es war ein Fehler. Als die Kreuzfahrer im Juli 1221 den Nil entlang nach Kairo marschierten, wurden sie bei a-Mansurah von den Ägyptern auf schwieriges Terrain gelockt. Eingekreist von den inzwischen verstärkten Truppen des Sultans, der Unterstützung von anderen ayubidischen Mächtigen erhalten hatte, und in der Bewegung durch die Wasserläufe des Nils gehindert, traten die Kreuzfahrer schließlich den Rückzug an. Er wurde ihnen durch das Hochwasser des Nils verwehrt, das sie fast bewegungsunfähig machte. Die Kreuzfahrer konnten im Gegenzug für eine vollständige Räumung des Landes ihren freien Abzug aushandeln. Der fünfte Kreuzzug erinnerte in seinem Ausgang an den zweiten Kreuzzug, der vor Damaskus scheiterte. Das Unternehmen ging zu Ende, ohne dass man der Rückgewinnung Jerusalems irgendwie näher gekommen wäre.

Die Planung des fünften Kreuzzug war durchaus von einem politischen Realitätssinn geprägt. Die Kurie war sich klar darüber gewesen, dass nicht jeder Befürworter der Wiedergewinnung Jerusalems selber ins Heilige Land aufbrechen würde, und sie hatte durch die Kreuzzugssteuern ein Instrument geschaffen, mit dem sich Herrscher und Adel um das

Heilige Land verdient machen konnten, ohne selber dorthin zu ziehen. Stattdessen konnten mit dem Geld erfahrene Kämpfer angeworben werden. Auch die Wahl des Ziels zeigte, dass man sich der politischen Realitäten im Nahen Osten bewusst geworden war. Die Entscheidung über die Zukunft von Jerusalem fiel nicht in Jerusalem, sondern in Ägypten. Und dennoch erscheint der Kreuzzug als ein vollständiger Fehlschlag. Ein Fehlschlag, der in dem Rückblick eigentümlich glanzlos wirkt. Auch darin erinnert dieser Kreuzzug an den ruhmlosen Zug nach Damaskus. Der fünfte Kreuzzug wirkt wie ein Alltagsunternehmen. Seine vermeintliche realpolitische Ausrichtung und sein unbedeutendes Personal hatten ihn dazu gemacht. Und darin zeigte er typische Züge der Kreuzzugsbewegung nach dem Verlust Jerusalems.

ZWEI FRIEDLICHE KREUZZÜGE NACH JERUSALEM

Darauf kommen wir bald zurück. Der Verlauf der Kreuzzugsgeschichte zu Beginn des 13. Jahrhunderts zeigte jedoch auch Beispiele, dass Jerusalem noch nicht aus dem Blickwinkel Europas verschwunden war. Zwei Beispiele sind hier zu nennen. Sie sind auf ihre Weise prominent, sie wichen von den bisher vorgestellten Kreuzzügen auf eigentümliche Weise ab und unterschieden sich radikal voneinander. In ihrem Ziel aber waren sie gleich. Die Rede ist von dem Kinderkreuzzug 1212 und dem Kreuzzug Kaiser Friedrichs II. 1228/29.

Der Kinderkreuzzug 1212 ist ein etwas unklares Phänomen. Gesichert ist, dass im Jahr 1212 aus Niederlothringen und aus dem Rheinland um Köln zwei größere Gruppen von jungen Leuten und Armen nach Süden aufbrachen, *um Jerusalem zurückzugewinnen*. Die Frage ist, wen der von den historischen Quellen benutzte Begriff *puer* (Kind, aber auch junger Mensch und unverheirateter Mann) bezeichnete. Die historische Forschung neigt dazu, den Begriff nicht nur als Altersangabe, sondern auch als Angabe eines niederen sozialen Standes zu sehen. Der sogenannte *Kinderkreuzzug* war in moderner

Sicht das Unternehmen einer Gruppe junger Menschen, die vorwiegend aus der Unterschicht kamen. Unter ihnen waren allerdings auch Kinder, Geistliche und vereinzelte Patriziersöhne. Auffällig war zudem die Teilnahme von zahlreichen Mädchen. Die Kinder, die unter der Führung eines gewissen Nikolaus nach Italien aufbrachen, erwarteten, dass sich bei ihrer Ankunft an der Küste das Meer teilen würde und sie wie die Israeliten trockenen Fußes an das andere Ufer gelangen würden, um Jerusalem zu befreien. Was den mächtigen Königen des Abendlandes nicht gelungen war, sollte den armen Kreuzfahrern gelingen. Das Unternehmen trug deutliche Züge der religiösen Armutsbewegung jener Jahre, aus der die Ordensgründung des Franziskus und Dominikus hervorging, und die der Kirche so bedeutende neue Impulse verlieh. Wie die Anhänger des Franziskus wenige Jahre später auf ihrem Weg über die Alpen nach Norden, so erfuhren auch die jungen Kreuzfahrer auf ihrem Weg nach Süden vielfache Unterstützung aus der Bevölkerung. Aber es half nichts. Das Meer teilte sich nicht, und die Kinder und die Armen gelangten nicht nach Jerusalem. Ihre Spur verliert sich. Manche sollen in die Sklaverei verkauft worden sein, andere erlitten Schiffbruch und ertranken. Einige kehrten zurück, nun verspottet statt bewundert.

Ein ganz anderes Gepräge hatte der Zug, den der Stauferkaiser Friedrich II. 1228/29 in das Heilige Land unternahm. Friedrich war der Sohn Kaiser Heinrichs VI. und der Enkel Friedrich Barbarossas. Durch die Heirat seines Vaters mit der sizilischen Prinzessin Konstanze war Friedrich schließlich zum Erben des Königreichs Sizilien geworden. Auf der Insel wuchs er auf, bis er schließlich alt genug war, die Krone Siziliens zu tragen und bis allerlei historische Wendungen dazu führten, dass er am 25. Juli 1215 auch zum römisch-deutschen König gekrönt wurde. Diese Krone war für ihn zwar seit seinem zweiten Lebensjahr vorgesehen, aber es hatte nach dem frühen Tod seines Vaters 1197 so viele Widerstände gegen eine Fortsetzung der Stauferherrschaft gegeben, dass Friedrich erst 1214 sicher sein konnte, das königliche Amt ungefährdet ausüben zu können. Nach den vielen Wechselfällen, die das Leben des jungen Königs bis dahin geprägt hatten, war dies ein erlösender

Moment. Die Bewegung des jungen Staufers kam auch darin zum Ausdruck, dass er nach der Krönung öffentlich das Kreuz nahm. Deutlich brachte er damit sein Bekenntnis zur Tradition seines Vaters und seines Großvaters zum Ausdruck, auf deren Herrschaftsebene ihn die Aachener Krönung gehoben hatte. Sein Großvater war auf einem Kreuzzug gestorben und sein Vater war gestorben, während er einen Kreuzzug vorbereitete, mit dem er das Werk Barbarossas zu Ende führen wollte. Im Jahr 1215 stand die Rückgewinnung Jerusalems auch für den Papst weit oben auf der Agenda. Friedrich sah sich als römisch-deutscher Herrscher und künftiger Kaiser in der Pflicht. Es war allerdings ein grundsätzliches Bekenntnis, das eher der Würde des Krönungstages als den Überlegungen der Tagespolitik geschuldet war. Die Tagespolitik stand der Umsetzung eines solchen Kreuzzugsgelübtes eher entgegen. Friedrich hatte noch viel Arbeit zu leisten, um die staufische Herrschaft in Deutschland und in Sizilien nach unruhigen Jahren zu festigen und so verzögerte sich sein Aufbruch in das Heilige Land immer wieder. Schließlich sollte es zwölf Jahre dauern, bis er den ersten, ernsthaften Versuch unternahm. In der Zwischenzeit war er sogar zum Kaiser gekrönt worden. Aber immer hatten ihn die konkreten Erfordernisse in Deutschland und in Sizilien von einer Fahrt in das Heilige Land abgehalten.

Der Kaiser hatte sich auch nicht entschließen können, den begonnenen fünften Kreuzzug durch seine Teilnahme zu unterstützen, obwohl man ihn dringend erwartete. Das Gelübde zum Kreuzzug, obwohl wahrscheinlich nicht von taktischen Überlegungen bestimmt, erwies sich gleichwohl als politisch nützlich. Als Friedrich 1220 zu seiner Kaiserkrönung nach Rom aufbrach, konnte er seinen Sohn Heinrich zum römischen König wählen lassen, obwohl er selber noch nicht Kaiser war. Die Wahl des Sohnes zum neuen König war eigentlich erst dann üblich, wenn der Vater selber Kaiser war – bei zwei Königen waren die Zuständigkeiten etwas unklar. Aber Friedrich konnte auf die Notwendigkeit der Herrschaftssicherung angesichts eines bevorstehenden Kreuzzugs verweisen. Die unmittelbar zurückliegenden Erfahrungen der staufischen Dynastie mit den Risiken des Kreuzzugs lieferten eindrückliche Beispiele für die möglichen Gefahren. Und doch brach Friedrich auch nach seiner Kaiserkrönung noch nicht auf, obwohl es von seinem Königreich Sizilien nach Ägypten nicht weit war. Erst im Jahr 1225 wurde es schließlich ernst.

Am 25. Juli 1225, genau zehn Jahre nach seinem ersten Kreuzzugsgelübde, verpflichtete sich Friedrich II. bis zum August 1227 mit einer ansehnlichen Streitmacht in das Heilige Land aufzubrechen. Würde er innerhalb dieser Frist nicht aufbrechen so würde er der Exkommunikation verfallen. Noch im selben Jahr heiratete er Johanna von Brienne, die Erbin des Königreichs Jerusalem, und begann nun auch, den Titel eines Königs von Jerusalem zu führen. Es gelang dem Kaiser tatsächlich, ein respektables Heer zu versammeln, das sich im August 1227 in Brindisi einschiffte. Aus Deutschland war neben anderen Fürsten auch der Landgraf von Thüringen zu ihm gestoßen, dessen Ehefrau Elisabeth später heiliggesprochen wurde. Die Ansammlung vieler Menschen in der Sommerhitze erhöhte das Risiko einer Seuche, der größten Gefahr für die Heere dieser Epoche. Und in Brindisi brach eine tödliche Krankheit aus. Auch der Kaiser und der Landgraf von Thüringen wurden von ihr erfasst. Sie schifften sich dennoch ein, wurden aber durch den Krankheitsverlauf gezwungen, umzukehren. Friedrich war ernsthaft erkrankt, der Landgraf starb. Nach den Buchstaben des Vertrags verfiel der Kaiser nun der Exkommunikation, und der neue Papst Gregor IX., der das Zögern des Kaisers als Kardinal mit Unmut verfolgt hatte, war nun nicht mehr bereit, Ausnahmen zuzulassen. In scharfer Form wurde Friedrich II. im September 1227 aus der Kirche ausgeschlossen.

Nun ergab sich die eigentümliche Situation, dass ein exkommunizierter Kaiser mit Nachdruck einen Zug zur Befreiung der Heiligen Stätten vorbereitete, nicht mit dem Segen der Kirche, sondern gegen ihren entschiedenen Widerstand. Friedrich II. ließ sich durch den päpstlichen Bann nicht abhalten. Er blieb von seiner Mission überzeugt, obwohl ihm in zweifacher Hinsicht die Legitimation abhanden gekommen war. Friedrich wollte als Kreuzfahrer und er wollte als König in Jerusalem einziehen. Den Königstitel beanspruchte er so, wie es andere Ehemänner der Königinnen von Jerusalem vor ihm getan hatten. Allerdings war dieses Vorgehen am 26. April 1228 fragwürdig geworden. An diesem Tag wurde mit seinem Sohn Konrad IV. ein Erbe des Königreichs geboren, der einen begründeteren Anspruch auf die Krone des untergegangenen Reiches erheben konnte als sein Vater. Die Mutter Isabella starb bald nach der Geburt und der kleine Junge konnte seinen Anspruch noch nicht vorbringen. Ende Juni segelte der Staufer nach Akkon.

Er war nicht auf einem Kriegszug. Tatsächlich hatte es bereits Verhandlungen mit dem Machthaber in Ägypten, Sultan al-Kamil, gegeben, und diese Verhandlungen wurden auch nach Friedrichs gefeierter Ankunft in Akkon fortgeführt. Al-Kamil sah sich in der Rivalität mit seinen Brüdern unter Druck und war bereit, Jerusalem zu bestimmten Bedingungen an die Christen zu übergeben, um einen möglichen zusätzlichen Gegner friedlich zu stimmen. Die Verhandlungen zogen sich hin, weil sich die Veränderung der Machtverhältnisse zu al-Kamils Gunsten entwickelte. Die Notwendigkeit, zu einem Ergebnis zu kommen, nahm ab. Die Verhandlungen sind legendär geworden, weil sich der Kaiser in ihrem Verlauf mit dem Verhandlungsführer des Sultans so gut verstanden haben soll, dass er sich mit ihm ausführlich über die islamische Religion und Kultur austauschte. Friedrich II. war auf Sizilien aufgewachsen, wo die Kulturen des Mittelmeeres aufeinandertrafen, und er hatte ein waches Interesse für ihre Eigenheiten und die sprachlichen Fähigkeiten für den Austausch entwickelt. So konnte er ein gutes Gesprächsklima wahren, als die Verhandlungen auf der Stelle traten.

Schon wenige Tage nach der Ankunft des Kaisers in Akkon, bei der er von den verbleibenden Rittern der Kreuzzugsorden ehrenvoll empfangen wurde, gelangten die Gesandten des Papstes dorthin und verkündeten die Exkommunikation des Kaisers. Sie hatte das Verbot des Umgangs mit dem Gebannten zur Folge. Auch der Patriarch von Jerusalem begegnete Friedrich mit scharfer Ablehnung. Als der Kaiser schließlich den Zugang in die heilige Stadt ausgehandelt hatte, verhängte der Patriarch das sogenannte Interdikt, das Verbot von Sakramentenspendung und von Gottesdiensten. So konnten die Kreuzritter, die erstmals seit einer Generation wieder zu den Heiligen Stätten vorgelassen wurden, dort keinen feierlichen Gottesdienst zelebrieren. Solche internen Konflikte hatten sich schon beim Verlauf des dritten Kreuzzugs gezeigt. Die Rückgewinnung Jerusalem wurde zu einem immer schwierigeren Projekt.

Dabei erzielte Friedrich II. durchaus einen Teilerfolg. Es gelang ihm, mit al-Kamil die christliche Kontrolle über die Stadt und über einige für die Christen wichtige Ortschaften auszuhandeln. Der Vertrag, den wir nur aus Erzählungen kennen, galt für zehn Jahre. Am 17. März 1229, einen Tag vor dem dritten Fastensonntag, zog Friedrich II. in Jerusalem ein. Stolz teilte der exkommunizierte Kaiser dem Papst seine Erfolge in einem sorgfältig aufgesetzten Schreiben mit: *Wisset, dass nun nicht bloß die heilige Stadt selbst wiedergegeben wurde, sondern die ganze Landschaft, wie sie von dort hinabsteigt bis zur Küste und zur Burg Joppe, damit die Pilger fortan freien Zugang zum Grab des Herrn haben und sicheren Rückweg. ...Wahrhaftig, jetzt schien uns und allen jener Tag aufgeleuchtet zu sein, an dem die Engel sangen: »Ehre sei Gott in der Höhe und Friede den Menschen auf Erden, die eines guten Willens sind.« Daher möge eure Heiligkeit, wenn es gefällt, dem Höchsten, der dies vollbracht hat, danksagen.*

Der Kaiser blieb nicht lange in Jerusalem. Die Nachrichten aus Sizilien, die schon seit einiger Zeit bedrohlicher wurden, verkürzten seinen Aufenthalt. Sein Königreich, das an den Kirchenstaat grenzte, wurde von päpstlichen Truppen bedrängt. Noch vor Ostern war Friedrich zurück in Akkon, und im Juni war er wieder in Sizilien. Wir können hier seiner weiteren Auseinandersetzung mit dem Papsttum nicht nachgehen, in der seine vermeintliche Neigung zum Islam eine gewisse Rolle spielte – seine Gegner sahen darin einen Beweis für seine Abkehr vom christlichen Glauben – und erweitern den Blickwinkel an dieser Stelle so, dass auch der Kinderkreuzzug in die Betrachtung eingeht. Denn dies waren die letzten Züge von Kreuzfahrern nach Jerusalem. Friedrich II. war der letzte Kreuzfahrer, der sein Ziel Jerusalem in der Form erreichte, in der er es angestrebt hatte – wenn man einmal vom kirchlichen Bann absieht, der als Schatten über seinem Kreuzzug lag, allerdings als ein charakteristischer Schatten, der sehr viel über den Stand der Kreuzzugsbewegung im 13. Jahrhundert erkennen lässt.

Der Kinderkreuzzug und der Kreuzzug des letzten Stauferkaisers unterschieden sich in ihrem Erscheinungsbild radikal.

Friedrich II. war ein überaus herrschafts- und traditionsbewusster Kaiser; er hatte mit zerlumpten Jugendlichen wenig gemein. Bis auf das Ziel. Die eindrucksvolle Gemeinsamkeit, die das aussichtslose Unternehmen der deutschen und lothringischen Jugendlichen und der umsichtig geplante Kreuzzug des Staufers haben, sind ihr Ziel und ihr Verlauf, der sich nicht wirklich in die erwartete Ordnung fügte. Beide Ereignis waren zwar in ihren einzelnen Zügen nicht wirklich ungewöhnlich, aber sie konnten beide nicht mehr auf eine breite Unterstützung zählen, bzw. sie waren wie der sogenannte Kinderkreuzzug, von vornherein marginalisiert. Sie beriefen sich auf bedeutende Traditionen, trafen auch einen Nerv der Zeit, aber sie kamen nicht mehr aus der Mitte der politisch und sozial bedeutenden Stände und Gruppen. Jerusalem geriet aus dem Fokus. Es war nicht nur so, dass die Entscheidungen über die Zukunft der Heiligen Stätten nicht in Jerusalem fielen, es war auch so, dass diejenigen, die nach Jerusalem zogen, nicht mehr auf einen breiteren Konsens der lateinischen Christenheit setzen konnten. Tatsächlich war der Kreuzzug in fast jeder Hinsicht zu einem »normalen« politischen und religiösen Unternehmen geworden – belastet mit allen Konflikten, die die großen Fragen dieser komplexen Epoche so schwierig machten. Kaiser und Papst konnten ihre Differenzen auch angesichts anderer, bedeutender Zeitfragen nicht überwinden. Das Schicksal Jerusalems war keine Ausnahme. Das ist der eigentlich interessante Befund für die Zeit um 1230.

Es ist daher nicht so überraschend, dass in eben diesen Jahren der Deutsche Orden, der nach dem Verlust Jerusalems in Akkon gegründet worden war, sein Schwergewicht zunehmend aus dem Heiligen Land nach Preußen verlagerte, wo nach einigen Startschwierigkeiten ein Ordensstaat entstand. Wir können dieser Geschichte hier nicht nachgehen, aber sie trägt einen Teil zu einem Bild der Kreuzzüge im fortschreitenden 13. Jahrhundert bei, in dem Jerusalem als Fluchtpunkt zunehmend unscharf wird.

DIE KREUZZÜGE LUDWIGS IX. VON FRANKREICH

Das bedeutete allerdings nicht, dass die Kreuzzugsidee ihre Kraft schon verloren hätte. Noch immer ließen sich viele Menschen von der Faszination eines Kampfes für die Heiligen Stätten erfassen, und noch immer erfasste diese Faszination auch einzelne Herrschergestalten des Abendlandes. Der berühmteste Kreuzfahrer des dreizehnten Jahrhunderts und die eindrucksvollste Führungsgestalt war König Ludwig IX. von Frankreich (1226–1270). Für seine Verdienste um den Kreuzzug wurde er heiliggesprochen, so dass sein Name als *Saint Louis* bis heute in dem Stadtnamen und dem Namen des Blues nachklingt. Als König von Frankreich stellte er seine Herrschaft in die Perspektive des Kreuzzugs und er brach zweimal zu einem bewaffneten Zug auf.

Nach der Genesung von einer lebensbedrohlichen Krankheit hatte Ludwig IX. 1244 das Kreuz genommen und hatte trotz des Widerstandes seiner energischen Mutter bald mit sorgfältigen Vorbereitungen begonnen. Er richtete seine ganze Kraft auf das Unternehmen aus. Ein eigener Hafen wurde in der Provence errichtet (Aigues Mortes). Von dort brach die Flotte im Jahre 1248 auf. Das Ziel war Ägypten. Jean de Joinville, der den König auf diesem Zug begleitete, schrieb viele Jahre später seine Erinnerungen über das Geschehen nieder. Vor seinem geistigen Auge erschien noch einmal die beeindruckende Flotte, mit der der König im Frühjahr nach Zypern segelte. Von dort sollte es weiter nach Damiette gehen, doch ein Sturm zerstreute die Schiffe, und viele der Ritter wurden auf lange Zeit vom König getrennt. Doch Ludwig wartete nicht, bis sein ganzes Heer sich versammelt hatte, um das eigentliche Unternehmen zu beginnen. Sein Vorgehen bei der Landung vor Damiette ist ein deutlicher Beleg dafür, dass die Kreuzzugsidee noch immer eine starke Antriebskraft war. Joinville beschreibt, dass die Kreuzfahrer bei der Ankunft in Ägypten *die volle Stärke der Streitmacht des Sultans am Strand aufgestellt* fand. *Es war ein Anblick, der das Auge erfreute, denn die Rüstungen des*

*Sultans waren aus Gold, und wo die Sonne sie traf, da leuchteten
sie strahlend. Der Lärm, den diese Armee mit ihren Kesselpauken
und ihren sarazenischen Fanfaren veranstaltete, war erschreckend zu
hören.*

Die Landung wurde um einige Tage verschoben, aber der
König weigerte sich, zu warten, bis der Rest der Flotte eingetroffen sei. Als die Ritter am verabredeten Tag den Strand
stürmten und als Ludwig hörte, dass die Oriflamme bereits
an Land gebracht worden sei, konnte er nicht länger warten
und sprang angesichts der Feinde ins Wasser, das ihm bis zur
Schulter reichte und watete an Land, um zu kämpfen. Damiette wurde schnell genommen und zunächst waren die Franzosen erfolgreich. Bei Mansurah aber erlitten sie eine schwere
Niederlage, durch die viele Ritter und auch König Ludwig
selbst in Gefangenschaft geriet. Gegen die Herausgabe von
Damiette und gegen ein hohes Lösegeld wurde Ludwig freigelassen, aber er blieb noch so lange im Heiligen Land, bis seine gefangenen Ritter ebenfalls frei waren. Der Kreuzzug war
fehlgeschlagen, aber anders als beim fünften Kreuzzug, dessen
Verlauf geradezu irritierende Parallelen aufwies, wurde der
geschlagene König bei seiner Rückkehr mit Respekt empfangen. Anders als manche seiner Vorgänger nahm er die Verantwortung für das Scheitern auf sich.

Das Königtum Ludwigs IX. ging aus der Niederlage in
Ägypten gestärkt hervor. Der geschlagene König sah die Notwendigkeit von Reformen, und er setzte sie energisch ins Werk.
Jerusalem profitierte von diesem Einsatz nicht, und die Situation im Heiligen Land änderte sich nicht grundlegend. Im Jahr
1267 nahm Ludwig noch einmal das Kreuz und segelte 1270 in
Begleitung seines Sohnes nach Tunis. Ähnlich wie 80 Jahre zuvor Friedrich Barbarossa und sein Sohn auf dem Kreuzzug gestorben waren, starben auch Ludwig IX. und sein Sohn, bevor
sie den Kampf aufnehmen konnten. Ähnlich wie Barbarossa
hatte auch Ludwig zwei erfolglose Kreuzzüge unternommen,
aber anders als Barbarossa wurde Ludwig 30 Jahre nach seinem Tod für seinen Einsatz heiliggesprochen. Er war in der
Tat ein eindrucksvoller König gewesen. Doch lagen seine ei-
gentlichen Verdienste eher in Frankreich als im Heiligen Land.
Die Auswirkungen seiner Kreuzzugspolitik auf das Heilige
Land waren eher kontraproduktiv. Die Kampagne Ludwigs

IX. trug dazu bei, die ayubidische Herrschaft in Ägypten zu schwächen. Ihr Sturz während Ludwigs Kreuzzug brachte eine Schicht an die Macht, die sich als sehr viel gefährlichere Gegner der Christen erweisen sollten, als dies die Nachfahren Saladins gewesen waren.

DIE KREUZZUGSBILANZ DES DREIZEHNTEN JAHRHUNDERTS

Nach dem Tod Ludwigs IX. auf dem Kreuzzug lässt sich in Hinblick auf die Kreuzzugsunternehmungen des dreizehnten Jahrhunderts zur Wiedergewinnung Jerusalems eine relativ klare Bilanz ziehen. Die militärische Rückeroberung des Heiligen Landes, bzw. eine militärische Strategie, die durch die Eroberung Ägyptens das Heilige Land zurückgewinnen wollte, ging über die Kräfte, die das Abendland in dieser Phase aufzubringen bereit war. Die wiederholten Versuche, die unzureichenden Mittel durch strategische Planung auszugleichen, hatten gezeigt, dass die Kreuzfahrer seit dem Verlust von Jerusalem eine gewisse Vorstellung von der politischen Landkarte des Nahen und Mittleren Ostens gewonnen hatten. Zwar tendierten sie noch immer dazu, ihre Kräfte zu überschätzen, aber jede Niederlage fügte einem realistischen Bild ihrer Möglichkeiten eine weitere Facette hinzu. Es war ein Bild, das in den letzten drei Jahrzehnten des dreizehnten Jahrhunderts nur wenige helle Stellen aufwies, und es sollte noch dunkler werden.

In Hinblick auf die mobilisierende Kraft der Kreuzzugsidee für das Heilige Land kann man in dem Jahrhundert nach dem Verlust Jerusalems nur von einem allmählichen Abklingen sprechen. Dabei lässt sich eindrucksvoll studieren, wie eine Idee, die gut hundert Jahre zuvor die Menschen in großen Zahlen zum Aufbruch nach Jerusalem bewegte, diesen Schwung verlor. Es war nicht die Kreuzzugsidee an sich, die schwächer wurde. Es war die bindende Kraft des Ziels Jerusalem, die allmählich nachließ. Und es zeigte sich, dass das Nachlassen solcher Zielvorstellungen nicht in einem gleichmäßigen Verblassen erfolgte. Vielmehr bewegte diese Idee manche Menschen noch immer sehr stark. Ludwig IX. war ein eindrucksvoller Vertreter der Kreuzzugsidee im 13. Jahrhundert. Seine Kreuzzugsbegeisterung stand hinter der der ersten Kreuzfahrer kaum zurück. Aber er war nun eine einzelne Gestalt. Er erhielt noch Unterstützung, aber es gab auch ebensoviel Widerstand. Verschiedene Menschen und verschiedene soziale Gruppen interpretierten das Ideal in zunehmend unterschiedlicher Weise vor dem Hintergrund ihrer eigenen Erfahrungen und den Notwendigkeiten ihres Standes. Die Kinderkreuzzüge und der Kreuzzug Friedrichs II. waren ein Ausdruck dieser Differenzierung. In gleicher Weise wirkte der eindringliche Appell, die Sarazenen durch Mission und nicht durch Waffengewalt für das Christentum zu gewinnen, den in dieser Phase (um 1273) der Dominikaner Wilhelm von Tripolis in einem ausführlichen Traktat formulierte. Diese Differenzierung schwächte allmählich die soziale Bindekraft des Ziels, die Herrschaft über Jerusalem mit Waffengewalt zurück zu erlangen.

Die gedämpfte Zuversicht, die Heiligen Stätten mit militärischen Mitteln wiedererobern zu können, äußerte sich in der verhaltenen Reaktion auf einen leidenschaftlichen päpstlichen Aufruf auf dem II. Konzil von Lyon im Jahre 1274. Als Tedaldo Visconti am 1. September 1271 zum Papst gewählt wurde, da erreichte ihn die Nachricht seiner Wahl im Heiligen Land. Die Kardinäle hatten sich drei Jahre lang nicht auf einen neuen Papst einigen können, und sie wählten schließlich einen Mann, der als Erzdiakon von Lüttich nicht dem Kardinalskolleg angehörte. Für den neuen Papst (Gregor X.) hatte die Rückgewinnung des Heiligen Landes hohe Priorität. Er kannte die Zustände vor Ort aus eigener Anschauung, im Frühjahr 1271 war er als Pilger nach Akkon gereist. Kaum an die Kurie zurückgekehrt, begann er in Briefen für die Sache des Heiligen Landes zu werben. Das Konzil, das als repräsentative Vertretung der lateinischen Christenheit im Frühjahr 1274 auf Gregors X. Einladung hin zusammentrat, war dafür eine besonders geeignete Bühne.

Das II. Konzil von Lyon war eine Fortsetzung der Tradition der großen Generalkonzilien, die unter Innozenz III. mit dem IV. Laterankonzil 1215 einen Höhepunkt erreicht hatte.

Der Name der Konzilien leitet sich von ihrem Tagungsort ab. In dem großen Konflikt des Papsttums mit Kaiser Friedrich II. war Papst Innozenz IV. 1245 nach Lyon ausgewichen, um dort auf einem allgemeinen Konzil den Kaiser abzusetzen (Friedrich II. hatte in den Jahren zuvor durch die Einkreisung von Rom das Zustandekommen eines solchen Konzils mit Gewalt verhindert). Gregor X. setzte diese Tagungstradition fort, in der bereits ein Unterschied zu Innozenz III. zu erkennen ist.

Innozenz III. hatte die große Versammlung der führenden Kirchenleute in Rom zur Werbung für seinen Kreuzzug genutzt. Das Konzil Gregors X. war kleiner und es fand nicht vor der ehrwürdigen Kulisse der Bischofskirche in Rom statt. Aber es waren dennoch viele Prälaten gekommen – die Quellen sprechen von etwa 1000 Bischöfen und Äbten, dazu kamen die Vertreter der weltlichen Herrscher Europas. Sie tagten von Mai bis Juli 1274 in Lyon und Gregor hatte sich vor allem vorgenommen, zu einem neuen Kreuzzug aufzurufen.

Allerdings hatte sich die Form des Kreuzzugsaufrufes seit Urban II. deutlich geändert, und die Neuerungen zur Finanzierung des Kreuzzugs, die Innozenz III. eingeführt hatte, hatten entscheidend zu dieser Entwicklung beigetragen. Nun stand nicht mehr der dringende Ruf zu den Waffen im Vordergrund, sondern die Frage, wie das Unternehmen finanziert werden sollte. Mit solchen Fragen hatten sich frühere Konzilien nur am Rande befassen müssen, aber in Lyon ging es nun vor allem um die Frage, wie ein neuer Kreuzzug bezahlt werden könne. In der Konzentration auf die Finanzierung, die ja durchaus eine gewisse Rationalität hatte, kündigte sich bereits jene Tendenz der spätmittelalterlichen Kirche an, die viele zentrale Fragen des geistlichen Lebens vor allem aus fiskalischer Perspektive sah. Der Papst hatte Großes im Sinn. Seine Finanzforderungen lassen das erkennen. Er verlangte vom gesamten Klerus einen sechsjährigen Zehnt aus allen Abgaben. Das war nach Umfang und Dauer ein Mehrfaches dessen, was etwa Innozenz III. gefordert hatte. Gregor wusste, dass die Rückgewinnung Jerusalems nur mit einer enormen Anstrengung möglich war. Für das Königreich Jerusalem schien ihm dieses Opfer angemessen. Leidenschaftlich wandte er sich in mehreren Sitzungen an die Versammlung und hoffte, dass der Funke seiner Begeisterung die Zuhörer so erfassen könnte, wie es frühere Kreuzzugspredigten getan hatten.

Gerade das hochgesteckte Ziel Gregors X. und sein Einsatz für dieses Unternehmen lassen das II. Konzil von Lyon zu einem bedeutenden Gradmesser für die Kreuzzugsbereitschaft in der lateinischen Christenheit nach dem Tod Ludwigs IX. werden. Der Papst setzte all seine Kraft für die Überzeugung der entscheidenden Vertreter seiner Kirche und der Mächtigen oder ihrer Gesandten ein, und er hatte ein großes Publikum für diese Bemühungen. Die Wirkung war offenkundig: sie blieb aus. Als Reaktion auf seine engagierten Bemühungen erntete der Papst Schweigen und Ablehnung. Die Konzilsteilnehmer teilten die Begeisterung des Papstes für eine teure Expedition in das Heilige Land nicht. Tatsächlich versiegte die Initiative Gregors X. nach dem Ende des Konzils. Und da Gregor X. schon im Januar 1276 starb, hatte er nicht mehr die Möglichkeit, durch hartnäckiges Nachfassen die Zögernden noch umzustimmen.

Das Scheitern Gregors X. auf dem II. Konzil von Lyon gibt einen klaren Hinweis auf das Potential eines Kreuzzugs nach Jerusalem im späteren 13. Jahrhundert. Es war weitgehend verlorengegangen. Es lag nun 80 Jahre zurück, seit Richard Löwenherz und Philipp II. mit der Eroberung von Akkon einen Erfolg im Heiligen Land erzielt hatten. Das war eine lange Zeit, und seitdem hatten die Kreuzfahrer nur Niederlagen oder zweifelhafte Erfolge erlebt. Und bevor das Jahrhundert zu Ende ging, kam es zum Kampf um den letzten christlichen Stützpunkt im Heiligen Land. Im Frühjahr 1291 zog ein großes Mamlukenheer vor die Stadt Akkon und begann mit der Belagerung.

DER FALL AKKONS

Die Mamluken, ursprünglich als Kriegersklaven außerhalb des islamischen Herrschaftsbereichs eingekauft, waren etwa eine Generation zuvor in Ägypten an die Macht gelangt. Sie hatten sich in einer Krise der ayubidischen Herrschaft am Nil, die durch die anfänglichen Erfolge Ludwigs IX. verstärkt worden war, gegen ihre bisherigen Herren erhoben und waren selber an die Spitze des Reiches getreten. Die Rekrutierung ihres Nachwuchses durch den Ankauf von Kindersklaven, die dann zum Kriegsdienst und zum Islam erzogen wurden, behielten sie bei. Ihre Herrschaft gewann durch militärische Erfolge in der Anfangsphase schnell an Stabilität, und tatsächlich hatte sie bis in das frühe 16. Jahrhundert Bestand. Die Mamluken änderten die bisherige Verhandlungspolitik der Nachkommen Saladins und nahmen eine kriegerische Haltung gegenüber den Christen ein, die noch immer Stützpunkte entlang der Küste des Heiligen Landes innehatten. In den 1260er Jahren eroberten die Mamluken wichtige christliche Positionen entlang der Küste, wie Haifa, Caesarea (1265) und Jaffa (1268) und zu Beginn der 1270er Jahre fiel auch die legendäre Kreuzfahrerburg Krak des Chevaliers in Transjordanien. Die Christen verloren ihre Rückzugsorte. Akkon war ein besonderes Ziel.

Die Stadt war schon in der Zeit, in der das Königreich Jerusalem noch bestand, häufiger Aufenthaltsort des Königs gewesen. Nun fanden sich in ihren Mauern all jene zusammen, die die Tradition des untergegangenen Königreichs hochhielten, die Handelsinteressen im östlichen Mittelmeer verfolgten, die die Königreiche des Westens im Heiligen Land vertraten, oder die durch all diese Bewohner und die noch immer zahlreichen Pilger ihren Lebensunterhalt verdienten. Ein englischer Chronist gibt die Zahl der Prostituierten mit vierzehntausend an. Das dürfte deutlich übertrieben sein, aber der sittliche Verfall der Stadt wurde in vielen Berichten beklagt. Eine Bevölkerungszahl von etwa 30 000 Einwohnern ist vielleicht realistisch. Akkon war eine Hafenstadt mit einer besonders dichten Atmosphäre und den Eigenheiten einer Transitstadt. Die bedeutenden italienischen Handelsstädte, die mit dem Heiligen Land Geschäftsbeziehungen unterhielten, hatten ihre eigenen Stadtviertel. Der Hafen, der im Frühling und Herbst zum Anlauf- und Abfahrtspunkt der Pilger wurde, wurde von der Festung der Templer überragt, und die Stadt war auf der Landseite von zwei gewaltigen Mauerringen und tiefen Gräben geschützt.

Seit die Dynastie der Staufer mit der Hinrichtung des Enkels Kaiser Friedrichs II. Konradin im Jahr 1268 geendet hatte, war der Königstitel von Jerusalem, den Friedrich für seine Familie gewonnen hatte, schließlich an die Herren von Zypern gegangen. So erlebten die Einwohner von Akkon von Zeit zu Zeit auch den König von Jerusalem in ihren Mauern. Im Frühjahr 1291 brach das letzte Kapitel dieses eigentümlichen Stützpunktes christlicher Kultur im Heiligen Land an. Es war ein kurzes Kapitel.

Unter der Führung von Sultan al-Ashraf begannen die Mamluken eine energische Belagerung. Da sie über keine hinreichende Flotte verfügten, gingen sie gegen die Mauern der Stadt vor, indem sie sie mit Tunneln unterhöhlten. Auch angesichts der offenkundigen Bedrohung fanden die verschiedenen rivalisierenden Gruppen in der Stadt nicht zu einer koordinierten, gemeinsamen Anstrengung. Der Beschuss der Stadt mit Wurfgeschossen aller Art und mit dem berüchtigten »Griechischen Feuer«, das beim Aufprall eine leicht brennbare Flüssigkeit verspritzte und entzündete, setzte den Belagerten sehr zu. Ein Chronist schreibt, dass ein Speer, den ein Verteidiger von einem der Türme in der Mauer schleuderte, noch vor seinem Aufprall auf die Erde durch die Wurfgeschosse in viele Teile zersplittert worden sei. Mitte Mai fiel die äußere Stadtmauer, und am 18. Mai 1291 überwanden die Mamluken auch den inneren Mauerring. Es folgten blutige Szenen. Der junge König von Jerusalem, der zwei Wochen zuvor in die Stadt gekommen war, um die Verteidiger zu unterstützen, floh mit dem Schiff. Der Hafen wurde zum umkämpften letzten Fluchtweg. Die Szenen, die sich dort abspielten, als die Kreuzfahrerherrschaft zusammenbrach, haben etwas von der dramatischen Symbolik, die ein moderner Zeitgenosse mit den Szenen in der amerikanischen Botschaft beim Fall Saigons vergleichen könnte.

Nach der Überlieferung wurde ein Großteil der Bewohner Akkons während der Eroberung und nach der Einnahme der Stadt getötet oder in die Slaverei verkauft. Die Stadt wurde sehr gründlich geplündert und anschließend zerstört. Mit Akkon fiel die Stütze der letzten christlichen Positionen im Heiligen Land. Die Truppen al-Ashrafs eroberten die verbleibenden Positionen entlang der Küste und zerstörten sie gründlich. So hätte ein neuer Kreuzzug keinen Brückenkopf mehr im Heiligen Land gehabt, und die Kreuzfahrer hätten von Grund auf neue Strukturen schaffen müssen. Doch dazu kam es nicht mehr. Mit dem Fall Akkons im Mai 1291 ging die Geschichte der Kreuzfahrer im Heiligen Land knapp 200 Jahre nach der Eroberung Jerusalems auf dem ersten Kreuzzug zu Ende.

Ein Erfurter Franziskaner beschrieb in seiner Chronik die Reaktion der päpstlichen Kurie: *Als der Herr Papst und die Herren Kardinäle von der großen Verödung des Heiligen Landes hörten, stimmten sie ein großes Wehklagen an und waren auf das Schwerste beunruhigt. Deshalb hielten sie fast jeden Tag ein Konsitorium ab [das ist die regelmäßige Zusammenkunft des Papstes mit den Kardinälen] und berieten darüber, wie sie dem Heiligen Land helfen könnten. Viele waren der Meinung, dass der Papst ein allgemeines Konzil abhalten solle.* Aber es waren keine zwanzig Jahre vergangen, seit das allgemeine Konzil in Lyon 1274 abweisend auf den leidenschaftlichen päpstlichen Kreuzzugsappell reagiert hatte. Jetzt wären noch größere finanzielle Anstrengungen nötig gewesen. Der Verlust der letzten Positionen im Heiligen Land löste im Abendland Ratlosigkeit aus.

DAS SCHICKSAL DER RITTERORDEN

Der Fall Akkons hatte Folgen für die, deren Aktionsfeld bislang das Heilige Land gewesen war. Für die Ritterorden der Johanniter und der Templer bedeutete der Verlust Akkons den Verlust ihres Wirkungsfeldes. Der Ordensmeister der Templer hatte bei den Kämpfen um Akkon den Tod gefunden und seine Nachfolger mussten sich der Frage stellen, was aus einem Ritterorden werden solle, dessen Zweck die Verteidigung der Christen im Heiligen Land gewesen war, wenn es kaum noch christliche Gemeinschaften im Heiligen Land gab und wenn der Orden selber seine Burgen und Niederlassungen verloren hatte. Das Problem war, dass die Ordensleitung auf dieses Problem keine überzeugende Antwort fand. Es erscheint sogar so, als habe sie das Problem überhaupt nicht gesehen. Dadurch wurde die kritische Lage indes nicht entschärft.

Die Johanniter erschlossen sich ab 1306 ein neues Wirkungsfeld, indem sie Rhodos eroberten. Die Eroberung der

Insel zog sich einige Jahre hin, aber dann wurde sie zu einem neuen Sitz für den Ritterorden. Die Johanniter waren auf diese Weise nicht davon abhängig, dass eine europäische Kreuzzugsplanung ihnen einen Platz zuwies, sondern sie konnten weiterhin selbstbestimmt handeln. Die Nähe zur kleinasiatischen Küste, an der im Laufe des vierzehnten Jahrhunderts die osmanischen Türken erstarkten, sicherte den Johannitern ein vielfältiges Aktionsfeld.

Der Deutsche Orden hatte sich in Preußen ein Wirkungsfeld erschlossen, das vom Schicksal des Heiligen Landes unabhängig war. In der Nähe von Danzig erbaute der Orden ab 1309 die imposante Marienburg, die seine Zentrale wurde. Von hier aus wurde das Ordensland in Preußen regiert, das die Ritter in langen Kämpfen während der vorangehenden 70 Jahre erobert hatten. Es gelang ihnen zudem, eine gewisse Kontrolle in Livland zu erreichen, aber weiter konnten sie ihre Herrschaft im Baltikum nicht ausdehnen. Die Tatsache, dass sich der Orden gegen die noch heidnischen Litauer nicht durchsetzen konnte, begrenzte zwar seine Wirkung, führte aber dazu, dass es für diese Kreuzritter auch im späten Mittelalter noch hinreichend Gelegenheiten zu Kämpfen gegen Heiden gab. Die *Litauenfahrten* erlangten bei den jungen Aristokraten des Reichs eine gewisse Prominenz und dieser eigentümliche Außenposten mit seiner Atmosphäre aus kolonialem Überlegenheitsdenken und echtem, aber kriegerischem Missionsgeist sorgte auch nach dem Verlust des Heiligen Landes für ein Fortleben des Kreuzzugsgedankens in den Landschaften an der südlichen Ostseeküste und für eine gesicherte *raison d'etre* für den Deutschen Orden. Der Deutsche Orden, der erst nach dem Fall Jerusalems in Akkon gegründet worden war, und der schon wenige Jahrzehnte nach seiner Gründung seinen Schwerpunkt in den Nordosten verlegte, war durch seine Geschichte und sein Selbstverständnis durch den Verlust des Heiligen Landes weniger getroffen. Die Templer, deren Existenz bis zum Verlust Akkons auf ein Wirken im Heiligen Land ausgerichtet war, waren in einer anderen Situation.

Der Templerorden war am Ende des 13. Jahrhunderts kein Verband mehr, der junge Männer anzog, die die Welt verändern wollten. Seine Präsenz in Akkon, das in seinen letzten

Jahrzehnten einen zweifelhaften Ruf besaß, erleichterte seine Lage nicht. Die Atmosphäre, die eine Hafenstadt interessant machte, war nicht unbedingt eine ideale Atmosphäre für einen Orden, der neben dem Geist des Kampfes auch einen starken mönchischen Zug hatte. Angesichts der begrenzten Aussichten auf einen großen neuen Kreuzzug war sein Wirkungsfeld eingeschränkt, und seine bedeutende Tradition nahm die Mitglieder stärker in Beschlag, als dies gut für seine Zukunft war. Die Verhaftung in der Tradition und eine gewisse Phantasielosigkeit in Hinblick auf zukünftige Aufgaben lässt sich bei dem letzten Ordensmeister Jacques de Molay feststellen. Jacques de Molay war 1293 zum Leiter seines Ordens gewählt worden und er hatte 1306 in einer Schrift über den Kreuzzug und die Aufgaben des Templerordens ein traditionelles Bild der Tempelritter entworfen. Er hatte diese Schrift auch deshalb verfasst, weil sich sein Orden und die Johanniter seit dem späteren 13. Jahrhundert wachsender Kritik an ihrer Haltung und an ihrer Politik im Heiligen Land gegenübersahen. Diejenigen, die sich zu diesem Zeitpunkt noch für größere Kreuzzugsprojekte einsetzten, wie etwa der Franzose Pierre Dubois († um 1321), favorisierten in der Regel eine Zusammenlegung der im Heiligen Land aktiven Ritterorden der Johanniter und der Templer.

Der Ordensmeister der Templer war 1307 eigens nach Frankreich gereist, um solchen Vorschlägen entgegenzutreten. Er berief sich auf die große Tradition seines Ordens, wobei nicht alle seine Argumente für den Papst und den französischen König zwingend erscheinen mussten. Wenn Jacques de Molay geltend machte, dass es ein bewährter Brauch sei, dass bei den Militäraktionen im Heiligen Land einer der beiden Ritterorden die Vorhut stelle und der andere die Nachhut, weshalb bei einer Zusammenlegung entweder die Vorhut oder die Nachhut entfalle, so überzeugte er die Kritiker seines Ordens damit kaum. Der Ordensmeister war nach Frankreich gereist, weil hier über die Zukunft seines Ordens entschieden wurde. Die Templer hatten eine enge Bindung an Frankreich, es war ein französischer Adliger gewesen, der den Orden gegründet hatte, und der König von Frankreich hatte seinen Kronschatz der Verwaltung des Ordens anvertraut (im Sitz des Ordens, dem *Temple* in Paris). Dazu kam, dass der Papst dieser Jahre,

Clemens V. (1305–1314), seinen Amtssitz in den Süden Frankreichs verlegt hatte. Er war selber Franzose, und seine Gesundheit war angegriffen, weswegen er nach seiner Wahl nicht nach Rom ging, sondern in seiner gewohnten Umgebung blieb. Er leitete damit die lange Phase des Papsttums in Avignon ein, da auch sein Nachfolger aus Frankreich kam und seinen Sitz in Avignon nahm, wo er für kürzere Zeit Bischof gewesen war, bevor er an die Kurie berufen wurde. Die Päpste und ihre Kurie blieben die nächsten Jahrzehnte in Avignon und ließen dort einen eindrucksvollen Papstpalast erbauen.

Die Tatsache, dass die päpstliche Kurie ihren Sitz in den Süden Frankreichs und schließlich nach Avignon verlegte (das politisch nicht zum Königreich gehörte), hatte verschiedene Gründe. Rom war nie eine einfache Heimat für die Kurie gewesen, immer wieder hatten die Päpste aus der Stadt fliehen müssen. In diesem Fall flohen sie allerdings nicht in das römische Umland, sondern in die Nähe des französischen Königs und eine Konsequenz dieses Umzuges war es, dass die neu ernannten Kardinäle zunehmend aus Frankreich kamen. Diese Kardinäle wählten einen der ihren zum neuen Papst, wenn der alte Papst starb. Die Kurie wurde in den Jahren ihrer Residenz in Avignon in wachsendem Masse von Männern geprägt, deren persönliche Erfahrung auf ihrer Heimat im Königreich Frankreich beruhte. Das bedeutete nicht, dass sie eine Politik verfolgten, die dem französischen König angenehm war, aber es bedeutete, dass das Thema des Kreuzzugs, das in seiner ganzen Geschichte bedeutende Impulse durch die Päpste und die französischen Könige erhalten hatte, zu Beginn des 14. Jahrhunderts in verstärktem Maße zu einem französischen Thema wurde. Mit der Verbindung eines französischen Papstes und Adligen aus dem Königreich Frankreich hatte die Kreuzzugsgeschichte ja begonnen.

KREUZZUGSPLÄNE AM FRANZÖSISCHEN KÖNIGSHOF

Die französischen Könige verstanden sich als *allerchristlichste Könige*. In dieser Form sprachen sie von sich selbst. Die französische Kirche war um 1300 in besonderer Weise mit der päpstlichen Kurie verbunden. Etwa die Hälfte der Einküfte der päpstlichen Kurie kamen aus französischen Pfründen. Wiederholt waren französische Könige selber auf einen Kreuzzug gezogen, wenn auch nie mit sichtbaren Erfolgen. Eine Tradition hatte dieser Einsatz dennoch begründet. Gegen Ende des 13. Jahrhunderts erreichte König Philipp IV. (1285–1314), dass sein Großvater Ludwig IX. heilig gesprochen wurde. Philipps Großvater war 1270 auf einem Kreuzzug gestorben. Dasselbe galt für Philipps Vater Philipp III. (1270–1285), der ebenfalls auf einem Kreuzzug starb. Es war allerdings ein Kreuzzug gegen einen (exkommunizierten) katholischen König, gegen König Peter III. von Aragón, dessen Sizilienpolitik den Papst provoziert hatte. Zwar hatte auch Philipp IV. das Kreuz genommen, doch brach er nie zu einer solchen Unternehmung auf. Seine politische Initiative galt seinem französischen Königtum. Die Herrschaft Philipps IV. baute in solchem Maße auf die staatlichen Strukturen, dass man hier von einem Leitbild der *Staatsraison* gesprochen hat. Der König setzte in hohem Maße auf juristische Berater, zu denen auch der bereits genannte Pierre Dubois zählte.

Pierre Dubois legte im Jahr 1306 eine Schrift *Über die Rückgewinnung des Heiligen Landes* (*De recuperatione Terre Sancte*) vor, in der er ein groß angelegtes politisches Szenario für ein europäisches Kreuzzugsunternehmen skizzierte. Die *Rückgewinnung des Heiligen Landes* ist ein interessanter Text, der allerdings sehr viel mehr über die Bewusstseinslage potentieller Kreuzzugsorganisatoren aussagt, als über die Verhältnisse im Heiligen Land.

Pierre Dubois entwarf keine neue Militärstrategie. Er sah es vielmehr als erforderlich an, dass sich die europäischen Staaten eine übergeordnete Friedenslösung geben sollten.

Das Ziel der Friedensordnung sollte der gewaltfreie Ausgleich von Konflikten innerhalb der Christenheit durch ein Schiedsgericht sein, ein Konzil zur Reform der Kirche sollte die Ordnung einleiten. Es ist eindrucksvoll – und aufschlussreich - zu sehen, wie engagiert Pierre Dubois den Krieg als Mittel europäischer Politik ächtet. Stattdessen plädiert er unter Berufung auf die Bibel und auf Aristoteles, der im Laufe des 13. Jahrhunderts als politischer Philosoph eine hohes Ansehen in Europa erlangt hatte, für ein gemeinsames Handeln: *Dann, wenn sie in ihrem Herzen den wahren Frieden erlangt haben, werden alle katholischen Prälaten, gemeinsam mit dem gesamten Klerus und allen Menschen, die ihrer Fürsorge anvertraut sind, in einem geistlichen Sinne einen politischen Körper bilden, und die Worte des Apostels werden wahr werden: Die Gemeinde der Gläubigen war ein Herz und eine Seele, oder wie der Philosoph* [d.h. Aristoteles] *sagt: Alle Tugend ist vereint stärker als dieselbe geteilt und zersplittert.* Pierre Dubois selber bezeichnet sein Ziel als den universalen Frieden (*Wir sollten daher nach dem universalen Frieden streben*), aber wir müssen uns vergegenwärtigen, was das bedeutete. Der ganze Vorgang ist lehrreich für das mittelalterliche Christentum, dessen Verständnis von Universalität und Gültigkeit der evangelischen Normen sich vor allem auf die Gläubigen selbst bezog. Außerhalb der Kirche galten andere Regeln. Und so verurteilt Pierre Dubois unter Berufung auf den Heiden Aristoteles, den er als Lehrer Alexanders des Großen vorstellt, den Krieg unter Christen als ein schlimmes Übel – um die dann erreichte Friedensordnung als Grundlage für den Krieg gegen die Heiden einzusetzen. Die Universalität des Pierre Dubois war die Universalität der christlichen Ökumene, und die Tatsache dass sowohl Aristoteles als auch Alexander ihr niemals angehört hatten, beunruhigte den Autor nicht. Es reichte, dass Aristoteles sich im christlichen Sinne interpretieren ließ. Der Text des Pierre Dubois wird häufig der Frühgeschichte der europäischen Idee zugerechnet. Dafür ist es allerdings erforderlich, sich der klaren Grenzen des Entwurfs bewusst zu sein. Viele der Autoren des 13. und 14. Jahrhunderts formulierten Fragen und Probleme, die uns geradezu modern anmuten – auch Pierre Dubois gehört dazu –, aber die Antworten zeigen doch ein deutlich anderes Weltbild. Wir kommen darauf im Zusammenhang mit der Frage nach möglicher Toleranz infolge der Kreuzzugserfahrungen noch einmal zurück.

Pierre Dubois ließ in seinem Entwurf auch ein gewisses Bewusstsein für die besondere Lage der moslemischen Frauen erkennen. Für junge Frauen hatte er besondere Pläne. Tatsächlich entwarf Pierre Dubois das kühne Konzept einer christlichen Bildungsoffensive. In allen Ordensprovinzen sollten die Ritterorden der Templer und Johanniter spezielle Schulen für Jungen und Mädchen adliger Herkunft einrichten, die dort eine Eliteausbildung erhalten sollten. Diese Kinder, die ihr Elternhaus im Alter von vier oder fünf Jahren verlassen sollten, sollten im christlichen Glauben und in den Wissenschaften unterrichtet werden. Die Mädchen sollten eine besondere medizinische Ausbildung erhalten. Diese zuvor sorgfältig ausgewählten Mädchen sollten so zu attraktiven, intelligenten und geschickten jungen Frauen werden, die für die höhergestellten Häuser im Heiligen Land und in den angrenzenden Ländern als wünschenswerte (Adoptiv-)töchter oder Ehefrauen erschienen. So würden sie allmählich in die vornehmen moslemischen Familien aufgenommen und würden dort aufgrund ihrer vielfältigen Kenntnisse zu unverzichtbaren Ratgebern der Frauen und zu begehrten Ehefrauen. Sie könnten dann ihre Kinder im katholischen Glauben erziehen. Auch eine Reform der moslemischen Vielehe erhoffte sich Pierre Dubois auf diesem Wege, denn er ging davon aus, dass diese jungen Frauen aufgrund ihres Selbstbewusstseins auf eine monogame Verbindung dringen würden, und dass die Männer dem intensiven Drängen ihrer charakterlich gefestigten Ehefrauen in vielen Fällen nachgeben würden. So könne das Christentum schließlich die geistliche Vorreiterrolle in der Welt erlangen. Das war durchaus eine Alternative zu den unerfreulich verlaufenden Militärzügen.

Erwähnung verdient auch das geradezu modern anmutende System der Finanzierung dieser Eliteausbildung. Denn Pierre Dubois verlangte von den Absolventen dieser Bildungsgänge, denen ein Leben in vornehmer Umgebung ermöglicht wurde, dass sie sich verpflichteten, nach ihrer Verheiratung die investierten Kosten ihrer Ausbildung zurückzuzahlen. Pierre Dubois skizzierte zudem in großen Zügen das Programm dieser Studienjahre.

Das gesamte Programm von Pierre Dubois atmet den Geist pädagogischer Theorie fernab der ins Auge gefassten Schauplätze. Pierre Dubois war kein Praktiker der Kreuzzüge. Er war in der Lage, den imposanten Auftritt eines fiktiven Kreuzfahrerheeres mit je einheitlichen Uniformen für die Infanterie und für die Kavallerie zu entwerfen. *Ihr strahlender Aufbruch, ihr geordneter Marsch, und ihr Zug durch Städte, Orte und andere Gemeinden mit der Begleitung von Trompeten, anderen Instrumenten und Liedern, und mit schönen Bannern, wird die Herzen und die Gefühle aller erheben, und wird sie nachdrücklich dazu bewegen, das Meer zu überqueren oder andere mit geeigneter Ausrüstung zu schicken. Diese Methode der Mobilisierung wird die Zahl der Krieger über jede Vorstellung hinaus steigern.* Dies waren die Worte eines Mannes, für den die Kreuzzüge eine intellektuelle Herausforderung waren, der aber niemals an einem Kampf in glühender Hitze teilgenommen hatte.

Der Plan von Pierre Dubois für die Rückgewinnung des Heiligen Landes blieb ohne konkrete Folgen, aber es verdient Beachtung, dass zu Beginn des 14. Jahrhunderts das Thema des Kreuzzugs in einem ganz anderen Milieu behandelt wurde, als zu Beginn der Bewegung zwei Jahrhunderte zuvor. Damals hatte der Papst sich von dem bewaffneten Zug in das Heilige Land auch eine Befriedung im Abendland erhofft – weil man die Aggression auf diese Weise exportierte. Nun sah ein weltlicher Autor aus dem Umfeld des französischen Königshofs eine europäische Friedensordnung als Voraussetzung für einen erfolgreichen Kreuzzug an. Die Unterschiede konnten kaum größer sein. In der Sicht dieser Männer, die der Ordensmeister der Tempelritter zu Beginn des Jahres 1307 aufsuchte, hatte der Kreuzzug keinerlei abenteuerlichen Charakter mehr. Er war eine nüchterne Operation. Diesem nüchternen, aber durchaus brutalen staatlichen Geist fielen die Tempelritter zum Opfer.

Das Ende des Templerordens

Am 14. September 1307 verschickte der französische König eine geheime Order an seine Amtsträger in den verschiedenen Provinzen Frankreichs. Diese *Baillis* und *Seneschaux* vertraten die königliche Gewalt in ihren Amtsbezirken, ähnlich wie die englischen *Sheriffs*. Das Königtum verfügte über einen effektiven Apparat, und der kam nun zum Einsatz. Der König teilte seinen Leuten mit, dass er zu seinem Entsetzen davon erfahren habe, dass die Tempelritter sich schlimmer Verbrechen schuldig gemacht hätten. Obwohl sie für Christus kämpfen sollten, leugneten sie ihn vielmehr. Ein entwürdigender Umgang mit dem Kreuz gehöre ebenso zu ihren selbstverständlichen Praktiken wie der homosexuelle Umgang der Ordensbrüder untereinander. Der König betont, dass er die Anklagen, die an ihn herangetragen wurden, zunächst selber nicht glaube konnte, dass er sich aber angesichts der Beweise der Wahrheit nicht mehr verschließen könne. In einer koordinierten Aktion sollten alle Tempelritter in Frankreich in Arrest genommen und verhört werden. Dabei konnte die Folter eingesetzt werden. Am Freitag, den 13. Oktober 1307, war es soweit. Im ganzen Königreich wurden die überraschten Tempelritter und ihre unbewaffneten Ordensmitglieder, die lediglich helfende Dienste ausführten, von den Leuten des Königs gefangen genommen. Tatsächlich war nur eine Minderheit der 232 verhafteten Templer wirkliche Ritter. Die Aktion war so umfassend vorbereitet, dass nur wenige Templer entkamen.

Das französische Königtum hatte mit solchen Zugriffen im Jahr zuvor Erfahrungen sammeln können, als die Männer des Königs die französischen Juden in einem koordinierten Vorgehen verhafteten und des Landes verwiesen. Der koordinierte Zugriff hatte das Ziel zu verhindern, dass die Juden ihren Besitz in Sicherheit bringen konnten. Ebenso wie die Juden wurden nun die vormals geschätzten Tempelritter Opfer des staatlichen Zugriffs. Die Anklagepunkte lesen sich wie die Vorwürfe, die man im Zusammenhang mit früheren Ketzerverfahren gegen die Angeklagten erhoben hatte. Sie eröffneten den Blick in eine Phantasiewelt aus heidnischen und erotischen Ritualen, die von einer dunklen Disziplin zusammengehalten und geschützt wurden. Es dauerte nicht lange, bis die ersten Templer die ihnen zur Last gelegten Vergehen gestanden. Nicht alle, die gestanden, mussten gefoltert werden. In manchen Fällen reichte es aus, den entkräfteten und erschreckten Gefangenen die Folterinstrumente zu zeigen. Bereits am 24. Oktober 1307 gestand der Ordensmeister Jacques de Molay selbst die schweren Vorwürfe. Er gab zu, bei seiner Aufnahme in den Orden auf Anweisung des Ordensritters, der der Zeremonie vorstand, Christus geleugnet zu haben. Daraufhin sei dem jungen Mann befohlen worden, auf den Gekreuzigten zu spucken, was er in dieser Form nicht getan habe.

Die erhaltenen Verhörprotokolle lassen den Templerorden als eine finstere, verschworene Gemeinschaft erscheinen, die zum Schaden der Christenheit und der Königreiche agierten, in denen sie aktiv waren. Sie dienen noch immer populären Darstellungen des Ordens als Quelle. Dabei muss man sich allerdings daran erinnern, dass diese Aussagen unter der Folter oder unter ihrer Androhung zustande kamen. Der ganze Vorgang erscheint weniger als das notwendige Ende eines dunklen Geheimbundes, als vielmehr als dunkles Kapitel in der Formierung der französischen Königsherrschaft.

Philipp IV. setzte die ersten Geständnisse alsbald ein, um die Moral der übrigen Gefangenen zu brechen und um die Skepsis, mit der die anderen europäischen Könige seinem Vorgehen begegneten, zu überwinden. Das gelang zögernd, auch wenn die meisten Herrscher sich zuletzt entschlossen, die Templer festzunehmen und befragen zu lassen. Dass dies geschah, ging vor allem auf die Initiative des Papstes zurück. Clemens V. war in das Vorgehen gegen die Templer nicht direkt eingebunden. Er reagierte nach ihrer Verhaftung zögerlich, räumte ein, dass er von den Vorwürfen gegen die Templer und ihren Orden wisse, dass er aber solche Vorwürfe kaum glauben könne. Gegen Ende des Jahres überwand er seine Zurückhaltung und versuchte nun seinerseits, sich zum Herrn des Verfahrens zu machen. Immerhin waren die Templer ein geistlicher Orden und die Gerichtsbarkeit über Geistliche lag bei kirchlichen Gerichten. Hier setzte der Papst an und ordnete nun seinerseits die Verhaftung der Tempelritter und eine Untersuchung an. In der Folge wurden die Templer auch in anderen Königreichen verhaftet.

Immerhin konnten die gefangenen Mitglieder der Ordensleitung nun vor einem kirchlichen Gremium erneut aussagen, und Jacques de Molay bekannte bei dieser Gelegenheit, sein Geständnis unter Zwang abgelegt zu haben. In der Folge setzte der Papst die Beteiligung von Inquisitoren an den Befragungen der Inhaftierten aus. Das Verfahren, das so erfolgreich für den französischen König begonnen hatte, geriet ins Stocken. Aber Philipp gab nicht nach. Er mobilisierte die Öffentlichkeit, er ließ Geständnisse öffentlich wiederholen, und er verfügte gegenüber dem Papst über ein kraftvolles Druckmittel.

Noch immer waren die Nachwirkungen eines Konfliktes nicht überwunden, der das veränderte Kräfteverhältnis zwischen Papsttum und weltlichen Königen zu Beginn des 14. Jahrhunderts dramatisch unter Beweis gestellt hatte. In den Jahren 1296–1303 hatte Philipp IV. einen Kampf mit Papst Bonifaz VIII. (1294–1303) über die Rechte des Papstes in Hinblick auf den französischen Klerus ausgefochten. Die Heiligsprechung Ludwigs IX. war im Zusammenhang dieses Konfliktes erfolgt, als eine Geste des Friedens in einer Phase der Entspannung. Doch der Frieden hatte nicht lange gehalten, und der Konflikt hatte nach der Jahrhundertwende einen neuen Höhepunkt erreicht. Philipp mobilisierte seine Untertanen gegen den Papst, den er als Ketzer anklagte, und im Herbst 1303 unternahm ein Kommando unter der Führung des königlichen Vertrauten Wilhelm von Nogaret einen Anschlag auf den Papst, der in seiner Sommerresidenz gefangengesetzt wurde. Bonifaz VIII. konnte zwar befreit werden, aber er starb schon bald nach der erlittenen Demütigung, die ihn schwer getroffen hatte. Das französische Königtum hatte dem Papst mit aller Konsequenz die Grenzen seiner Zuständigkeit klar gemacht. Bonifaz hatte viele Gegner gehabt, und der französische Hof nutzte die Stimmung, indem er die Drohung einer Ketzeranklage gegen Bonifaz VIII. weiterhin aufrecht erhielt. Die Möglichkeit, dass sein Vorgänger als Ketzer angeklagt werden könnte, was auf das Amt einen dunklen Schatten werfen würde und wodurch in Hinblick auf die Entscheidungen von Bonifaz in seiner

Amtszeit eine gefährliche Unsicherheit entstünde, hing wie ein Damoklesschwert über dem schwachen Clemens V. Es war eine unangenehme Aussicht.

Zwar erlangte der König keinen eindeutigen Schuldspruch gegen die inhaftierten Templer, aber er zögerte dennoch nicht, entschlossen gegen den Orden vorzugehen. Im Jahre 1310 wurden die ersten Ordensbrüder auf dem Scheiterhaufen verbrannt. Weil sie ihre Geständnisse widerrufen hatten, galten sie den Richtern des Königs nun als hartnäckige Ketzer. Im Frühjahr 1314 wurde auch der Ordensmeister Jacques de Molay, der seine Schuld entschieden bestritt, gemeinsam mit seinen Gefolgsleuten auf einer Insel in der Seine vor Paris verbrannt. Der Templerorden war nicht mehr zu retten. Der König hatte seinen Besitz, so er seiner habhaft werden konnte, frühzeitig beschlagnahmt. Dieser Besitz ging weitgehend an die Johanniter über. In gewisser Weise wurde die seit dem Verlust von Akkon immer wieder diskutierte Vereinigung der Ritterorden auf kaltem Wege vollzogen.

Das Ende des Templerordens ist ein dunkles Kapitel. Es mag sein, dass sich manche der angeklagten Ordensbrüder in der problematischen Lage eines Ordens ohne klare Perspektive Fehler und Abirrungen zu Schulden kommen ließen. Die Vorwürfe gegen die Templer waren jedoch im Inhalt und in der Form ein unerfreulicher Ausdruck staatlicher Willkür, die nur auf schwachen Widerstand stieß. Über die Motive Philipps IV., der im selben Jahr starb, in dem der Ordensmeister Jacques de Molais verbrannt wurde, sind viele Betrachtungen angestellt worden. Historiker sind keine Richter und die Feststellung von Schuld ist nicht ihre Aufgabe. Es erscheint jedoch in der historischen Perspektive, dass die Templer das Schicksal anderer Minderheiten wie das der Juden teilten, die das Opfer religiöser Disziplinierung und finanzieller Interessen in staatlicher Absicht wurden. Insofern gehört auch das Ende der Templer ebenso wie die anderen Kapitel der Kreuzzugsgeschichte in hohem Maße in die innere Geschichte Europas. In diesem Fall war sie ein Teil der Staatsbildung, die im späten Mittelalter die großen Königreiche Europas umgestaltete.

DIE MONGOLEN UND DER WANDEL DES EUROPÄISCHEN WELTBILDES

Doch die veränderte Erscheinung der Kreuzzüge im späten Mittelalter, die nun mehr und mehr zu einer Erscheinung innerhalb der Christenheit wurden, war nicht nur eine Folge von Erfahrung innerhalb des christlichen Europa. Die Veränderung der Kreuzzüge im späten Mittelalter erscheint vielmehr auch als eine Folge der veränderten Wahrnehmung der lateinischen Christenheit von ihrer Stellung in der Welt. In Hinblick auf die Stellung in der Welt verschob das dreizehnte Jahrhundert die christlichen Koordinaten in erheblicher Weise. Knapp gesagt, die Welt wurde größer, und die Rolle, die die Christen darin spielen konnten, wurde bescheidener. Dazu kommen wir nun.

In der Mitte des 12. Jahrhunderts hatte Abt Petrus Venerabilis in der Folge seiner Beschäftigung mit dem Islam die Vorstellung geäußert, *dass man ihm schon fast die halbe Weltbevölkerung zurechnen kann.* Das bedeutete, dass etwa die Hälfte der Weltbevölkerung dem Christentum zuzurechnen war – von einigen verbleibenden Heiden abgesehen, hatte Petrus keine Kenntnis von anderen großen Religionen oder Völkern. Der Islam war in der Zahl der Gläubigen etwa so stark wie das Christentum. Das war im Jahr 1140, vor dem Beginn des zweiten Kreuzzugs. Etwas mehr als hundert Jahre später wandelte sich das Bild. Im Jahr 1250 erschien der Bischof der englischen Diözese Lincoln, Robert Grosseteste (1170–1253, Bischof seit 1235) vor dem Papst. Robert war ein kämpferischer Geist und ein großer Polemiker, wenn die Situation es erforderte. Die Lage der Christenheit schien es nun zu erfordern. Denn Robert führte beredt Klage über die zahllosen Missstände in der Kirche, als deren wichtige Ursache er die Kirchenleitung in Rom ausgemacht hatte. In deutlichen Worten charakterisierte er die Stellung der katholischen Christen in der Welt: *den größeren Teil hat der Unglaube eingenommen ...im christlichen Teil wird ein großer Anteil durch das Schisma von Christus getrennt* [d.h.

das Schisma der Ost- und der Westkirche 1054]. *In dem verbleibenden Teil* [d.h. dem katholischen Teil], *der im Vergleich mit
den beiden anderen vorgenannten nach meinem Eindruck klein und
unbedeutend ist, wird ein erheblicher Anteil durch die Häresie von
Christus getrennt.*

Für den Bischof von Lincoln bot das katholische Christentum wahrlich kein kraftvolles Bild. Er formulierte einen mar-
kanten Vorwurf, keine nüchterne Bestandsaufnahme, aber was
er auf diese Weise bot, war die polemische Zuspitzung der
Wahrnehmung eines Menschen, der mit offenen Augen durch
die Welt ging.

Tatsächlich hatte der Horizont Westeuropas seit den 1240er
Jahren eine deutliche Erweiterung nach Osten erfahren. Das
war zunächst nicht die Folge eigener Neugier, sondern mongolischer Eroberung. Die Mongolen waren Reiternomaden aus
den Steppen Zentralasiens. Zu Beginn des 13. Jahrhunderts war
es einem ihrer Anführer gelungen, die verschiedenen Stämme
unter seiner Führung zu vereinigen. Dschingis Khan hatte ein
großes Reich errichtet, als er 1227 starb. Seine Krieger waren
weit nach China hinein vorgedrungen und sie setzten ihre Eroberungen in Richtung Westen erfolgreich fort. Sein Sohn Batu
stand mit seinen Kriegern 1240 vor Kiew, das ihm nicht stand-
halten konnte. In zwei großen Gruppen zog die Mongolen nun
gegen Ungarn und gegen Polen. Sie verlangten von ihren Gegnern Unterwerfung, die durch Tributzahlungen ausgedrückt
werden konnte. Mit Gegnern, die sich ihnen widersetzten,
verfuhren sie in grausamer Weise. Im April 1241 besiegten die
Mongolen innerhalb von zwei Tagen zunächst ein polnisches
Ritterheer in Schlesien und danach ein ungarisches Heer. Nun
drang die Kunde von diesen gefährlichen Reitern drohend
nach Westen, und die Geschichten über ihre Zerstörungskraft
waren beunruhigend. Es ist eindrucksvoll zu sehen, wie sich
weder der Papst noch der Kaiser in dieser Bedrohungssituation
dazu durchringen konnten, ihre Differenzen zu überwinden.
Der Konflikt zwischen Papst Innozenz IV. und dem Stauferkaiser Friedrich II. strebte einem Höhepunkt entgegen, und beide
erklärten, zu Abwehrvorbereitungen bereit zu sein, wenn der
Kontrahent von seinen unberechtigten Ansprüchen Abstand
nehme. Es mag Glück für das Reich gewesen sein, dass in dieser Situation ungeschützter Grenzen und einem Herrscher, der

mit anderen Problemen befasst war, einer der Söhne Dschingis Khans starb und die Brüder in der Konkurrenz um das Erbe Position bezogen. Deshalb drehte Batu nach den gewonnenen Schlachten in Polen und Ungarn ab und kehrte in seine Heimat zurück. Die Gefahr durch diese Reiterkrieger wurde nicht abgewendet, sie wendete sich selber ab.

So entstand eine neue Situation. Die Mongolen waren eine rätselhafte Größe, mächtig und gefährlich, das hatten ihre Eroberungen gezeigt – aber mussten sie notwendigerweise Feinde sein? Schließlich hatten sie auf ihrem Eroberungszug nach Westen nicht nur die Christenheit bedroht. Beim Vorrücken nach Westen errichteten sie ihre Herrschaft auch in Persien und drangen weiter in Richtung auf die Mittelmeerküste vor. Im Februar 1258 eroberten sie Bagdad und töteten viele der Bewohner. Diese Niederlagen ihrer Gegner mochten den Kreuzfahrern, die schon lange keine eigenen militärischen Erfolge mehr errungen hatten, Hoffnung machen.

Tatsächlich scheinen die Erfolge Dschingis Khans im Osten schon in der Zeit des fünften Kreuzzugs in legendenhafter Verklärung bis zu den Kreuzfahrern gedrungen zu sein. Als sie zu Beginn des Kreuzzugs Damiette belagerten, verbreiteten sich im Lager Berichte von einem König David, der aus Persien kommend, als christlicher Krieger gegen Bagdad zog, und bis auf wenige Tagesmärsche an die Stadt heran gelangt sei. Der Kalif fürchte ihn, und er habe vor, für die Befreiung Jerusalems zu kämpfen, auch wenn er zunächst durch Herrschaftskämpfe in seinem Reich verhindert sei. Der Bischof von Akkon, Jakob von Vitry (1160/70–1240), der am fünften Kreuzzug teilnahm, hat diese Berichte in seinen Briefen überliefert. Ihr legendenhafter Inhalt hatte erkennbare Parallelen mit einer Geschichte, die seit dem 12. Jahrhundert die Phantasie des Abendlandes von Zeit zu Zeit beschäftigte: mit der Legende vom so genannten Priesterkönig Johannes, einem christlichen König, der über ein mächtiges Reich weit im Osten verfüge, ohne dass man dessen Lage genauer lokalisieren konnte. Und so verbanden sich diese Legenden für eine gewisse Zeit zu der Hoffnung auf einen machtvollen christlichen Herrscher, der aus der Tiefe des asiatischen Raumes kommen würde, um den bedrängten Christen im Heiligen Land beizustehen.

Eine Zeitlang bot dieses Szenario den strategischen Köpfen des lateinischen Christentums ein Betätigungsfeld. Die Christen im Heiligen Land wurden in dem Konflikt zwischen den vorrückenden Mongolen und den bedrängten Moslems auch zu möglichen Bündnispartnern. So überliefert der englische Chronist Matthäus Parisiensis eine charakteristische Reaktion des Bischofs von Winchester auf die Bitte einer sarazenischen Gesandtschaft um ein Bündnis gegen die vorrückenden Mongolen: *Lassen wir doch diese Hunde sich gegenseitig verschlingen, dass sie zerstört untergehen. Wir werden dann auf die Feinde Christi, die übrig bleiben, Jagd machen, wir werden sie vernichten und wir werden das Angesicht der Erde von ihnen säubern, so dass die gesamte Welt der einen katholischen Kirche unterworfen wird, und es wird »ein Hirte und eine Herde« sein.* Auch das war eine Möglichkeit, auf eine größer gewordene Welt zu reagieren. Der Bischof von Winchester zeigte in dieser Erzählung (die durchaus der Phantasie des Chronisten Matthäus Parisiensis entsprungen sein konnte) die typische Reaktion eines Mannes mit begrenzter Erfahrung, der seine eigene Phantasie überschätzte. Die globalen Realitäten waren komplexer als solche schlichten Strategien.

Auch die Mongolen nahmen Kontakt mit den Kreuzfahrern auf. So sind die Zusammenkünfte Ludwigs IX. mit tartarischen Gesandten auf seinem Kreuzzug überliefert, die jedoch schon bald daran scheiterten, dass der Mongolenkhan vom französischen König eine Geste der Unterordnung verlangte. So kam es zu keinem Bündnis und auch zu keinen abgestimmten Angriffsplänen. Das erste Treffen Ludwigs IX. mit den tartarischen Gesandten hatte 1248 auf Zypern stattgefunden. In diesen Jahren war die erste Gesandtschaft im Auftrag des Papsts zu den Tartaren gereist, und als Reaktion auf die Begegnung mit den tartarischen Gesandten schickte auch Ludwig IX. einen Franziskaner (Wilhelm von Rubruk) zu den Mongolen. Diese Männer, die einem Orden angehörten, der zu den dynamischen Kräften des Christentums jener Epoche zählte, sollten die Stärke des mongolischen Reiches, seine Beschaffenheit, aber auch die Aussichten auf eine mögliche Mission sondieren. Sie verfassten Berichte über ihre mehrjährigen Reisen, die in Europa allmählich bekannt wurden. Es blieb nicht bei geistlichen Gesandtschaften. Auch die Kaufleute der italienischen Handelsstädte, voran Venedig und Genua, begannen, die Möglichkeiten dieser Länder Asiens zu erkunden. Zu den berühmtesten Reisenden dieser Art gehören Marco Polo, sein Vater und seine Onkel, die 1272 zu einer großen Reise nach China aufbrachen. Daraus wurde ein Aufenthalt, der über zwanzig Jahre dauern sollte, und dessen Eindrücke der jüngste Teilnehmer, Marco, 1299 in genueser Gefangenschaft niederschrieb. Es war der Bericht von einem fremden Reich voller wunderbarer Schätze (*il Milione*) und einer hohen Kultur.

In der Zwischenzeit hatten mögliche Szenarien von einem zermürbenden Kampf der Mongolen und der Moslems zwischen Syrien und Ägypten – aus dem die Christen als unbeteiligte Sieger hervorgehen könnten – ihren Glanz verloren. Zwar hatten die Christen den Mongolen nach der Eroberung Bagdads den Zug durch ihr Land nach Ägypten nicht verwehrt, aber es gelang den Mamlucken 1260, die tartarischen Reiter zu besiegen. Dieser erste Sieg über die gefürchteten Steppenkrieger festigte die Position der neuen Herrscher in Ägypten erheblich. Gleichwohl brach die Macht der Mongolen nicht zusammen, auch wenn sie sich in Arabien nicht behaupten konnte. Tatsächlich konnten die Christen von dieser Konfrontation nicht erkennbar profitieren. Ihre Geschichte im Heiligen Land während dieser Jahre haben wir bereits behandelt.

Das Wissen von den Mongolen erreichte die Europäer nur langsam. Es zirkulierte in Handschriften, und das tatsächliche Interesse an den kulturellen Eigenschaften dieser fremden Welt war gering. Doch darauf kam es nicht im Einzelnen an. Worauf es ankam, war, dass die Europäer allmählich lernten, dass sich im Osten noch eine weite Welt eröffnete, die nicht christlich war, und die sich auch nach dem Abklingen anfänglicher Hoffnungen, nicht so bald missionieren lassen würde. Die nüchterne Bilanz nach dem Abklingen der weitgestreckten strategischen Planungen war die Erkenntnis, dass die Christen in der Welt nur eine Religion unter verschiedenen waren, und dass die anderen Religionen sich durchaus zu behaupten wussten. Diese Erfahrung, die einem interessanten Handelsverkehr nicht im Wege stand, setzte sich besonders in Italien durch. Von dort kamen die meisten der Asienreisenden, seien sie Geistliche oder Kaufleute. Die Handelsflotten von Venedig und Genua waren es andererseits auch gewesen, die die Logistik der Kreuzzüge in erheblichem Maße garantiert hatten. Allmählich wuchs die Einsicht, dass die Welt zu groß war, um die Ziele an den Grenzen der Christenheit mit militärischen Mitteln zu erreichen. Dazu kam ein wachsendes Interesse daran, das Wohlwollen jener Handelspartner und Durchgangsländer nicht zu gefährden, die durch einen Angriff auf islamische Positionen verstimmt worden wären, ohne dass die Aussicht bestanden hätte, sie ihrerseits der christlichen Kontrolle unterstellen zu können. Diese langsam wachsende Einsicht in die Grenzen der christlichen Möglichkeiten in einer größer werdenden Welt – so unbestimmt sie war, begleitete das Abklingen der Kreuzzüge in das Heilige Land.

Aus moderner Sicht stellt sich hier die Frage, ob die allmähliche Erfahrung der Bedeutung und der Dauerhaftigkeit der anderen Religion nicht das Verständnis für einander gefördert habe, oder gar die Möglichkeit wechselseitiger Toleranz eröffnet habe? Immerhin hat die Literaturwissenschaft bei solchen Autoren wie Wolfram von Eschenbach, in dessen Werk die Begegnung mit heidnischen Akteuren thematisiert wird, die Frage der Toleranz wiederholt diskutiert. Insbesondere die große Dichtung *Willehalm* (zweites Jahrzehnt des 13. Jahrhunderts) erzählt von den Kämpfen zwischen Christen und Heiden (d. h. bei Wolfram von Eschenbach: Moslems). Der Held Willehalm hat in der Gefangenschaft die Liebe der verheirateten Heidin Gyburg gewonnen und flieht mit ihr. Gyburg lässt sich taufen, aber ihre Familie stellt ein großes Heer auf und setzt Willehalm schwer zu. Die großen Kämpfe sind ein Hauptthema der Dichtung und der blutige Verlauf gibt Gyburg im Rat der Fürsten die Gelegenheit, für eine Schonung der heidnischen Gegner zu plädieren. Es war ein Kampf im Namen des Kreuzes, der unmittelbar bevorstand (*Sie riefen, alle Sarazenen seien ihre Feinde. Alle nahmen sie das Kreuz,* Vers 304,17–19). Angesichts der Gewalt, die nun einsetzen würde (und die auch manchem Kreuzritter Sorgen bereitete) sprach sie: *Wenn Gott Euch so hoch ehrt,/dass Ihr im Kampf auf Alischanz/ den jungen Vivianz rächen dürft/ an meinen Verwandten und deren Heer/ (die werden sich tapfer verteidigen)/ und wenn Ihr die Heiden besiegt, so versündigt Euch nicht./Hört auf den Rat einer unwissenden Frau:/ verschont die Ge-*

schöpfe Gottes./ Der erste Mensch, den Gott/ schuf, war ein Heide./ Glaubt mir, auch Elias und Enoch/ sind gerettet, obwohl sie Heiden waren. Heide war auch Noah, der in der Arche gerettet wurde. /.../ Wir müssen sie Heiden nennen,/ die doch deshalb nicht verdammt sind;/ Gott selbst hat/ noch an der Brust der Mutter die ersten Gaben/ von ihnen angenommen. Der Verdammnis/ sind nicht alle Heiden zubestimmt (Vers 306,20 – 307,4 und 307,10–15).

Die Rede Gyburgs ist in der Tat ein eindrucksvoller Text – insbesondere, wenn man ihn vor dem Hintergrund der Gefangenentötungen beider Seiten im dritten Kreuzzug etwa zwanzig Jahre zuvor liest. Gyburgs Appell ist eine dringende Mahnung, dass Gott ein barmherziger Gott ist, und sie erinnert daran, dass auch die Sarazenen Menschen mit hohem Ethos waren (*Tybald von Arabi* [d.i. Gyburgs vormaliger, sarazenischer Ehemann]/ *hat sich nie eine Untat zuschulden kommen lassen*, Vers 310,15f.). Aber der Respekt gilt den Menschen, nicht ihrem anderen Gauben. Die Erfahrung, dass die Menschen in gewisser Weise miteinander auskommen konnten, wenn der Glauben die Differenzen nicht vertiefte, hatte man ja auch in den guten Jahren des Königreichs Jerusalem machen können. Die Erkenntnis, dass auch der Glauben eine Folge der Herkunft sein konnte, war daraus indes nicht erwachsen. Es reicht auch in diesem Falle nicht, Fragen zu stellen. Auch die Akteure des dreizehnten Jahrhunderts stellten Fragen, die uns in ihrer vermeintlichen Modernität überraschen. Das gilt jedoch nicht für die Antworten. Ein eindrucksvolles Beispiel liefert etwa Papst Innozenz IV. (1243–1254), Genuese und versierter Jurist.

Der Papst räumt ein, dass man Ungläubige nicht zum Glauben zwingen solle, hält aber fest, dass er den Ungläubigen aufgrund seiner Position die Anweisung erteilen könne, christliche Prediger in ihrem Land zuzulassen. Täten sie dies nicht, so könnten sie dazu gezwungen werden (etwa durch einen Krieg). In der nüchternen Dialektik der Juristen schließt Innozenz IV. die Frage an, ob der Papst dann nicht auch den Moslems erlauben müsse, die Lehren Mohammeds zu predigen. Dies ist ja eine Frage, die in den modernen Diskussionen um die Toleranz der Religionen im gegenseitigen Umgang eine wichtige Rolle spielt. Die Antwort des Papstes gehört indes in das dreizehnte Jahrhundert: *Nein, denn sie sind im Irrtum, wir aber auf dem Weg der Wahrheit*. Die Schonung der Andersgläubigen wurde in diesem Milieu von den Stärkeren gewährt. Ein Anspruch auf ähnliche, gar gleiche Behandlung war nicht denkbar.

Mit einem Blick auf die europäische Geschichte, der auch die Neuzeit einschließt, lohnt sich die Feststellung, dass der Drang zur Eroberung in dem Maße nachließ, in dem sich den Europäern die Größe der Welt zunehmend erschloss. Das blieb nicht so, denn am Ende des Mittelalters erschlossen die neuen Entdeckungen in Afrika und Amerika auch neue Ziel für europäische Eroberungen. Allerdings profitierten die Europäer des 16. Jahrhunderts von einem technischen Vorsprung, der im 13. Jahrhundert noch nicht erkennbar war. Dabei blieb die Erweiterung des europäischen Horizontes im 13. Jahrhundert nicht auf die Wahrnehmung beschränkt. Denn die neuen Kontakte, die nun über die Seidenstrasse nach Asien gepflegt wurden, hatten schließlich auch für die Menschen Folgen, die in ihrem Leben noch nie von den Kulturen im Osten gehört hatten. Fünfzig Jahre nachdem Marco Polo seinen farbigen Reisebericht verfasst hatte, kam mit der Pest ein furchtbarer Beweis der Leistungsfähigkeit der europäischen Handelsverbindungen aus Zentralasien über das Schwarze Meer und seine Handelsposten nach Italien. Die Einbindung in das Schicksal einer größeren Welt war eine Tatsache. Wir würden heute von einer globalen Erfahrung sprechen. Noch einmal hundert Jahre später (1453) bewies die türkische Belagerung Konstantinopels, dass die christlichen Positionen in dieser größeren Welt in Gefahr geraten konnten, und in dieser Phase erlangte das Thema der Glaubenskriege eine erneute Dringlichkeit. Wir kommen zum Abschluss dieser Darstellung noch einmal darauf zurück. Zunächst bleiben wir noch in Westeuropa.

Die Bereitschaft zu Kämpfen für den Glauben ließ grundsätzlich nicht nach, und so zeigte dieselbe Zeit, in der die klassischen Kreuzzüge zu Ende gingen, eine besondere Kreuzzugsaktivität im christlichen Mittelmeerraum. Am Ende des 13. Jahrhunderts, als die europäischen Mächte nicht mehr bereit waren, einen Kreuzzugsaufruf in das Heilige Land zu unterstützen oder auf den Fall von Akkon militärisch zu reagieren, war der westliche Mittelmeerraum Schauplatz energischer Kampagnen im Namen des Kreuzes. Dabei kam dem Papsttum und seinen politischen Interessen eine besondere Rolle zu. In dieser Phase mobilisierten die Päpste Kreuzzüge gegen den Kaiser, gegen einen König von Sizilien und gegen den König von Aragón und schließlich auch gegen römische Kardinäle. Dies war ein prominentes Spektrum. In einem größeren Rahmen waren diese verschiedenen Kreuzzüge nach der Absetzung Friedrichs II. überwiegend Versuche einer Neuordnung der italienischen Verhältnisse nach den Vorstellungen der päpstlichen Kurie.

Am 17. Juli 1245 hatte Papst Innozenz IV. nach einer mehrjährigen, spannungsreichen Vorgeschichte den Stauferkaiser Friedrich II. abgesetzt. Friedrich war ein Kaiser mit einem ausgeprägten Herrschaftsverständnis, der sein Amt als höchste weltliche Würde dem päpstlichen Amt gegenüber als gleichrangig ansah. An der päpstlichen Kurie hatte sich jedoch in der ersten Hälfte des dreizehnten Jahrhunderts die Auffassung durchgesetzt, dass der Papst eine höhere Position beanspruchen könne als der Vertreter der kaiserlichen Gewalt. Innozenz IV. vertrat diese Position sehr dezidiert. Der Streit um die hierarchische Ordnung der Christenheit wurde durch die enge Nachbarschaft des Staufers und des Papstes erheblich verschärft. Friedrich hielt sich überwiegend in seinem Königreich Sizilien auf, das den Süden Italiens unterhalb Roms und die Insel Sizilien umfasste. Das Königreich hatte sein Vater Heinrich VI. ein halbes Jahrhundert zuvor als Erbschaft seiner Frau Konstanze erhalten und erkämpft. Sizilien und der Süden Italiens waren aufgrund ihrer Lage im Laufe des Mittelalters von unterschiedlichen Reichen und Kulturen beansprucht, besiedelt und beherrscht worden, und das Interesse der Königreiche entlang des Mittelmeeres an der Insel Sizilien bestand auch während der staufischen Herrschaft fort. Daher setzten mit der Absetzung Friedrichs II. auch bald die Versuche ein, die Insel zu gewinnen. Da der Papst den Staufer unter anderem wegen des Verbrechens der Häresie (aufgrund seiner guten Kontakte zum Islam) verurteilt hatte, erhielt der Kampf gegen den Kaiser die Form eines Kreuzzugs. Er war wenig erfolgreich, denn Friedrich konnte seine Stellung bis zu seinem Tod im Dezember 1250 behaupten. Schließlich gelang es Karl von Anjou mit päpstlicher Legitimation, die Nachfolger Friedrichs II. in Sizilien zu besiegen (1266 bis 1268) und die Königskrone zu übernehmen. Karl von Anjou war der jüngere Bruder König Ludwigs IX. von Frankreich. Die Herrschaft der Anjou über Sizilien währte indes nicht lange, denn schon 1282 wurden die französischen Truppen durch einen Aufstand von der Insel vertrieben (Sizilianische Vesper).

Der Aufstand der Sizilianer war unter anderem durch das aragonesische Königshaus unterstützt worden, und die Sizilianer trugen die Krone ihrer Insel schließlich dem König von Aragón, Peter III., an. Die Folge dieser Kämpfe um Sizilien, bei denen der Papst auf der Seite des französischen Königshauses gegen die Aragonesen stand, war eine Verschärfung der Spannungen zwischen den Nachbarreichen Aragón und Frankreich, die nur durch die Pyrenäen getrennt wurden. Nachdem der Papst den König von Aragón exkommuniziert hatte, brach der französische König Philipp III. 1284 zu einem Kreuzzug gegen den Nachbarn auf. Bei einem Erfolg wäre die Krone Aragóns seinem jüngeren Bruder zugefallen. Das Unternehmen scheiterte, und der französische König ließ dabei sein Leben (1285). Die päpstlichen Pläne zur Rückeroberung Siziliens, bei denen der jüngere Bruder Philipps III., der nun der Onkel des französischen Königs war, weiterhin eine gewisse Rolle spielte, scheiterten alle. Im Jahr 1302 besiegelte der Friede von Caltabellota schließlich den neuen Status von Sizilien als selbstständigem Königreich. Der Versuch der Päpste, die politischen Verhältnisse im Süden Italiens mit den Mitteln des Kreuzzugs nach ihren Vorstellungen zu ordnen, war gescheitert.

Derselbe Papst, der das Scheitern der päpstlichen Sizilienpolitik hinnehmen musste, Bonifaz VIII. (1294–1303), rief im November 1297 zum Kreuzzug gegen zwei seiner Kardinäle auf. Das war ein erheblicher Schritt. Die Kardinäle gehörten zur mächtigen Adelsfamilie der Colonna, die auf eine lange Tradition hoher kirchlicher Ämter verweisen konnte. Aber Bonifaz VIII. war ein Mann, während dessen Amtszeit das Selbstverständnis des Papsttums eine eigentümliche Höhe erlangte – und einen dramatischen Sturz erfuhr. Der Konflikt zwischen Bonifaz und seinen Kardinälen war eigentlich ein Streit rein weltlicher Natur. Es ging um den Kauf von Grundbesitz und um konkurrierende Interessen. Nach dem Überfall eines jüngeren Familienmitgliedes der Colonna auf einen

Geldtransport Bonifaz' VIII. schlug der Papst hart zurück. Er setzte die Colonna-Kardinäle ab und verlangte die Auslieferung des Räubers. Die Colonna setzten sich zur Wehr und ein bitterer Kampf entbrannte. Schließlich erklärte der Papst seine ehemaligen Kardinäle zu Ketzern und den Kampf gegen sie zum Kreuzzug. Ein Jahr später war die mächtige Familie der Colonna besiegt. Allerdings war diese dramatische Geschichte mit dem Sieg von Bonifaz noch nicht zu Ende. Fünf Jahre später erhielten die Colonna als Verbündete des französischen Königs die Gelegenheit zur Rache an Bonifaz. Auch in diesem Fall brachte der Kreuzzug nur einen vorübergehenden Erfolg.

Die Neuordnung der italienischen Verhältnisse im päpstlichen Sinne gelang nicht, und das Scheitern der päpstlichen Mittelmeerpolitik mag den Entschluss der Päpste, ihre Residenz nach Avignon zu verlegen, befördert haben. In Avignon galt die Aufmerksamkeit der Päpste dann ab den 1340er Jahren den Kämpfen des Hundertjährigen Krieges. Dazu kamen die schweren Folgen der Pestzüge seit den 1348er Jahren und die große Kirchenspaltung von 1378–1414, in der es in Avignon und Rom zwei Päpste gab. Während dieser langen Zeit verfügte die Kurie kaum über die Kraft, ihre vielfältigen eigenen Probleme zu lösen. Das bedeutete nicht, dass die Möglichkeit eines Kreuzzugs nicht von Zeit zu Zeit erwogen wurde. In einer Phase der Waffenruhe des Hundertjährigen Krieges nach 1360 gab es durchaus einzelne Unternehmungen, aber sie alle führten nicht weit. Als die Kurie dann um die Mitte des 15. Jahrhunderts in Rom ihre glanzvolle (und nicht unumstrittene) Präsenz im Zeichen des Renaissancepapsttums ausbaute, sah sich die Kirche des Ostens einer sehr realen Gefahr gegenüber. In gewisser Weise erhielt hier die alte Aufgabenstellung der Kreuzzüge, die Hilfe für die Ostkirche, eine ganz neue Brisanz. Mit den Kriegen gegen die Türken, die weit in die Frühe Neuzeit hineinführten, begann ein neues Kapitel der Glaubenskriege. Es führt deutlich über die Grenzen der Mittelalterlichen Geschichte um 1500 hinaus bis in die frühe Neuzeit. Die Seeschlacht von Lepanto fiel in das Jahr 1571, die erfolglose Belagerung Wiens in das Jahr 1683. Wir können hier nur die Anfänge dieser Geschichte in den Blick nehmen.

DIE ERFOLGE DER OSMANISCHEN TÜRKEN

Tatsächlich hatten sich gegenüber den ersten Bitten der byzantinischen Kaiser um westliche Hilfe gegen das türkische Vordringen im späten 11. Jahrhundert die Kräfteverhältnisse zwischen der Ostkirche und der Westkirche erheblich verschoben. Die Eroberung Konstantinopels durch die Kreuzfahrer im vierten Kreuzzug 1204 hatte zudem das Verhältnis der Kirchen schwer belastet. Das lateinische Kaiserreich, das die katholischen Eroberer errichteten, hatte nicht lange Bestand, und im Jahr 1261 gelang es den Griechen, Konstatinopel zurückzuerobern. Das alte Byzantinische Reich wieder zu errichten, gelang indes nicht mehr. Entlang der asiatischen Küste des Mittelmeeres und des Schwarzen Meeres behaupteten sich türkische Emirate, die ihre Aufgabe in einer aggressiven Grenzpolitik sahen, und die sich auf längere Sicht auch nicht auf Kleinasien beschränken ließen. Diese eigentümlichen kleineren Herrschaftsbereiche befanden sich in fortdauernder Konkurrenz zueinander, und im Laufe des 14. Jahrhunderts gelang es einem dieser Emirate, allmählich eine hegemoniale Stellung in Anatolien zu erringen. Daraus entstand die Keimzelle des späteren Osmanischen Reiches. Der Name leitet sich ab von der legendenhaft verklärten Führungsgestalt Osman, der in den Jahrzehnten um die Wende des 13. in das 14. Jahrhundert in der Gegend mächtig war, in der die frühen Kreuzfahrer ihre ersten Schlachten geschlagen hatten. Bald nach dem Tod Osmans (um 1326) gelang es seinem Nachfolger, Nikaia zu erobern (1331). An der Küste des Marmarameeres machten sie indes nicht halt und setzten auf die europäische Seite hinüber – wobei genuesische Schiffsbesatzungen logistische Unterstützung boten. In den nächsten Jahrzehnten drangen die Türken zum Teil kämpfend, zum Teil friedlich siedelnd, auf den Balkan vor.

Tatsächlich wurde Konstantinopel auf diese Weise zunehmend isoliert. Es gab im späteren 14. Jahrhundert wiederholte Versuche, das türkische Vordringen einzugrenzen. Es gab

Schlachten in Bulgarien und Serbien, und es gab auch vereinzelte Erfolge. Dennoch gelang es den frühen Osmanen bis zum
Ende des 14. Jahrhunderts, sowohl Anatolien unter ihrer Führung weitgehend zu einen, als auch auf dem östlichen Balkan
festen Fuß zu fassen. Das Vordringen der türkischen Kämpfer
und Siedler und die Isolation Konstantinopels wurde im Westen durchaus bemerkt, aber da gerade die Jahre um 1400 von
schweren Herrschaftskrisen in den europäischen Königreichen
geprägt waren, die durch die tiefe Spaltung der katholischen
Kirche in zwei Lager noch verstärkt wurden (in den Jahren
1399–1409 wurden der englische König, der römisch-deutsche König und zwei Päpste abgesetzt und am französischen
Königshof war ein blutiger Machtkampf ausgebrochen), kam
es zu keinen koordinierten Aktionen. So wurde die osmanische Macht auch nicht durch die harten und erfolgreichen
Angriffe zerschlagen, die der Eroberer Timurlenk zu Beginn
des 15. Jahrhunderts in Anatolien gegen sie ausführte. Timurlenk war selber türkischer Herkunft, berief sich aber auf die
Tradition mongolischer Herrscher, und es gelang ihm, durch
erfolgreiche Kriege kurzzeitig ein großes Reich zu errichten.
Allerdings hatte die osmanische Herrschaft bis zu diesem
Zeitpunkt bereits hinreichende Strukturen geschaffen, um die
schwere Krise zu überstehen. Die Niederlagen der Osmanen
in Anatolien verschärften die Lage für Konstantinopel eher, da
die Angriffe Timurlenks viele Türken zur Flucht nach Europa
bewegten.

Dieses Vordringen islamischer Türken bedeutete für die
orthodoxen Christen durchaus nicht das Ende ihrer Religi-
onsausübung. Sultan Murad (1421–1451) war ein gebildeter
Herrscher, der den verschiedenen Religionen seines Reiches
bedeutende Freiräume zugestand. Er erscheint zudem als ein
pragmatischer Herrscher, der auch mit christlichen Mächten
Bündnisse schloss, und dessen eine Frau, Maria Branković, die
Tochter eines serbischen Potentaten und eine orthodoxe Chris-
tin war. Das Vordringen der Türken bis nach Serbien brachte sie in den engeren Gesichtskreis des römisch-deutschen
Königs, denn die deutschen Herrscher der luxemburgischen
Dynastie dieser Zeit waren auch Könige von Ungarn. So kam
das Kreuzzugsthema dem Reich wieder sehr nahe. Es war ein
ungarisches Heer unter Janos Hungadi, das einige Jahre später

in einer Phase, in der die Herrschaft Murads Schwäche zeigte, einen großen Angriff gegen die Türken führte, der bei einem Erfolg zu einer Entlastung Konstantinopels hätte führen können. Das Unternehmen schlug aufgrund einer venezianischen Intrige fehl. Im Jahr 1443 traf bei Varna an der Ostküste des Schwarzen Meeres ein Heer aus Polen und Ungarn auf ein weit überlegenes türkisches Heer und erlitt eine schwere Niederlage. Murad II. hatte noch einmal den Oberbefehl über seine Truppen geführt. Nach dieser Niederlage konnte Konstantinopel kaum noch auf Hilfe hoffen. Murad II. starb 1451. Sein Sohn Mehmed II. trat die Nachfolge an: Ein entschiedener junger Mann, der die duldsame Haltung seines Vaters gegenüber Konstantinopel nicht mehr aufrecht erhalten wollte. Es dauerte nicht lange und Mehmed II. begann, die Eroberung Konstantinopels vorzubereiten.

Der Fall Konstantinopels 1453

Es begann mit der Errichtung einer Festung zu beiden Seiten der schmalsten Stelle des Bosporus, wo sich der Schiffsverkehr durch den Einsatz von Kanonen kontrollieren ließ. Im Sommer 1452 waren die Festungsanlagen fertig, und nun begannen auch die Angriffe auf Konstantinopel. Im März desselben Jahres war Friedrich III. aus dem Hause Habsburg in Rom zum Kaiser gekrönt worden, aber die bedrohte Lage von Konstantinopel hatte keine herausgehobene Rolle gespielt. Das Verhältnis der beiden Kirchen war nicht ganz klar. Die im 15. Jahrhundert abgehaltenen allgemeinen Konzilien, auf denen über die drängenden Fragen der Kirchenreform verhandelt wurde, hatte einer Annäherung der Ost- und der Westkirche eine Bühne bereitet. Die Konzilien übten auf die Gelehrten ihrer Zeit eine große Faszination aus. Sie kamen von weither, um sich in Konstanz, Basel oder Ferrara und Florenz zur Beratung und zum Austausch zu treffen. Zunehmend kamen auch solche Gelehrten, die der griechischen Sprache mächtig waren – was es in der lateinischen Kirche über eine lange Zeit nur selten gegeben hatte. Nun, unter dem Einfluss der Renaissance-Gelehrsamkeit nahm die Kenntnis des Griechischen zu. Und die Vertreter der griechischen Kirche kamen auch. Allerdings waren dies keine Zusammentreffen auf gleicher Augenhöhe mehr. Die Griechen kamen zunehmend als Bittsteller, die um Unterstützung ersuchen mussten. Sie waren zuhause fast allein auf die Stadt Konstantinopel beschränkt, und in der Aufhebung der Kirchentrennung lag eventuell eine Chance auf westliche Hilfe. Auf diese Weise kam es auf dem Konzil in Florenz 1439 zu einer Wiedervereinigung der beiden Kirchen. Doch als die griechische Delegation nach Konstantinopel zurückkehrte, weigerten sich die Bevölkerung und große Teile des Klerus, den Schritt zu akzeptieren. Offene Ablehnung war die Folge. So schien die bedrohte Stadt auch noch im Innern gespalten, und selbst die ungeliebte Kircheneinheit brachte keine Kreuzritter zur Unterstützung heran.

Konstantinopel war nur noch dem Namen und seiner Lage nach dieselbe Stadt, die kurz vor 1100 die ersten Kreuzfahrer in ihren Palästen empfangen hatte. Der Niedergang des Byzantinischen Reiches hatte zu einem Exodus aus der Hauptstadt geführt. Die von gewaltigen Mauern geschützte Stadt war einst von mehreren Hunderttausend Menschen bewohnt worden. Nun lebte nur noch einige Zehntausend Menschen in Konstantinopel. Es gab kaum genug Männer, um die gewaltigen Stadtmauern zu besetzen und sie gegen die Angreifer zu verteidigen. Das Heer, das der Sultan aufgeboten hatte, und dessen Versorgung sogfältig geplant worden war, war groß, und aus der belagerten Stadt heraus bot es einen beunruhigenden Anblick:

Inzwischen wurden Kriegsgeräte und Maschinen herbeigeschafft; man brachte viele Kanonen, manche von solcher Größe, dass vierzig, ja manchmal sogar fünfzig Ochsengespanne und mehr oder auch zweitausend Menschen sie nicht ziehen konnten. Am 2. April [1453] kam der Sultan selbst, mit einer unübersehbaren Menge von Reitern und Fußsoldaten. Man errichtete ihm sein Zelt gegenüber dem Tore des hl. Romanos, und das Heer breitete sich wie der Sand am Meer entlang der Umfassungsmauer auf dem Festland von einem Ufer zum anderen aus.

So überliefert es der byzantinische Geschichtsschreiber Georgios Sphrantzes. Mehmed II. hatte eigens große Kanonen gießen lassen, mit denen die Stadt und die Mauern nun beschossen wurden.

Und auch zu Wasser hatten die Türken eine große Flotte aufgebracht, die die Versorgung der Stadt zumindest stark einschränken konnte. Dennoch wehrten sich die Verteidiger einige Wochen lang erfolgreich gegen eine etwa zehnfache Übermacht. Es gelang ihnen wiederholt, die schweren Angriffe der Belagerer zurückzuschlagen. Doch wenn keine Hilfe kam, so war die Stadt auf Dauer nicht zu halten. In den frühen Morgenstunden des 28. Mai 1453 begann der entscheidende Angriff. Lange konnten sich die Verteidiger behaupten, aber schließlich wurden sie doch überwunden. Die Flucht des verletzten Kommandanten, eines genuesischen Söldners, unterhöhlte die Moral zusätzlich, und auch der mutige Einsatz des Kaisers in den Kämpfen konnte das Blatt nicht mehr wenden. Das Schicksal des letzten byzantinischen Kaisers, Konstantins XI. Palaiologos, blieb ungeklärt, aber es kann als sicher gelten, dass er in den Kämpfen starb. Die Stadt wurde geplündert und viele der Gefangenen fanden noch den Tod. Nach dem Sieg entschloss sich Mehmed indes, den griechischen Christen eine weitgehende Selbstverwaltung und Religionsfreiheit zuzugestehen. In den folgenden Jahrzehnten wurde Konstantinopel zur blühenden Hauptstadt des Osmanischen Reiches. Die Türkenkämpfe hielten das Thema der Kreuzzüge über das Mittelalter hinaus lebendig, und doch war dies nun eine deutlich andere Kreuzzugsgeschichte als die, die 1095 in Clermont begonnen hatte.

BILANZ: DER WANDEL DES CHRISTLICHEN GLAUBENS

Es ist Zeit für eine Bilanz, die die Wandlungen der Kreuzzugsgeschichte erklärt und die einen Versuch macht, die Bedeutung der Kreuzzüge in der mittelalterlichen Geschichte zu bestimmen. Der Wandel des Weltbildes und seine Auswirkungen auf die Züge nach Jerusalem ist bereits eingehender dargestellt worden. In dieser Bilanz soll es daher um zwei Aspekte gehen, die für die Geschichte der Kriege im Namen des Glaubens zentral waren: 1. Um die Entwicklung des christlichen Glaubens in Europa selber, und 2. um die Entwicklung des Rittertums, das der entscheidende Träger der Kreuzzugsbewegung war. Zu Beginn dieser Darstellung haben wir die religiöse Dynamik des 11. Jahrhunderts als ein entscheidendes Moment für die Entstehung der Kreuzzugsbewegung benannt. Das andere Moment war die Formierung des Rittertums, das als ein Stand mit gefürchteter Kampfkraft und mit einer anspruchsvollen Ethik im späteren 11. Jahrhundert sichtbar hervortrat. Zu diesen entscheidenden Kräften der Kreuzzugsbewegung kehren wir nun noch einmal zurück. Ihr Wandel, der mit dem Beginn des Spätmittelalters (ab ca.1198) erkennbar wurde, gab der Kreuzzugsbewegung ein verändertes Gesicht.

1. Kreuzzüge waren Kriege im Namen des Kreuzes. Das Kreuz als Zeichen des christlichen Glaubens hat in seiner Darstellung vom späten 11. Jahrhundert bis in das 14. Jahrhundert erkennbare Wandlungen erfahren. Eine allgemeine Feststellung ist kaum möglich, da die Zahl der einschlägigen Forschungsarbeiten nicht sehr groß ist, aber in der Tendenz ist doch die zunehmend menschliche Erscheinung des Gekreuzigten feststellbar. Die Kunstgeschichte spricht im Hinblick auf die Zeit vor und nach ca. 1200 von einem Übergang von der Darstellung des *triumphierenden Christus* [*Christus triumphans*] zu der Darstellung des *leidenden Christus* [*Christus patiens*]. Der Christus des frühen und hohen Mittelalters erscheint vielfach als der Auferstandene, der das Leid der Kreuzigung hinter sich gelassen hatte. Das Kreuz war in dieser Phase eher ein abstraktes Zeichen der Macht und Herrlichkeit Gottes als ein konkretes Instrument der Hinrichtung Jesu. Es war ein Zeichen von Gottes Triumph über die Welt. Es gab selbstverständlich auch andere Darstellungen, aber hier geht es um das allgemeine Bild. Mit dem Übergang zum späteren Mittelalter nahmen die Darstellungsformen immer mehr zu, die Jesus als leidenden Menschen am Kreuz abbildeten. Die Passion wurde zu einem menschlichen Geschehen. Das Kreuz blieb ein Zeichen des göttlichen Siegs über die Welt, aber der Triumph trat zurück. Daher konnte Kardinal Bessarion im Jahr 1463 darauf hoffen, mit seiner Kreuzespredigt Menschen für den Kreuzzug gegen die Türken zu mobilisieren, aber seine Stimme war nur noch eine unter vielen. Der Kardinal und lateinische Patri-

arch des untergegangenen Konstantinopel wies die Prediger für einen Kreuzzug dazu an, das Kreuz als Zeichen des Sieges zu verkünden. Die Kreuzfahrer sollten sich das rote Kreuz als sichtbares Zeichen der Rache für den Verlust Konstantinopels anheften. Doch dieses Triumphkreuz stand nicht mehr im Zentrum des Interesses, was sich auch daraus ersehen lässt, dass der Kardinal in seiner Anweisung ausdrücklich Zwangsmaßnahmen zur Rekrutierung von widerstrebenden Kreuzzugspredigern vorsah.

In der Zeit Bessarions war das Kreuz für viele Menschen Gegenstand von Betrachtungen über das Leiden Christi. Der Einzug realistischer Wirklichkeitsdarstellung in die bildende Kunst nach 1200 ist in vielen Bereichen zu beobachten. In der religiösen Kunst kam darin auch die bewusste Hinwendung zum praktischen Leben nach dem wörtlichen Vorbild der Evangelien zum Ausdruck. Dieser Wunsch zur konkreten Nachfolge war eine starke Antriebskraft der religiösen Bewegung, die die Kirche seit dem Ende des 12. Jahrhunderts zunächst beunruhigte und dann umgestaltete. *Dem nackten Christus nackt zu folgen*, das war das Motto, dem viele Menschen sich in den Jahrzehnten um 1200 verschrieben. Die Menschen, die sich von dieser Dynamik anstecken ließen, kamen zumeist aus einem städtischen Umfeld. Die Orden der Franziskaner und der Dominikaner gingen aus diesem Aufbruch hervor, so wie die Zisterzienser aus der Aufbruchsituation um 1100 hervorgegangen waren. Die religiöse Bewegung, die den ersten Kreuzzug getragen hatte, war stärker von Adligen geprägt als die neue Bewegung, deren Milieu die Städte waren. Das Leitbild und die Herkunft aus eher bürgerlichen Verhältnissen gaben den Franziskanern und Dominikanern ein friedlicheres Gepräge. Sie kämpften zunächst mit ihrem Beispiel für ihren Glauben und versuchten, die Zweifelnden und die Häretiker durch ihre Lebensweise für die Kirche zurückzugewinnen. Anders als Bernhard von Clairvaux, der als charakteristischer Heiliger des 12. Jahrhunderts gelten kann, hat Franziskus, der als Heiliger des 13. Jahrhunderts ein deutlich anderes Profil hatte, niemanden zum bewaffneten Kampf für den Glauben aufgerufen.

Der Auftritt der *Bettelorden* blieb auf die Dauer nicht so friedlich. Als es in der weiteren Entwicklung der Franziskaner zu inneren Streitigkeiten über den Kurs des Ordens kam, verzichtete die Ordensleitung nicht auf handgreiflichen Zwang, zudem wurden die Bettelmönche zu Trägern der Inquisition. Es wäre nicht sinnvoll, sie allein als Friedenskraft zu verstehen. Franziskus konnte sehr unduldsam sein, und in seinem Orden wurde eine Anekdote von seiner Zusammenkunft mit dem Sultan in Damiette überliefert. Dieses Zusammentreffen im Umfeld des fünften Kreuzzugs trägt stark legendenhafte Züge, aber es diente innerhalb des Ordens als vorbildhafte Erzählung und als Predigtmaterial. Insofern ist es hilfreich für die Haltung der Franziskaner nach Franziskus zum Umgang mit den Sarazenen. Sultan al-Kamil habe Franziskus gefragt, mit welchem Recht die Christen sein Land angriffen. Immerhin lehre Gott doch seine Gläubigen, nicht einmal Böses mit Bösem zu vergelten. Die franziskanische Antwort wies diese Exegese jedoch zurück (*Ihr habt offenbar nicht das ganze Evangelium unseres Herrn Jesus Christus gelesen*) und verwies auf den Ausspruch Jesu, das Auge auszureißen, das zur Sünde verführe. Kein Mensch aber sei einem anderen so viel wert wie das eigene Auge, das man ausreißen solle, wenn es einen von Gott wegführe. Daher täten die Christen recht daran, ein Land anzugreifen, das den Namen Christi lästere und den Gottesdienst verhindere.

Diese etwas holprige Schriftauslegung zeigt, dass auch die Bettelorden die Gewalt gegen Andersgläubige rechtfertigen konnten. Die Gewalt war auch im späteren Mittelalter ein selbstverständliches Mittel in Konfliktsituationen. Aber im praktischen Einsatz der Bettelorden spielte die Gewalt keine besondere Rolle. Die Bettelorden hatten vielfach sehr erfolgreiche Prediger. Sie wirkten in den Städten, um viele Menschen zu erreichen, und in den meisten bedeutenden Städten des christlichen Europa fand man ihre Niederlassungen. Das Christentum, das sie predigten, hatte kaum kriegerische Züge. Die Kirche des dreizehnten und vierzehnten Jahrhunderts hatte auch andere, durchaus kriegerische Gesichter, aber es kommt darauf an, dass die enorm wirksame religiöse Dynamik des späten 12. und 13. Jahrhunderts dem Waffendienst für den Glauben keine herausgehobene Rolle zuwies.

Bilanz: Der Wandel des Rittertums

2. Die Ritter hatten in der Kreuzzugsbewegung von Beginn an eine tragende Rolle gespielt. Die Integration der gewaltbereiten und gefürchteten jungen Waffenträger in die christlich bestimmte Lebensordnung des 12. Jahrhunderts gehört zu den großen Leistungen der Kirche und begleitete die Kreuzzugsgeschichte in der vergleichsweise erfolgreichen Phase der Kreuzfahrerherrschaft über Jerusalem. Die Mobilisierung zum ersten und zum dritten Kreuzzug lassen im Vergleich den enorm gestiegenen Stellenwert der ritterlichen Lebensweise während dieser 90 Jahre erkennen. Im Aufruf Urbans II., der sich vor allem an junge Ritter gewandt hatte, klang eine deutliche Distanz und ein gewisser Schrecken angesichts der gewalttätigen Erfahrungen an, die viele Männer der Kirche mit diesen Kämpfern gemacht hatten. Man entsandte sie nun in das Heilige Land, um der Gewalt ein anderes Ziel zu geben. Diese Distanz war bei der Mobilisierung für den dritten Kreuzzug grundsätzlich überwunden. Der dritte Kreuzzug wurde getragen von Männern, für die das Ritterideal eine hohe Verbindlichkeit erlangt hatte. Obwohl es sich dabei um ein christlich geprägtes, durchaus zivilisiertes Leitbild handelte, hatte es weiterhin einen sehr robusten Charakter. Es war selbstverständlich, dass die Kreuzritter ebenso für Beute wie für den Gewinn Jerusalems stritten. Und es war ein Kampf mit finsteren Zügen, wie die Hinrichtung der Gefangenen nach der Schlacht von Haṭṭīn auf Geheiß Saladins oder nach der Eroberung von Akkon auf Geheiß von Richard Löwenherz zeigte. Dieses Vorgehen widerspricht indes nur dem modernen Ideal der »Ritterlichkeit«, für die Zeitgenossen war es mit ihrem Selbstverständnis gut zu vereinbaren. Der dritte Kreuzzug am Ende des 12. Jahrhunderts zeigte ein Rittertum, das sich seiner militärischen Bedeutung sehr bewusst war. Und das mit Recht.

Das 13. Jahrhundert erlebte eine Reihe von Ritterschlachten, die tatsächlich über das Schicksal von Königen und Königreichen entschieden. Am 27. Juli 1214, einem Sonntag, traf ein französisches Ritterheer unter König Philipp II. bei Bouvines in Flandern auf ein englisches Aufgebot, das von deutschen Rittern unter der Führung von Kaiser Otto IV. und von flandrischen Rittern unterstützt wurde. Auf dem Schlachtfeld bei Bouvines wurde um die Zukunft der englischen Festlandsbesitzungen in Frankreich gekämpft. Der König von England war auch Herzog der Normandie und Graf von Anjou, zudem Herr über weitere Grafschaften im Nordwesten Frankreichs. Der französische König hatte diese Ländereien in den zurückliegenden Jahren annektiert und die englischen Truppen vertrieben. Nun versuchte der englische König in einer groß angelegten Operation, diese Besitzungen zurückzugewinnen. In dem Kampf ging es um nicht weniger als um die Zukunft des französischen Königs. Gleichzeitig wurde in Bouvines über die künftige Besetzung des deutschen Throns entschieden, weil die Staufer und Welfen im Reich seit 16 Jahren um die Königskrone rangen, und weil beide Konkurrenten mit jeweils einem Rivalen in der Schlacht verbündet waren. Der Welfe Otto stand auf der Seite des englischen Königs, der Staufer Friedrich II. war Bündnispartner des französischen Königs. Die Schlacht von Bouvines entschied über wichtige Fragen, und es waren die französischen Ritter, die die Schlacht für ihren König entschieden. Der Sieg von Bouvines begründete ihren Ruhm. Es war ein Ruhm, dem sich die Ritter des Königs von Frankreich noch eineinhalb Jahrhunderte später verpflichtet sahen, als sie die ersten großen Schlachten des Hundertjährigen Krieges sehr schmerzlich verloren hatten.

In den 1260er Jahren besiegten die französischen Ritter im Gefolge Karls von Anjou, eines jüngeren Bruders des französischen Königs, die Erben Friedrichs II. im Süden Italienes und beendeten in den Schlachten von Benevent (1266) und Tagliacozzo (1268) die staufische Herrschaft im Königreich Sizilien. Zehn Jahre danach (1278) gelang dem römisch-deutschen König Rudolf von Habsburg ein Sieg über seinen böhmischen Rivalen Ottokar II. bei dem niederösterreichischen Dürnkrut. Der Sieg festigte nicht nur Rudolfs Stellung als König, sondern er eröffnete den Habsburgern die Herrschaft in Österreich, die historisch so bedeutende Folgen hatte. So führte der Einsatz geübter Ritter im 13. Jahrhundert Entscheidungen von erheblicher Tragweite herbei. Doch mit dem Ende des Jahrhunderts ging die Epoche der Ritter als ausschlaggebender militärischer Elite zu Ende. Es dauerte lange, bis sich diese Einsicht durchsetzte, und insbesondere die vormals so berühmten französischen Ritter zahlten einen hohen Preis für diese verzögerte Erkenntnis, aber in der rückblickenden historischen Betrachtung lässt sich dieser Befund kaum übersehen. Die Reihe spektakulärer Niederlagen begann mit der Schlacht bei Kortrijk (1302), in der die Ritter des französischen Königs von den Fußsoldaten der flandrischen Städte vernichtend geschlagen wurden. Im Jahr 1315 erlebten die habsburgischen Ritter bei Morgarten eine schwere Niederlage gegen die schwyzer Bauernsoldaten, und mit der Schlacht von Crécy 1346 begann die Reihe verlustreicher Niederlagen der französischen Ritter gegen die englischen Langbogenschützen im Hundertjährigen Krieg (ca. 1339–1453). Die Schlachten des Hundertjährigen Krieges wiesen über längere Zeit eine für heutige Beobachter irritierende Ähnlichkeit auf (Crécy 1346, Poitiers 1356 und Agincourt 1415). Ein zahlenmäßig weit unterlegenes englisches Heer, in dem die Langbogenschützen eine bedeutende Rolle spielten, kämpfte gegen ein großes französisches Ritterheer und trug einen deutlichen Sieg davon. Bei sehr hohen französischen Verlusten hatten die Engländer nur wenige Kämpfer verloren. Eine entscheidende Rolle spielten in diesen Schlachten jeweils die in schottischen Kämpfen erfahrenen englischen Langbogenschützen, gegen deren Waffen die Rüstungen der französischen Ritter keinen ausreichenden Schutz boten. Die englischen Adligen hatten nicht zu Pferd gekämpft, sondern im günstigen Gelände Stellung bezogen.

Es war nicht so, dass es im 14. Jahrhundert keine Ritter mehr gab. Im Gegenteil, sie traten sehr selbstbewusst und siegesgewiss auf. Das war ein Teil des Problems. Von Kortrijk berichten die Quellen vom überheblichen Auftreten der Ritter vor der verhängnisvollen Schlacht. Das Bürgerheer erschien ihnen kein angemessener Gegner. Ein Augenzeuge des habsburgischen Rückzuges nach der Schlacht bei Morgarten berichteten davon, wie niedergeschlagen die besiegten Ritter durch sein Dorf gezogen seien, und die mitunter unüberlegten Angriffe der französischen Ritter auf die englischen Positionen im Hundertjährigen Krieg sind im Grunde nur durch den sozialen Druck zu erklären, dem sich die Ritter ausgesetzt sahen. Sie mussten glanzvoll siegen, um das Selbstverständnis ihres Standes zu unterstützen. Und so griffen sie auch an, als der Angriff militärisch nicht sinnvoll war.

Noch immer traten die Ritter selbstbewusst auf, und ihre Turniere waren eindrucksvoller denn je. Das 14. und 15. Jahrhundert sah die zeremonielle Inszenierung des Ritterstandes in Rittergesellschaften, deren verfeinertes Protokoll zu den Höhepunkten europäischer Hofkultur gehörte. Noch immer gab es Männer, die ihr Leben ganz dem Rittercodex verschrieben.

Unter den französischen Rittern, die von den Engländern bei der Schlacht von Agincourt gefangen genommen wurden, befand sich auch Marschall Boucicaut. Die Umstände der Schlacht von Agincourt haben eine dramatische Darstellung in Shakespeares Heinrich V. erfahren (der berühmte Appell Heinrichs V. vor der Schlacht an seine Gefolgsleute: »We few, we happy few, we band of brothers« hat das englische Selbstverständnis der Schlacht lange geprägt und erst in jüngster einer aufwendigen Serie über die alliierte Landung in der Normandie den Titel gegeben). Im Zuge der Schlacht hatten die Engländer infolge ihrer zahlenmäßige Unterlegenheit nicht genug Männer, um die Gefangenen zu bewachen, weswegen sich Heinrich V. zuletzt entschloss, sie zu töten. Marschall Boucicaut überlebte seine Gefangennahme indes und starb schließlich in Frankreich (1421). Mit ihm starb ein Mann, der sein Leben als einen Ritterdienst gesehen hatte, und der die Schlachtfelder, die seine Epoche für einen Ritter bereit hielt, eingehend kennen gelernt hatte. Seine Lebensgeschichte hat in einer anonymen Biographie eine Würdigung gefunden (*Le Livre des fais du bon messire Jehan Le Maingre, dit Boucicaut, maréschal de France et gouverneur de Jennes* [bis 1409]). Boucicaut war als Ritter wiederholt in Preußen, um gegen die Litauer zu kämpfen, er kämpfte in Spanien und seit 1396 auch in den Kreuzzügen gegen die Osmanen. Er teilte die verheerende, auf der Überheblichkeit der französchischen Ritter beruhende Niederlage der Kreuzfahrer bei dem bulgarischen Nikopolis (an der Donau) 1396 und kämpfte auch nach seinem Freikauf durch Lösegeld in der Region weiter gegen die Türken, bevor er nach Frankreich zurückkehrte. Marschall Boucicaut bekannte sich zu dem traditionellen Ritterethos, dessen Kampfkraft für die Aufrechterhaltung der sozialen Ordnung in der Welt unabdingbar war, auch wenn sein Leben deutliche Züge eines Abenteurers hatte, der ganz unterschiedlichen Herren diente. Erst aus dem distanzierten Blick fällt der Unterschied zu den Rittern des 12. und 13. Jahrhunderts auf. Boucicaut hatte seine Ritterlaufbahn weitab vom traditionellen christlichen Abendland verbracht, und die eine große Schlacht in Frankreich, an der er teilnahm (Agincourt), zeigte die verringerte militärische Bedeutung seines Standes. Boucicaut sah sich als Krieger für den christlichen Glauben, aber er war ein Krieger, dessen Kampfgenossen die bedeutenden Schlachten nicht mehr entscheiden konnten.

Die historische Forschung hat dem Rittertum des späten Mittelalters einige Aufmerksamkeit gewidmet, und es gibt Fachleute, die den Niedergang des Rittertums erst für das 16. Jahrhundert feststellen. In der Tat hat die ritterliche Lebensweise auch am Ausgang des Mittelalters viele Zeitgenossen fasziniert. Doch das Zeremoniell überwog. Eine historische Kraft, deren Wirkung die Geschichte zu prägen vermag, verfügt in der Regel noch nicht über ein verfeinertes Protokoll. Der verfeinerte Auftritt geht mit dem Nachlassen der Wirkung einher. Die großen Tuniere und Ritterfeste des späten 14. und des 15. Jahrhunderts haben den Charakter eindrucksvoller Windjammerparaden. Die meisten Teilnehmer und Zuschauer wissen, dass die Zeiten von Trafalgar vorbei sind, und dass die Entscheidungen anderswo fallen.

Es war das Rittertum gewesen, das in seiner großen Zeit (spätes 11. bis 13. Jahrhundert) die Kreuzzugsbewegung getragen hatte. Die neuen Kämpfe gegen die Andersgläubigen (und gegen die Christen der anderen Konfession) lagen in anderen Händen. Miguel de Cervantes kämpfte 1571 in der Seeschlacht von Lepanto gegen die Türken, aber sein Don Quichotte war ein Ritter, der in der Vergangenheit lebte und kein Krieger der Zukunft. So lässt sich das Ausbleiben erfolgversprechender Züge in das Heilige Land nach dem Fall von Akkon 1291 auch damit erklären, dass die Kreuzzugsbewegung ihre klassischen Akteure verlor. Die Kreuzzüge in das Heilige Land waren eine widersprüchliche und über etwa hundertfünfzig Jahre eine durchaus lebendige Kraft. Sie verbanden hohe christliche Ideale und persönlichen Mut mit brutaler Gewalt, große Gesten und Opferbereitschaft mit unverhüllter Gier nach Beute. Es wäre irreführend, diesen Widerspruch einseitig auflösen zu wollen. Die Kreuzzüge waren nicht nur Raubzüge, aber sie waren auch Raubzüge. Auch eine allzu moderne Perspektive (»Kein Krieg ist heilig«) ist irreführend, denn die Gegner der Kreuzfahrer hatten eine ähnliche Haltung. Tatsächlich erscheint die Zeit, in der das Königreich Jerusalem einigermaßen stabil war, als eine Zeit, in der sich die Kontrahenten auch über die Grenzen der Religion hinweg über einen angemessenen Anteil an der Beute verständigen konnten. Die Kreuzfahrer haben im Laufe der Kreuzzugsgeschichte einiges über die Bedingungen des Lebens und politischen Überlebens im Heiligen Land gelernt. Dass daraus ein größeres Verständnis für die Religion und Kultur des Nahen und Mittleren Ostens entstand, wird man kaum sagen können. Tatsächlich muss man feststellen, dass die Kreuzzüge mit der zunehmenden Kenntnis von der Region nicht erfolgreicher wurden. Ohne einen gewissen Abenteuercharakter ist die Geschichte der Kreuzzüge kaum verständlich. Auch das ist ein Grund dafür, dass sie eine begrenzte Erscheinung waren.

Quellenverzeichnis

Das Quellenverzeichnis führt die Werke an, aus denen im Verlauf dieser Arbeit längere Passagen zitiert werden. Soweit es möglich ist, werden Übersetzungen angegeben. Da die zitierten Passagen in der Regel einfach zugänglich sind (über Jahreszahlen oder über Dokumentennummern), wird ein genauer Nachweis nur in Ausnahmefällen angegeben (bei nicht übersetzten lateinischen Quellen). Die im Literaturverzeichnis aufgenommenen Titel werden hier verkürzt zitiert.

Kap. *Die Anfänge des Rittertums*: Die zitierte Passage stammt aus dem Gedicht an König Robert (V. 295–299): C. Carozzi (Ed./Transl.), Adalbéron de Laon, Poème au roi Robert, Paris 1979 (Les classiques de l'histoire de France au moyen âge, 32);

Kap. *Der religiöse Aufbruch des 11. Jahrhunderts*: Die zitierten Briefstellen stammen aus dem Band: F. J. Schmale (Hg.), Quellen zum Investiturstreit. Erster Teil: Ausgewählte Briefe Papst Gregors VII.;

Kap. *Die aggressiven Züge der Reform*: Der Brief Gregors VII. ebenfalls in Schmale, Quellen zum Investiturstreit 1; der Text Lamperts von Hersfeld zu den Jahren 1064 und 1065 in: A. Schmidt/W. D. Fritz (Hgg.), Lampert von Hersfeld, Annalen;

Kap. *Der Aufruf Urbans II. zum ersten Kreuzzug*: Die Texte der zitierten Chronisten sind übersetzt bei Peters, The First Crusade; der Kreuzzugsablass bei: J. D. Mansi, Sacrorum Conciliorum Nova et Amplissima Collectio, Bd. 20, 815 (Kan. 2);

Kap. *Der Aufbruch zum erste Kreuzzug*: Der Fulcher-Text bei Peters, The First Crusade; die Berichte über die Pogrome: A. Neubauer/M. Stern (Hgg.), Hebräische Berichte über die Judenverfolgungen; Anna Komnene bei Peters, The First Crusade; der ausführliche Text von Annas »Alexias«: D. R. Reinsch (Übers.), Alexias, 2. Aufl., Berlin 2001;

Kap. *Erste Erfolge des Kreuzfahrerheeres*: R. Hill (Ed./Transl.), The Deeds of the Franks;

Kap. *Die Eroberung Jerusalems*: der Text über Jerusalem: Roberti Monachi, Historia Iherosolimitana, Kap. II, in: Recueil des Historiens des Croisades. Historiens occidentaux, Vol. 3, Paris 1866, 729; Raimund von Aguilers in: Peters, The First Crusade;

Kap. *Christen und Einheimische*: Wilhelm von Tyrus, Chronicon 16,8; die zitierten arabischen Texte aus Gabrieli, Die Kreuzzüge aus arabischer Sicht;

Kap. *Die Anfänge der Ritterorden*: Ordericus Vitalis, Historia Ecclesiastica, ed. Chibnall, Vol. 5, 322–324;

Kap. *Der Fall Edessas*: Das Zitat Ottos von Freising: Chronica VII, 30;

Kap. *Die Mobilisierung*: Die päpstliche Bulle *Quantum Praedecessores*, in: Riley-Smith, The Crusades (engl. Übers.);

Kap. *Die Predigten Bernhards von Clairvaux*: G. B. Winkler, Bernhard von Clairvaux, Sämtliche Werke 3; Der Verzicht Ottos von Freising auf die ausführliche Darstellung der Geschehnisse des zweiten Kreuzzugs: Die Taten Friedrichs, I, 36–48;

Kap. *Die ernüchternde Bilanz des zweiten Kreuzzugs*: Würzburger Annalen, in: Monumenta Germanie Historica Scriptores 16, ed. G. H. Pertz, Hannover 1859; 3; der Brief Bernhards bei Winkler, Bernhard von Clairvaux, Sämtliche Werke 3; Petrus Venerabilis über den Islam: Petrus Venerabilis, Schriften zum Islam, ed./transl. R. Glei, Altenberge 1985 (Corpus Islamo-Christianum, Series Latina, 1); das scharfe Verdikt über den Islam ebenda (*Summa totius haeresis Saracenorum, Kap. 7*);

Kap. *Der Westen Europas vor dem Aufbruch zum dritten Kreuzzug*: Päpstliche Bulle *Audita tremendi*, in: Riley-Smith, The Crusades (engl. Übers.); Ansberts Bericht: A. Bühler (Hg./Transl.), Der Kreuzzug Friedrich Barbarossas;

Kap. *Die Lage des Königreichs Jerusalem nach dem zweiten Kreuzzug*: Die genannten Positionen aus der Chronik des Wilhelm von Tyrus: Chronicon 16,7 und 21,7;

Kap. *Der Aufbruch zum dritten Kreuzzug*: Ansberts Bericht: Bühler, Der Kreuzzug Friedrich Barbarossas (S. 149 u. 152);

Kap. *Die Rückeroberung Akkons*: Roger von Hoveden über die Teilung der Beute in Akkon: Chronica III, ed. W. Stubbs, London 1870 (Rolls Series), 121; über die Buße Richards: Chronica III, 74f.; Der Brief Richards über die Tötung der Geiseln: Roger von Hoveden, Chronica III, ed. W. Stubbs,130–133, Zitat 131; vgl. auch zu der Tötung der Gefangen den kurzen Bericht ebenda, 127f.

Kap. *Das Rittertum und der dritte Kreuzzug*: Der Bericht über das Mainzer Pfingstfest: Gislebert von Mons, Chronicon Hanoniense, ed. L. Vanderkindere, Brüssel 1904, dt. Übers. mit Kommentar: A. Borst, Lebensformen im Mittelalter, Frankfurt/M.-Berlin-Wien 1979, 85–90;

Kap. *Die politische Perspektive*: Das Zitat von J. LeGoff aus: Ludwig der Heilige, Stuttgart 2000, 136;

Kap. *Der vierte Kreuzzug: Die Eroberung Konstantinopels 1204*: Gottfried von Villehardouin: Joinville & Villehardouin, Chronicles of the Crusades, transl. M. R. B. Shaw;

Kap. *Der fünfte Kreuzzug*: Kreuzzugsaufruf Innozenz' III.: Riley-Smith, The Crusades (engl. Übers.);

Kap. *Zwei friedliche Kreuzzüge nach Jerusalem*: Das Manifest Friedrichs II.: K. V. Eickels/T. Brüsch (Hg./Transl.), Kaiser Friedrich II. Leben und Persönlichkeit in Quellen des Mittelalters, Darmstadt 2000;

Kap. *Die Kreuzzüge Ludwigs IX. von Frankreich*: Der Bericht Joinvilles in: Joinville & Villehardouin, Chronicles of the Crusades, transl. Shaw, Kap. 32–34;

Kap. *Der Fall Akkons*: Der Erfurter Chronist über die Kurie: Cronica S. Petri Erfordensis Moderna IV. V (a. 1291), in: O. Holder-Egger (Ed.), Monumenta Erphesfurtensia Saec. XII. XIII. XIV, Hannover-Leipzig 1899 (Scriptores Rerum Germanicarum in usum Scholarum), 302;

Kap. *Kreuzzugspläne am französischen Königshof*: Pierre Dubois, The Recovery of the Holy Land, transl. W. I. Brandt;

Kap. *Die Mongolen und der Wandel des europäischen Weltbildes*: Petrus Venerabilis, Schriften zum Islam, ed/transl. Glei; Die Polemik von Robert Grosseteste: Memorandum, ed. S. Grieben, Collectanea Franciscana 41 (1971), 353; engl. Übers. bei: R. W. Southern, Robert Grosseteste. The Growth of an English Mind in Medieval Europe, Oxford 1986, 278, Anm. 10; der Kommentar des Bischofs von Winchester bei: Matthäus Parisiensis, Chronica Maiora 3, ed. H. R. Luard, London 1876, 489; Die Schonungsrede Gyburgs in Wolfram von Eschenbachs Willehalm, hg. v. Schröder/Kartschoke; verschiedene Texte zum Umgang der Christen mit Muslimen und Juden finden sich im Anhang zu Kedars, Crusades and Mission, so auch die zitierte Stellungnahme Innozenz' IV. zur Predigterlaubnis;

Kap. *Der Fall Konstantinopels 1453*: Der Bericht aus der Chronik des Georgios Sphrantzes in: Die letzte Tage von Konstantinopel, übers. von E. v. Ivánka, 44).

LITERATUR

Überblickswerke

A. Murray (Ed.), The Crusades. An Encyclopedia, Vol. 1–4, Santa Barbara-Denver-Oxford 2006.

L. Riley-Smith/J. Riley-Smith, The Crusades. Idea and Reality 1095–1274, London 1981 (Documents of Medieval History 4).

R. Pernoud (Hg.), Die Kreuzzüge in Augenzeugenberichten, 5. Aufl. Düsseldorf 1961.

F. Gabrieli, Die Kreuzzüge aus arabischer Sicht, Zürich-München 1973.

H. Prutz, Kulturgeschichte der Kreuzzüge, Berlin 1883.

S. Runciman, Geschichte der Kreuzzüge, München 1968.

H. E. Mayer, Geschichte der Kreuzzüge, 9. Aufl. Stuttgart 2000 (Urban Taschenbücher).

K. M. Setton (Hg.), A General History of the Crusades, Bd. 1–6, Philadelphia-Madison 1955–89.

P. J. Cole, The Preaching of the Crusades to the Holy Land, 1095–1270, Cambridge/Mass. 1991.

J. Riley-Smith (Hg.), Großer Bildatlas der Kreuzzüge, Freiburg/Br. 1992.

J. Riley-Smith, Illustrierte Geschichte der Kreuzzüge, Frankfurt/M. 1992.

A. E. Laiou/R. P. Mottahedeh (Hgg.), The Crusades from the Perspective of Byzantium and the Muslim World, Washington D. C. 2001.

D. Bauer/K. Herbers/N. Jaspert (Hgg.), Jerusalem im Hoch- und Spätmittelalter. Konflikte und Konfliktbewältigungen – Vorstellungen und Vergegenwärtigungen, Frankfurt/M. 2001 (Campus Historische Studien, 29).

N. Housley, Die Kreuzritter, Darmstadt 2002.

N. Jaspert, Die Kreuzzüge, Darmstadt 2003 (Geschichte Kompakt).

P. Thorau, Die Kreuzzüge, München 2004 (C.H. Beck Wissen).

R.-J. Lilie, Byzanz und die Kreuzzüge, Stuttgart 2004 (Urban Taschenbücher).

Ch. Tyerman, God's War. A New History of the Crusades, London 2006.

J. Haller, Das Papsttum. Idee und Wirklichkeit, Bd. 1–5, 2. Aufl. Stuttgart 1953.

R. W. Southern, Western Society and the Church in the Middle Ages, Hammondsworth 1990 (The Penguin History of the Church, 2).

B. Schimmelpfennig. Das Papsttum. Von der Antike bis zur Renaissance, 5. Aufl. Darmstadt 2005.

Kreuzzugsidee

C. Erdmann, Die Entstehung des Kreuzzugsgedankens, Stuttgart 1935 (Forschungen zur Kirchen- und Geistesgeschichte, 6).

E.-D. Hehl, Kirche und Krieg im 12. Jahrhundert. Studien zu kanonischem Recht und politischer Wirklichkeit, Stuttgart 1980 (Monographien zur Geschichte des Mittelalters, 19).

E.-D. Hehl, Was ist eigentlich ein Kreuzzug? in: Historische Zeitschrift 259 (1994), 297–336.

J. Riley-Smith, Wozu heilige Kriege? Anlässe und Motive der Kreuzzüge, Berlin 2003.

Der erste Kreuzzug /Das Königreich Jerusalem

F. J. Schmale (Hg.), Quellen zum Investiturstreit. Erster Teil: Ausgewählte Briefe Papst Gregors VII., Darmstadt 1978 (Ausgewählte Quellen zur Deutschen Geschichte des Mittelalters, 12a).

A. Schmidt/W. D. Fritz (Hgg.), Lampert von Hersfeld, Annalen, Darmstadt 1957 (Ausgewählte Quellen zur Deutschen Geschichte des Mittelalters, 13).

A. Neubauer/M. Stern (Edd.), Hebräische Berichte über die Judenverfolgung während der Kreuzzüge, Berlin 1892.

E. Peters (Ed./Transl.), The First Crusade. The Chronicle of Fulcher of Chartres and other Source Materials, Philadelphia 1971 (Sources of Medieval History).

R. Hill (Ed./Transl.), The Deeds of the Franks and other Pilgrims to Jerusalem [Gesta Francorum], Oxford 1962.

Guillaume de Tyr, Chronique, ed. R.B.C. Huygens, Bd. 1–2, Turnhout 1986 (Corpus Christianorum 63/63 A).

A. Becker, Papst Urban II. (1088–1099), Bd. 1–2, Stuttgart 1964 u. 1988 (Schriften der Monumenta Germaniae Historica 19/I-II; Bd. 3 im Erscheinen).

J. France, Victory in the East. A Military History of the First Crusade, Cambridge 1994.

J. Philipps (Ed.), The First Crusade. Origins and Impact, Manchester 1997.

G. Lobrichon, Die Eroberung Jerusalems im Jahre 1099, Sigmaringen 1998.

J. L. La Monte, Feudal Monarchy in the Latin Kingdom of Jerusalem 1100 to 1291, Cambridge/Mass. 1932.

J. Richard, Royaume Latin de Jerusalem, Paris 1953.

P. W. Edbury, John of Ibelin and the Kingdom of Jerusalem, Woodbridge 1997.

H. E. Mayer (Hg.), Die Kreuzfahrerstaaten als multikulturelle Gesellschaft. Einwanderer und Minderheiten im 12. und 13. Jahrhundert, München 1997 (Schriften des Historischen Kollegs, Kolloquien, 37).

Der zweite Kreuzzug

W. Lammers (Hg.), Otto von Freising, Chronik oder die Geschichte der zwei Staaten, Darmstadt 1960 (Ausgewählte Quellen zur Deutschen Geschichte des Mittelalters, 16).

F. J. Schmale/A. Schmidt (Hgg.), Otto von Freising/Rahewin, Die Taten Friedrichs oder richtiger Cronica, 2. Aufl., Darmstadt 1974 (Ausgewählte Quellen zur Deutschen Geschichte des Mittelalters, 17).

Odo of Deuil, De profectione Ludovici VII in orientem. The Journey of Louis VII to the East, ed./transl. V. G. Berry, New York 1948 (Records of Civilization, Sources and Studies).

M. Chibnall (Ed./Transl.), The Ecclesiastical History of Orderic Vitalis, Bd. 1–6, Oxford 1969–1980).

G. B. Winkler (Hg.), Bernhard von Clairvaux (Hg.), Sämtliche Werke lateinisch/deutsch, Bd. 3, Innsbruck 1992.

G. Constable, The Second Crusade as seen by Contemporaries, in: Traditio 9 (1953), 213–279.

B. Kugler, Studien zur Geschichte des zweiten Kreuzzugs, Amsterdam 1973.

M. Gervers (Ed.), The Second Crusade and the Cistercians, New York 1992.

M. Shatzmiller (Ed.), Crusaders and Muslims in Twelfth-Century Syria, Leiden-New York-Köln 1993 (The Medieval Mediterranean, 1. Peoples, Economies and Cultures 400–1453).

U. Vones-Liebenstein, Eleonore von Aquitanien. Herrscherin zwischen zwei Reichen, Göttingen-Zürich 2000 (Persönlichkeit und Geschichte 160/161).

J. Philipps/M. Hoch (Hgg.), The Second Crusade. Scope and Consequences, Manchester-New York 2001.

Der Dritte Kreuzzug

A. Bühler (Hg./Transl.), Der Kreuzzug Friedrich Barbarossas. Bericht eines Augenzeugen, Stuttgart 2002 (Fremde Kulturen in Alten Berichten, 13).

Chronica Magistri Rogeri de Hovedene, ed. W. Stubbs, Vol III, London-Oxford-Cambridge 1870 (Rolls Series).

G. B. Flahiff, *Deus Non Vult*. A Critic of the Third Crusade, in: Medieval Studies 9 (1947), 162–168.

E. Eickhoff, Friedrich Barbarossa im Orient. Kreuzzug und Tod Friedrichs I., Tübingen 1977 (Deutsches Archäologisches Institut, Abt. Istanbul, Istanbuler Mitteilungen, Beiheft 17).

H. Möhring, Saladin und der Dritte Kreuzzug. Aiyubidische Strategie und Diplomatie im Vergleich vornehmlich der arabischen mit den lateinischen Quellen, Wiesbaden 1980 (Frankfurter Historische Abhandlungen, 21).

J. Gillingham, Richard Löwenherz. Eine Biographie, Düsseldorf 1981.

M. Keen, Chivalry, New Haven-London 1984.

J. Fleckenstein/Th. Zotz, Rittertum und ritterliche Welt, Berlin 2002.

J. Ehlers, Die Ritter. Geschichte und Kultur, München 2006.

W. Westphal, Richard Löwenherz und Saladin. Der dritte Kreuzzug, Ostfildern 2006.

Die Kreuzzüge des dreizehnten Jahrhunderts

Joinville & Villehardouin, Chronicles of the Crusades, transl. M. R. B. Shaw, Middlesex 1963.

A. J. Andrea, Contemporary Sources of the Forth Crusade, Leiden-Boston-Köln 2000 (The Medieval Mediterranean. Peoples, Economies and Cultures, 400–1453).

C. Naumann, Der Kreuzzug Kaiser Heinrichs VI., Frankfurt/M. u.a. 1994.

D. E. Queller/Th. F. Madden, The Fourth Crusade. The Conquest of Constantinople, 2. Aufl. Philadelphia 1997 (The Middle Ages Series).

W. B. Bartlett, An Ungodly War. The Sack of Constantinople & The Fourth Crusade, Phoenix Mill 2000.

J. M. Powell, Anatomy of a Crusade 1213–1221, Philadelphia 1986.

B. Hechelhammer, Kreuzzug und Herrschaft unter Friedrich II.

Handlungsspielräume von Kreuzzugspolitik (1215–1230), Ostfildern 2004 (Mittelalter-Forschungen, 13).

W. C. Jordan, Louis IX and the Challenge of the Crusade. A Study in Rulership, Princeton, N. J. 1979.

B. Roberg, Das Zweite Konzil von Lyon [1274], Paderborn-München-Wien-Zürich 1990 (Konziliengeschichte, Reihe A: Darstellungen).

Die Veränderung des europäischen Horizontes

Wolfram von Eschenbach, Willehalm. Text und Übersetzung, 3. Aufl., hg. von W. Schröder/D. Kartschoke, Berlin-New York 2003 (de Gruyter Texte).

F. Schmieder (Hg.), Johannes von Plano Carpini. Kunde von den Mongolen, Sigmaringen 1997 (Fremde Kulturen in alten Berichten, 3).

The Book of Ser Marco Polo, the Venetian, concerning the Kingdom and the Marvels of the East, ed./transl. H. Yile, Vol. 1–2, London 1871.

Die Reise des seligen Odorich von Pordenone nach Indien und China (1314/18–1330), übersetzt, eingeleitet und erläutert von F. Reichert, Heidelberg 1987.

A. S. Atiya, Kreuzfahrer und Kaufleute. Die Begegnung von Christentum und Islam, Stuttgart 1964.

G. A. Bezzola, Die Mongolen in abendländischer Sicht [1220–1270]. Ein Beitrag zur Frage der Völkerbegegnungen, Bern-München 1974.

F. Schmieder, Europa und die Fremden. Die Mongolen im Urteil des Abendlandes vom 13. bis in das 15. Jahrhundert, Sigmaringen 1994 (Beiträge zur Geschichte und Quellenkunde des Mittelalters, 16).

M. Gervers/J. M. Powell (Edd.), Tolerance and Intolerance. Social Conflict in the Age of the Crusades, Syracuse N.Y. 2001.

W. Baum, Verwandlungen des Mythos vom Reich des Priesterkönigs Johannes. Rom, Byzanz und die Christen des Orients im Mittelalter, Klagenfurt 1999.

J. Bumke, Wolfram von Eschenbach, 8. Aufl., Stuttgart-Weimar 2004 (Sammlung Metzler).

Die Krise der Kreuzzugsbewegung und die Kreuzzüge des späten Mittelalters

N. Housley, (Ed./Transl.), Documents on the Later Crusades 1274–1580, Houndmills-Basingstoke-London 1996.

Pierre Dubois, The Recovery of the Holy Land, transl. W. I. Brandt, New York 1956 (Records of Civilisation, Sources and Studies).

J. Michelet (Ed.), Le Procès des Templiers, Bd. 1–2, Paris 1987.

Die Letzten Tage von Konstantinopel. Der auf den Fall Konstantinopels bezügliche Teil des dem Georgios Sphrantzes zugeschriebenen »Chronicon Maius«, übersetzt, eingeleitet und erklärt v. E. v. Ivánka, 4. Aufl. Graz-Wien-Köln 1973 (Byzantinische Geschichtsschreiber, 1).

P. A. Throop, Criticism of the Crusade. A Study of Public Opinion and Crusade Propaganda, Amsterdam 1940.

B. Z. Kedar, Crusade and Mission. European Approaches towards the Muslims, Princeton, N. J. 1984.

A. Leopold, How to Recover the Holy Land. The Crusade Proposals of the Late Thirteenth and Early Fourteenth Century, Aldershot-Burlington-Singapore-Sidney 2000.

N. Housley, The Later Crusades. From Lyons to Alcazar 1274–1580, Oxford 1992.

A. Demurger, Die Templer. Aufstieg und Untergang 1120–1314, München 1994.

M. Barber, The Trial of the Templars, Cambridge-London-New York-Melbourne 1978.

S. Runciman, Die Eroberung von Konstantinopel 1453, München 1969.

B. Guthmüller/W. Kühlmann (Hgg.), Europa und die Türken in der Renaissance, Tübingen 2000 (Frühe Neuzeit, 54).